国家社科基金项目
"马克思政治哲学视域中的教育思想研究"（BAA100022）

马克思
变革教育思想方式研究

舒志定 / 著

重庆大学出版社

图书在版编目(CIP)数据

马克思变革教育思想方式研究/舒志定著. -- 重庆:
重庆大学出版社,2024.12.(2025.7 重印) -- ISBN 978-
7-5689-5126-5

Ⅰ. A811.67

中国国家版本馆 CIP 数据核字第 2024JB9129 号

马克思变革教育思想方式研究

MAKESI BIANGE JIAOYU SIXIANG FANGSHI YANJIU

舒志定 著

特约编辑:陈 煌

责任编辑:唐启秀   版式设计:唐启秀

责任校对:邹 忌   责任印制:张 策

*

重庆大学出版社出版发行

社址:重庆市沙坪坝区大学城西路 21 号

邮编:401331

电话:(023)88617190 88617185(中小学)

传真:(023)88617186 88617166

网址:http://www.cqup.com.cn

邮箱:fxk@ cqup.com.cn(营销中心)

全国新华书店经销

重庆正文印务有限公司印刷

*

开本:720mm×1020mm 1/16 印张:18.75 字数:273 千

2024 年 12 月第 1 版   2025 年 7 月第 2 次印刷

ISBN 978-7-5689-5126-5 定价:68.00 元

目 录

引言:
深化对马克思变革教育思想方式的研究

人工智能技术广泛应用,全球一体化加速推进,为学校教育教学工作的改革发展,孕育了新机遇、创造了新条件、提出了新要求。适应数字技术发展,已成为世界各国促进教育变革的共识。各级各类学校顺应数字技术发展新浪潮,积极推进数字技术在教育领域的应用,建设一批数字技术支撑的教育平台,促进数字教育课程开发和应用,激发数字化教育场景的创新。这些工作,有力地推动了数字教育的迭代升级,加快了学校教育教学工作的数字化转型发展。

但是,世界各国普遍意识到,快速发展的人工智能在教育领域的广泛应用,给学校教育教学工作带来了挑战,产生了教育教学改革的新课题。比如人工智能应用于教育领域,建立了虚拟教学空间,传统的学校是否会消亡? 教师是否会被机器人(人工智能)教师替代? 如果从人工智能技术发展的角度来看,相信未来技术发展可以给这些问题一个肯定的答案。但是,教育是人与人之间的交往活动,除了知识传授、技能训练外,还有人与人之间的情感交流、道德教化、人性完善等活动,这些活动体现着人的特质,而"机器人"未必具有这样的特质。

由此看来,虽然当前学校教育教学工作面临复杂多样的问题,但究其实质,最核心的问题只有一个——育人问题,也就是要解决怎样育人、育什么样的人的问题。育人问题看起来似乎不是一个问题,但在实际的学校教育教学活动中,却是应该重视的问题,是做好育人工作必须要回答的前提问题。

我国古代就提出有教无类的观点。"无类"既构成"教"的对象,说明教要面向所有的人,不能把教育对象分成不同类别,不能只是把某些"类"的人作为受教育的对象；又提出了"教"的目标，"教"不是去造成人的"类"，不能为"类"去教，"教"就是纯粹的"育人"，使人获得成长，"成长"的首要任务是能够修身，进而能够齐家，直至治国、平天下。因此"有教无类"思想（观点）的前提，就是要使人成为人，使不同性格、兴趣的人，接受教育，达成成人目标，无疑这是以人为出发点的教育，对当前的教育工作来说，仍富有启示。教育要先使人成为人，之后才是塑造人成为某种职业的人，这是既有联系又有区别的两个目标。然而，在现代性驱动下，知识被分类成学科，学习被作为开发人力资本的活动，把人塑造成适合做某项职业活动的工具，成为教育教学活动的全部目标。

所以，学校必须重思它的教育对象和教育使命。教育对象是儿童青少年，儿童青少年阶段是人生"拔节孕穗期"，最需要精心引导和栽培。人工智能和社会现代化的加速发展、社会全面进步的新目标，都对教育和学习提出新的更高要求。这就要回答好"培养什么人、怎样培养人、为谁培养人"这个根本问题。培养什么人，始终是教育的首要问题，是教育的根本任务。要高质量完成教育的根本任务，就要对"怎样培养人""培养什么人"做出深刻反思，目的是明确人的教育的基本内涵、要求及路径，尤其是要从理论上寻求解决人的教育命题的突破口，从而为高质量做好教育工作提供思想基础。

这就涉及如何理解人的教育问题。在中外教育发展史上，思想家思考教育问题，都是围绕人的教育问题展开深入思考，形成人性论与教育、经验论与教育等各种观点。虽然这些观点的理论主张与实践要求并不相同，但有一个共同的理论特征，即把人的教育问题看作一个理论课题。这里说的理论课题，是指思想家们从理性的、认知的、观念的或逻辑的方式理解人的教育，以此思路提出解决人的教育问题的方案，在不同历史时期的教育教学活动中产生一定影响。但是，最主要的问题是在认识受教育对象时，总是把受教育对象和生活的现实社会分离开来讨论，造成了孤立或片面地理解受教育对象的问题，而且讨论的核心主题是受教育对象是否可教以及怎样教的方法、技术问题。这种理解教育问题的思路有哪些局限、如何克服这些局限，是当前教育理论研究需要解决的问题。对此，重读马克思的观点，去揭示马克思论述教育问题的思想方式及其意义，这是迫切需要加强的工作。

怎样看待教育对象、如何把握教育对象，这是研究教育问题的前提。在马克思看来，现实的个人是教育对象，教育要面向现实的个人，关心现实的个人的生活生存，重视劳动的意义与价值，在生产劳动中提升人的实践能力，促进人的自由和解放目标的实现。这些基本观点的提出，体现了马克思将现实的人的实践需要作为思考教育问题着眼点，这种思考教育问题的思想方式，反映了马克思论述教育问题的立场与价值取向，展示了深化马克思教育思想研究的当代意义。

要推进马克思教育思想的深入研究，需要回顾20世纪以来国内外马克思教育思想研究（主要是马克思主义教育思想研究）主要进展，对不同研究范式、研究观点作比较，进而提出深入开展马克思教育思想研究的工作重点和研究任务要求。结合已有研究进展的回顾和分析，概括地说，对马克思教育思想的研究，主要形成了"结构观""阶级观""功能观"三种研究思路。

主张"结构观"的研究者认为教育是上层建筑，经济基础决定上层建筑，重点是研究教育与社会经济的相互关系。国外较具影响力的成果是美国学者鲍尔斯和金蒂斯在1976年出版的合著《资本主义美国的学校教育：教育改革与经济生活的矛盾》。这部著作的出版，成为20世纪国外马克思主义教育理论研究的一个高峰。到20世纪90年代，由于国际社会环境的变化，这部著作所建构的研究思路，引起国外不少研究者的反思。如英国里科夫斯基就教育与劳动力生产表达了不同观点，认为要总结马克思教育理论研究经验，必须将教育看成一种生产形式，主张用劳动力概念作为研究起点，对劳动力和商品之间的差异作出区分，以此分析学校教育与资本主义的关系①。

---

① Rikowski G. Left Alone: End Time for Marxist Educational Theory? [J]. British Journal of Sociology of Education, 1996(4): 415-451.

主张"阶级观"的研究者根据马克思阶级斗争理论,突出教育的斗争属性,主张教育是不同社会阶层获得权利、地位的基本手段。研究者认为工人阶级享有受教育的权利。然而在实际教育工作中,工人阶级或弱势群体处于受压制、被统治的地位,因而影响了受教育权的获得。文化再生产理论的研究成果较具代表性。这一理论的基本主张是认为学校、教育成为阶级、父权、种族形成支配权的载体,把社会阶级摆在研究教育问题的极其重要和关键的位置①。

主张"功能观"的研究者认为马克思肯定教育的作用,要研究教育在现代社会发展中的作用。研究者结合当代社会发展出现的全球化、市场化、私有化等新特征,认为学校教育把培养人的活动变成了培养劳动力的活动,把教育当作服务资本积累的工具。因而,研究者主张要用马克思教育理论回应全球化、市场化、新自由主义、新保守主义等理论主张的挑战②。

这些学者在发现、梳理、挖掘马克思教育思想方面,做了大量工作,提出了不少有意义的观点。其中就有学者主张我们要积极回应全球化时代教育面临的新问题,就要主动运用马克思的观点去解决种族教育、移民教育、弱势群体教育等问题,并提出了富有建设性的教育方案,对推动教育民主化、教育普及化产生重要影响。这些研究工作的开展和取得的成果,为我们开展马克思教育思想研究创造了条件,拓展了进一步深化马克思教育思想研究工作的思考路径。但是,这些研究也存在突出的问题,都只是抓住了马克思论述教育问题的某一方面,而不是从马克思理论整体性入手研究马克思对于教育的论述。这不利于完整、系统、准确地理解马克思关于教育的主张。

事实上,马克思对教育的论述,是马克思思想体系的有机组成部分。在马克思完成的《青年在选择职业时的考虑》《关于伊壁鸠鲁哲学的笔记》《德漠克

---

① 巴兹尔·伯恩斯坦. 教育、符号控制与认同[M]. 王小凤,王聪聪,李京,等,译. 北京:中国人民大学出版社,2016:4.
② 李锦旭,王慧兰. 批判教育学:台湾的探索[M]. 台北:心理出版社,2006:186-187.

利特的自然哲学和伊壁鸠鲁的自然哲学的差别》《〈黑格尔法哲学批判〉导言》《犹太人问题》《1844 年经济学哲学手稿》等早期著作中，虽没有系统论述教育问题，但马克思完成的这些工作，都反映了马克思对实体世界与观念世界、精神与物质、肉体与灵魂、人与宗教等问题的思考，折射出马克思观照和理解世界的思想方式。在博士论文中，马克思通过对原子偏离直线运动的思考，讨论人的自我意识与精神本质、自由与必然、本质与现象、短暂与永恒等基本问题，这就反映出马克思对人应该如何生活、如何成长、如何发展等基本问题的思考。在这些论著中，马克思对这些问题的思考，主要是哲学思考。正是哲学思考，为马克思思考教育问题提供了理论准备。

虽然对教育问题的关注和研究，不是马克思毕生研究的最核心问题。马克思的思想贡献与理论建构的目标，也不是建构教育学理论体系。但马克思关注教育问题、研究教育问题，和他毕生追求的理想密切相关。马克思的理想是消除社会的不平等现象，实现人的自由发展，建立自由人组成的联合共同体。这一理想目标，促使马克思对资本现代性驱动的资本主义社会进行批判，寻找建立理想社会的路径。为实现理想目标，马克思展开对黑格尔理论的哲学批判，同时随着对现实问题的批判，马克思从对哲学的批判转向对政治经济学的批判，逐步揭示人的存在与社会存在的秘密，找到社会发展规律，提出建立自由人联合共同体理想社会的路径。对这些研究工作，马克思在《〈政治经济学批判〉序言》中作了回顾与总结："我写的第一部著作是对黑格尔法哲学的批判性的分析"[①]，"我在巴黎开始研究政治经济学，后来因基佐先生下令驱逐而移居布鲁塞尔，在那里继续进行研究"[②]。正是通过这些研究工作的深入，马克思发现了唯物史观和剩余价值；进而又从掌握社会发展规律的高度，对人类发展作出整体思考，包括对教育问题的思考。可以说，马克思关注教育问题的思想路线，是

---

① 马克思恩格斯文集(第 2 卷)[M].北京:人民出版社,2009:591.
② 马克思恩格斯文集(第 2 卷)[M].北京:人民出版社,2009:591.

和他探索人类社会发展规律的总体思想密切相关的。这就是说，马克思是在揭示人类社会发展命运的原则高度思考人为什么要受教育、怎样受教育、受什么教育的问题，论证未来社会教育的功能、地位与组织方式，阐述人的存在需要决定着现代教育正当性的论断，由此提出教育要和生产劳动结合，教育要促进人的全面发展等理论主张。无疑，马克思对人类社会发展规律的思考，构成了他阐释教育问题的思想基础和方法论原则。

因此，我们加强马克思教育思想研究，迫切需要依据马克思创立的唯物主义世界观、历史观、方法论，深入细致地展开对马克思如何思考教育问题、为何思考教育问题等基本议题的思想溯源研究，以更加全面、系统、完整地展示马克思关于教育论述形成的思想前提、现实前提、历史前提，这是一项极其重要的工作。

这里，特别需要研究马克思人的解放的政治哲学理论对教育理论观点形成产生的影响，这是阐析马克思教育思想主要内容、理论特征及贡献的重要议题，但从这样的视角研究马克思教育思想，并未受到以往研究者足够的重视。

我们提出这样的研究任务，是因为马克思毕生奋斗的理想目标是实现人的解放，促进人的自由全面发展。结合指导工人运动的实践，马克思论证了共产主义社会奋斗目标，创立了致力于人的解放的政治哲学理论。

事实上，马克思孕育、形成追求人类解放的理想，是马克思从小受到古希腊哲学、启蒙思想影响的结果。在大学期间，马克思阅读了古希腊哲学家的大量著作，做了笔记，这些内容成为他的博士论文的选题。在学习哲学、思考哲学问题的同时，马克思写了大量诗歌。这些诗歌和他的中学毕业论文相比较，有一个明显特征，那就是马克思对未来充满想象，对个人服务社会、推进个人与社会共同体共同进步发展，充满着期待，这也成为他一生努力奋斗的理想。从这些想法和观念中看出，古希腊罗马文明、犹太基督教传统、近代人道主义、启蒙思潮等思想、理论，是马克思孕育思想的重要文化基因，促成马克思从中学时代起就渴望追求人的自由发展，他在中学德语考试作文《青年在选择职业时的考虑》中，明确强调要确立为人类而工作的职业理想，这清楚地体现出马克思思想受到欧洲思想文化的影响。"人只有为同时代人的完美、为他们的幸福而工作，自己才能达到完美"，"如果我们选择了最能为人类而工作的职业，那么，重担就不能把我们压倒"①。在中学时代，马克思就在思考人生意义这样一个宏大叙事问题，这表明马克思的抱负、理想远大，具有很强的责任感。

正是在这种人生使命感的驱动下，当大学毕业来到《莱茵报》工作，一开始接触现实社会问题时，马克思就表现出追求社会正义的志气和立场，这也驱动他深入学习政治经济学、法哲学等理论知识，展开对现实社会问题的思考。这期间最重要的著作是《1844 年经济学哲学手稿》，马克思在这部著作中就开始通过对现实社会生产劳动的经济学批判，挖掘人的存在的真相，揭示人的存在之秘密，分析与阐释人的存在真理，寻求导致人的异化处境的真实原因，论述市民社会与国家关系，论证人的自由解放的政治目标，构建自由人联合体的未来社会理想，形成了和历史上其他思想家认识人的自由发展问题的不同立场。这种不同，就在于是否关注人的现实性，是否把现实的个人作为解决问题的前提。这也意味着马克思为解决人的问题，建构起面向现实的人的思想方式，创建了立足现实社会研究政治哲学的"新世界观"。这种"新世界观"影响着马克思对人、教育、社会、国家等问题的思考，完成了对历史上研究人的思想方式的根本性变革。

这种思想方式变革的发生，自然影响到马克思探索教育问题的立场。他在思考教育问题时，主动地把对教育的思考和建构理想社会目标联结起来，把教育和谋划人的自由发展目标结合起来。这就是说，马克思对教育问题的思考，受到了他的政治哲学理论的影响。因而，开展马克思政治哲学对教育理论产生

---

① 马克思恩格斯全集(第 1 卷)[M].北京：人民出版社，1995：459.

影响的研究,包括对教育本质、教育目的、教育正义、教育公正等基本理论问题的阐释。通过对这些问题的探索,可以发现,马克思在形成和阐述关于教育问题的新论断、新主张的同时,已经完成了对传统教育研究思想方式的变革,展现了马克思对教育研究的新贡献。这应该成为深化马克思教育思想研究的重要课题。对此,本著作着眼于马克思政治哲学的基本观点,分析教育理论的建构问题,阐述马克思在教育理论研究中所作的贡献,为完整探讨马克思教育思想体系奠定基础。这些工作,体现着对马克思教育思想研究路径的拓展,为进一步深化马克思教育思想研究打下扎实基础,对推进当前教育理论建设和教育实践变革具有重要意义。

我们主张从马克思政治哲学高度研究其教育思想,这是符合马克思一生从事的工作实际,以及他的思想体系形成实际的。马克思通过对教育问题的思考,提出了一系列关于教育的看法、观点,渗透在《共产党宣言》《资本论》《哥达纲领批判》等论著、评论、书信之中。很清楚,马克思对教育的论述,和这些论著整篇论述主题或要解决的议题是一致的,是这些主题的有机组成部分。所以,在这些论著中,马克思对教育问题的论述,没有脱离整篇论述的逻辑线索。比如《共产党宣言》中对教育的论述,显然是把教育作为未来社会建设的一项重要内容来思考的。《共产党宣言》论述了人类社会历史发展的必然规律,阐明了未来社会建设的必然道路,提出了自由人联合共同体的"共产主义"构想,在这个构想中,马克思阐述了面向所有儿童实施公共的、免费教育的主张。可见,马克思关于构建未来社会的思考逻辑,自然就是思考教育问题的逻辑。因此,对教育的性质、教育的意义、教育的职能等教育基本问题的思考,是和马克思建构未来社会的理论思路一致的。由此提出的教育主张,是建构未来社会理论逻辑的必然要求。这样,建构未来社会的理论逻辑体系,就是论述教育问题的理论逻辑体系。通俗地说,马克思以建构共产主义社会的理论逻辑去设计、谋划共产主义社会的教育制度安排,实质上是为"教育是什么""教育怎么做"的正当性提供理论基础。

当然，我们提出要对马克思怎样从政治哲学高度思考教育问题展开研究，不是简单地强调教育活动是在特定政治社会中发生的事实，也不是简单地陈述教育与政治之间存在密切的关系，而是为教育活动的合理性提供政治哲学基础。换句话说，要把政治哲学作为论证教育实践正当性的思想基础。唯有从这一点出发，才能从政治哲学的高度理解教育目标的合理性，理解教育教学内容的来源与组成方式，以便学校的教育教学活动能够符合社会建设与发展的需要，使教育真正成为兴国强国的战略选择。这被当代新唯物主义思想家称作"政治的物质生命力""政治的民主基础"。"人民才是政治的物质生命力，不管他们可能感觉或者可能如何异化，如何被剥夺的，如何被剥削的，没有人民的同意——无论是承认还是否认，缄默的还是表达的——没有他们给予生命的力量，这个体系都会枯萎和死去。"①可见，要塑造政治的生命力，关键是对人民的培养，这是能否建成现代民主国家的关键，也是建设现代民主国家的最基本要求。因为建设民主国家，是通过人民的建设和奋斗才能实现的。"一个国家会将民主安装到另一个国家"②，这是不可能的，人民是民主政治的建设主体，人民要"把自己认作是具有原动力的政治代理人"，以此完成"政治生产的前提条件"③。这里，清楚地阐明了教育目标是培养担当建设民主国家的人民。就如斯宾诺莎所说人民就是政治权力，"由人民的权力所定义……为任何负责国家事务的人所绝对占有"④。人民就是他们自己权力的掌握者。但是，怎样才可以让

---

① 克莱顿·克罗齐特，杰弗里·W.罗宾斯.哲学、政治与地球：新唯物主义[M].管月飞，译.芜湖：安徽师范大学出版社，2019：49.
② 克莱顿·克罗齐特，杰弗里·W.罗宾斯.哲学、政治与地球：新唯物主义[M].管月飞，译.芜湖：安徽师范大学出版社，2019：56.
③ 克莱顿·克罗齐特，杰弗里·W.罗宾斯.哲学、政治与地球：新唯物主义[M].管月飞，译.芜湖：安徽师范大学出版社，2019：55.
④ 克莱顿·克罗齐特，杰弗里·W.罗宾斯.哲学、政治与地球：新唯物主义[M].管月飞，译.芜湖：安徽师范大学出版社，2019：59.

人民决定自己的命运,怎样才可能让人民真正掌握民主的政治权力?这需要社会通过教育造就追求民主梦想的人民。因而,怎样组织实施教育,就成为一项重要的政治议题。

这一点已是 20 世纪中后期兴起的"批判教育学"等教育思潮的重要议题。批判教育学思想家们的目标很明确,他们把教育看作文化全面改造的场域。弗莱雷在巴西以及秘鲁、智利、非洲等地开展成人识字教育,其目标不是让民众识字以解决社会的文盲问题,而是把识字教育当作迈向自由民主社会的工具。因而,以教育完成对社会的重塑,构成批判教育学思考重点,这个思考重点的理论假设是实现公平、正义的教育体系。以此为前提,反对社会把教育当作追求经济效率的工具,批评发达国家,包括哈佛大学等高等学校的教育,功利主义思想大行其道,走向技术主义的误区,大学的指导思想失去了根本的教育宗旨①。他们主张社会改善是个人充分发展的必然结果,学校绝对不是百货公司②,学校教育要回到人的培养这个主题上,倡导建立以关怀人、尊重人为核心的新教育,承担培养公民的社会责任,最大限度发展个人自由和天赋能力。因此,他们从建设民主社会的思想高度,提出要使这个国家真正成为充满批判精神的民主社会,就要把学校变成为公共生活而教育学生的机构③,教师的首要职责是把学生培养成具有批判精神的公民④。

以批判教育学为代表的教育思想家坚持主张回归本真的教育,反对把教育变成社会治理权力的同谋,避免出现教育的功利化,人被过度物质化。尽管他们的努力,没有完全达到他们预设的教育理想。但是,他们通过发挥教

---

① 哈瑞·刘易斯.失去灵魂的卓越[M].候定凯,译.上海:华东师范大学出版社,2007:2.
② 亨利·A.吉罗克斯.跨越边界:文化工作者与教育政治学[M].刘惠珍,张弛,黄宇红,译.上海:华东师范大学出版社,2002:11.
③ 亨利·A.吉罗克斯.跨越边界:文化工作者与教育政治学[M].刘惠珍,张弛,黄宇红,译.上海:华东师范大学出版社,2002:21.
④ 亨利·A.吉罗克斯.跨越边界:文化工作者与教育政治学[M].刘惠珍,张弛,黄宇红,译.上海:华东师范大学出版社,2002:17.

育的作用,促进人权和尊严,消除贫穷,强化可持续性,为所有人建设更美好的未来,从而建立以权利平等和社会正义、尊重文化多样性、国际团结和分担责任为基础的现代学校教育的主张,由此形成的教育改革理想,在今天越来越具有吸引力。

的确,随着 20 世纪中后期资本主义全球扩张引发金融危机,市场自由化导致个人主义盛行;数字化生活场景的拓展,引起生活方式和传统价值观的分化。要解决这些问题,使理想的教育能够落地,需要抓住事物的根本。而人的根本就是人本身①。也就是说,要立足人本身开展教育问题的研究,这不是要否定教育应具有的国家性质和政治视野。因为任何一个国家的教育活动,必定是和这个国家的政治制度密切相关的,但仅仅这样理解国家、政治、教育之间的关系,是找不到解决教育问题的根本路径的。这就要求我们必须找到国家政治建立与运行的前提,这才是解决问题的关键。

由此要回到马克思谋划的未来社会的理想之中。在马克思看来,未来社会实现人的自由全面发展目标,是自由全面发展个体组成的联合体。因而,如何构建这样的联合体,是马克思政治哲学研究的基本议题。当然,马克思对人的解放与自由人联合体的论述,不同于传统启蒙思想家、空想社会主义思想家以及古希腊思想家,原因在于马克思分析问题的思想方式。在马克思看来,人类社会的形成是客观的、现实的过程,是一个历史发展的过程。这个客观的、现实的过程,就是"现实的主体"在实践活动中所展开的现实生活过程,绝不是空想的精神观念活动的产物,不是"脱离现实精神和现实自然界的抽象形式、思维形式、逻辑范畴"②。

马克思这一思想的核心,就是把现实的人的实践活动理解为社会生活的本质,不满足于对人和社会事物作概念的反思,理性的质疑、批判和解释,而是要

---

① 马克思恩格斯文集(第 1 卷)[M].北京:人民出版社,2009:11.
② 马克思恩格斯全集(第 3 卷)[M].北京:人民出版社,2002:333.

重视把人的现实存在作为思考的出发点。人的存在、社会的存在就是人的现实生活过程,并不是感官感觉不到的抽象"理念世界""精神世界"。所以,人的使命在于,不仅要解释世界,更要改造世界。由此可见,马克思重视现实的人的感性活动,就是从现实社会基础出发,确立阐释人的问题的社会存在论根据,这是理解人的活动的思想方式,也意味着马克思完成了思想方式的变革,标志着马克思对问题的研究,从超感性世界回到现实的人的生活世界,建立了分析社会问题的历史前提和现实基础,揭示了现代人类的生活样式。海德格尔对此高度评价,认为"无论是现象学还是实存主义,都没有达到有可能与马克思主义进行一种创造性对话的那个维度"①。这就迫切需要研究马克思思想方式转向对教育研究产生怎样的影响;受其影响的教育研究中,马克思对教育问题提出哪些新观点、新主张。这构成本专著研究的主要内容。

1. 马克思根据现实的人的对象性活动原则,以唯物主义历史观分析传统教育研究与教育理论建构存在的主要问题,实现对传统教育研究思想方式的变革。

阐释教育问题的思想方式,是影响思想家或教育研究者建构教育思想的重要因素。这里谈及的教育研究的思想方式,是指思想家或教育研究者在研究教育问题、发表教育观点、形成教育理论的过程中形成的相对固定的样式(模式)和方法,是他们在解决教育问题时体现的思维形式、思维方法和思维程序。考察传统教育研究,虽然不同思想家提出不同教育主张、教育观点,也有思想家身体力行,把自己的教育主张付诸教育行动,但就思想家们采用的思想方式来说,形而上思想方式是极为显著的特征。并且,随着教育世俗化的发展,这种形而上的思想方式,会变得更加隐秘、更加"合理"。因而,就需要对教育研究的形而上思想方式进行变革,克服或消除形而上的教育研究思想方式的局限,使教育研究奠基在现实社会生活基础上。马克思完成了这项任务。

---

① 海德格尔.路标[M].孙周兴,译.北京:商务印书馆,2000:401.

马克思以现实的个人作为教育研究出发点，以人是对象性存在为理论假设，对教育作出存在论阐释，确立教育的人学性质，论证教育之于人的发展意义，阐释人类教育活动的历史前提和现实社会基础，揭示传统教育研究思想方式问题产生的根源，由此实现其对传统教育研究思想方式的变革。马克思对教育的阐释，体现了马克思对教育研究所作出的思想贡献。

2. 马克思从现实的人的存在出发，阐述教育研究的人学导向与存在论基础，教育成为人展现自由自觉生命活动的社会机制。

马克思完成对教育研究思想方式的变革，是因为马克思从劳动、现实的人、现实的人的感性活动出发考察教育的本质，确立教育的存在论探索思路。这里提及教育的存在论，是强调马克思创建了从劳动、现实的人的感性活动出发考察教育本质的思路，而这一研究思路的形成，是马克思批判古典经济学研究劳动问题的重要成果。

和古典经济学家的劳动创造财富的观点不同，马克思从"工人与劳动"的关系中探究人的存在的秘密，从"劳动"中发现"人的存在"问题，寻找"物的世界的增值同人的世界的贬值成正比"①的规律，目标是要消除人（工人）在现实生活中出现"异化"的问题，让人回归到现实的日常生活。显然，马克思对劳动价值的重视，不是强调劳动创造财富的价值，而是在劳动中发现人的存在的秘密，发现了人的异化处境以及解救异化处境的出路。这样理解劳动问题，使劳动彰显了双重问题，既显示了做什么、如何做的劳动方法方式问题，这是可以直观把握的问题，又显示了劳动者、劳动工具、劳动对象三者相互依存的关系，而正是这三者的互动关系，隐藏着人的存在的秘密。对此展开探究，就能发现使人成为人的通道，对此，马克思表述为解决人与自然、人与人、必然与自由、个体与类之间的矛盾与冲突，使劳动成为人的有意识的生命活动②。可见，劳动问题，在

---

① 马克思恩格斯全集(第3卷)[M].北京:人民出版社,2002:267.
② 马克思恩格斯全集(第3卷)[M].北京:人民出版社,2002:273.

马克思这里，是关切人的存在与人的命运的问题，这就是马克思存在论立场的彰显，也表明马克思对人的教育问题形成新的思路，实现对教育研究思想方式的变革，这是本专著研究马克思教育存在论旨趣的重要动因和基本任务。

本专著认为，马克思发现教育存在论的意义，是形成理解教育问题的新思路，这个新思路就是主张从类存在的原则高度把握人的全面发展教育目的，在人的现实的日常生活中完成，向社会的人的复归，教育成为实现人的发展的社会机制。因而，研究教育，就是要研究如何解决人与自然、人与人、必然与自由、个体与类之间的矛盾与冲突。人的教育活动，不论是教育者还是受教育者，它就是全面展开人的"自由的有意识活动"的生命活动。因此，作为面向人的教育教学活动，更应释放而不是压抑人的生命活力，从而使人的生命活动得到完整、自由的展现，只有做到这一点，人的生命活动才能得到完整、自由的呈现，这是社会文明程度的象征，是社会进步的体现，正是社会需要提倡和实践的教育，是教育现实性的真正体现。

3. 马克思揭示社会矛盾运动规律，阐述人的自由发展的理想目标，确立人的存在与社会存在作为教育研究的前提，作出了以人的解放引领教育发展的基本论断。

马克思在《莱茵报》工作期间发表多篇政论文章，针对"不完善的东西需要教育""国家是真正的教育机关""教育是以出生的纯粹偶然性为基础的""智力是等级代表的特殊要素"等教育观点，指出了这些观点隐含着教育和社会构成同谋关系的事实，阐明了教育问题形成的社会根源，深化了对国家的教育职责、科学与教育关系、教育与人的发展等问题内涵的理解，形成了关于教育发展的社会基础观、教育发展的性质观、教育发展的历史观等教育主张，为教育规范发展奠定了思想基础，引发我们对教育激发人的本质力量、教育促进人对意义的生成、培育人的共同体意识等问题的再思考，彰显马克思论述教育问题的思想贡献。

4.马克思坚守现实的人的感性存在原则，对教育作出感性活动的探讨，形成理解教育本质及其教育正义理论建构的新思路、新论断。

马克思注意到现实的人的感性存在，这意味着人能够依赖自身的意志、智力、情感等主观性因素去认识与改变外部世界，进一步创造适合人类生存需要的新的外部世界。在这个意义上，人的实践，就是人的生命活动的呈现，就是人的感性活动的产物。因此，马克思重视感性活动，把感性活动理解成人类个体与自然界的交往活动，在这种活动中，人类个体完成了对自身社会本质的建构与占有。

因此，着眼于教育要满足现实个人生命活动的需要，保障每一位社会成员能够分享人类社会教育成果、文明成果，这是现代社会进步和教育发展的必然要求。要做到这一点，就要研究能够匹配每位社会成员获得公平的、有质量的教育所需要的法律法规和管理制度。问题是如何构建有助于实现公平、正义教育的制度。

5.马克思完成了对教育研究思想方式的睿智变革，最显著的特征是将教育纳入人的社会实践范畴，实现了从"理念型教育"向"实践型教育"的转变。

马克思对教育存在论的发现，深化了对教育内涵的理解，最基本的一点就是不能把教育理解成知识学习，不能理解成人的认知活动，而是要研究教育和人的存在的关系问题，要围绕人的存在的问题来谋划教育。简单地说，就是要聚焦解决人与自然、人与人、必然与自由、个体与类之间的矛盾与冲突，帮助人成为自由的人，这就形成了研究教育的认识论（知识论）路线和存在论路线。对于前者，我们称之为理念型教育；对于后者，称之为实践型教育。

理念型教育是指人们从理性思路认识人的发展问题。把人的成长、发展归结成人的理智的变化、认知的变化，甚至把人的成长发展看作观念的革命、思维的革命，或者如哈贝马斯所说，这是共建理想的沟通情境，以实现沟通能力的变革。就此，马克思强调人的感性活动的重要意义："人的思维是否具有客观的真理性,这不是一个理论的问题,而是一个实践的问题。人应该在实践中证明自己思维的真理性,即自己思维的现实性和力量,自己思维的此岸性。"①思维的真理性需要在实践中证实,但这里提及"在实践中证明",不能把它理解成人应用知识解决某个问题。事实上,马克思论及"在实践中证明",是指人在和世界的交往中完成对生活之世界以及对人自身的反思与批判,在反思与批判中塑造自我意识、展现人的本质力量,形成社会主体,达成"环境的改变和人的活动或自我改变的一致"②。

对此,我们提出马克思用实践型教育替代理念型教育的观点。"实践"是马克思建构思想体系的核心概念。在马克思看来,人的自由全面发展是在现实的社会生活中完成的,不是臆想的精神活动,"要扬弃私有财产的思想,有思想上的共产主义就完全够了。而要扬弃现实的私有财产,则必须有现实的共产主义行动"③,这是一条实践性的道路,而不是理念性的道路。因而,我们不能满足于对人和社会事物作出概念的反思、批判和解释,而必须深入人的存在的现实生活之中,从超感性世界回到现实的人的生活世界,从而克服经义之学的理念型教育的局限,走向参与生产劳动并融入社会的实践型教育。

6. 马克思教育研究思想方式的转向,是奠基于马克思创立的唯物主义理论基础之上的。因而,需要研究马克思唯物主义理论对教育研究的意义。

马克思坚持用唯物史观研究教育问题,开启社会存在与教育活动相互关系的研究视域,形成研究教育目的、教育本质、教育功能等教育基本问题的"社会存在论"范式,改变从概念到概念、从范畴到范畴的教育概念形成的"认识论"路线,避免把教育问题变成一个形而上的道德问题,或者是一个纯粹的科学知识的教与学问题,展现了马克思建构教育学说的范式创新,凸显了马克思教育理

---

① 马克思恩格斯文集(第1卷)[M].北京:人民出版社,2009:500.
② 马克思恩格斯文集(第1卷)[M].北京:人民出版社,2009:500.
③ 马克思恩格斯全集(第3卷)[M].北京:人民出版社,2002:347.

论的鲜明特征，体现了马克思对教育研究所作的重要贡献，是人文社会科学的典范①。为此，应从全面生产理论与教育培养人的主体问题、文明社会的教育问题、资本与技术发展对教育理论科学化构成的障碍等方面开展深入研讨，澄清教育的本质及发展方向，为中国特色社会主义教育事业发展和教育学理论体系建设提供思想资源。

为完成这些研究内容，我们主要采用文本分析与思想家观点比较分析的研究方法。通过深度阅读马克思的重要文本，比较古代思想家、启蒙思想家的教育理论，尤其是德国古典思想家的教育观点，厘清思想发展脉络，系统阐述马克思变革传统教育研究思想方式的基本观点。以此观点为立论依据，全面展开对马克思关于教育正义、人的教育、教育的唯物史观基础等重要问题的讨论，提出教育是人成长的社会机制、理念型教育向实践型教育转型、教育塑造人的全面生产能力等理解马克思教育思想的一系列新的重要论断。同时，适应马克思教育理论中国化时代化发展需要，结合当代中国教育改革与发展的新需求，运用马克思教育理论的基本观点和方法论指导当前教育研究，为创新发展中国特色社会主义教育道路、建设中国特色教育学理论体系提出建议，较为完整地实现本专著的研究目标。

开展马克思变革教育思想方式的研究，这是系统、整体开展马克思教育思想研究工作的必然要求。随着这项研究工作的开展，我们取得了可喜的研究进展。一是聚焦马克思教育思想研究，有助于丰富马克思主义教育思想研究。马克思是马克思主义思想体系中最重要的思想家，研究马克思主义教育理论，必须研究马克思教育思想。二是拓展了马克思教育思想研究新范式。我们抓住马克思变革教育思想方式这个主题，论述其教育思想方式变革的逻辑及其提出的新论断、新主张，实现了从通论式研究向专题性研究的转变。三是开启了研

---

① 石计生.马克思学：经济先行的社会典范论[M].台北：唐山出版社，2009：47.

究马克思教育思想的新视角。以马克思变革教育思想方式为突破点，阐述马克思对教育存在论的发现、教育人学的确立，以及对感性活动与教育、全面生产与教育等问题的探讨，揭示马克思面向现实的个人建构教育理论的重要价值，开拓了回到现实社会开展教育研究的新路径，有助于把握教育促进人的全面发展的内涵与实施路径。四是实现了马克思教育思想研究成果的新突破。探讨马克思对教育存在论的思考，系统分析教育的人学意蕴，阐释教育正义理论建构思路，揭示教育面向生产劳动的存在论立场，剖析了德性之教发生的感性活动机制，挖掘了唯物史观对教育理论建设的意义，丰富了马克思教育思想研究的当代价值。

研究工作暂告一段落。但在当代复杂多变的社会政治经济文化环境中，仍有必要进一步加强马克思教育思想研究，这是推进中国特色自主教育理论建设和教育思想发展的一项重要工作，也意味着继续深化对马克思教育思想的研究，依然是一项任务繁重的工作。

第一章 马克思对教育思想 方式的变革

要阐释教育问题,寻求解决教育问题的举措,必须要明确分析研究教育问题时采用了什么样的思想方式。运用怎样的思想方式去开展教育研究,这是破解教育问题时首先要明确的工作。教育研究采用的思想方式,是指教育研究者研究教育问题、发表教育观点、建构教育理论中形成的相对固定的样式(模式)和方法,是他们在解决教育问题时体现的思维形式、思维方法和思维程序。

在日常教育教学活动中,教育工作者会面临各种各样的教育问题,对这些问题的解决,通常我们只是直观地看到他们采用了怎样的教育方法,解决了哪些教育问题。但是,这些教育方法、解决措施是怎样形成的、怎样提出的,它的合理性如何,却常常被淡化或忽略。如果遇到新的教育问题,我们又该采取哪些解决举措? 类似的思考,迫使我们进行更加深入的分析,包括这些思路是如何形成的,这必定涉及讨论教育研究与教育理论建构的思想方式问题。就如恩斯特·卡西尔所说:"人类不仅先要对这一种问题的提出感到有所需求和感到合理,并且还要进一步地去创立一些能够回答(beantworten)这些问题的独特的和自足的程序或'方法'。"①不同思想家或教育研究者提出了不同的教育理论观点,建构了不一样的教育思想,原因就在于思想家们采用了不同的思想方式。

为此,有必要考察影响西方教育理论建构与发展的思想方式。在漫长的社会发展历史进程中,西方社会建构了丰富多样的教育思想、教育理论。不论是

---

① 恩斯特·卡西尔.人文科学的逻辑[M].关子尹,译.上海:上海译文出版社,2004:5.

古希腊时期的教育理论,还是启蒙时期的教育主张,以及在反思现代性中形成的各种教育研究思潮、教育思想流派,我们发现有不同的教育理论、教育主张,就会有不一样的思想方式。但其中有一个共同特征,即这些思想方式都隐含着对形而上旨趣的追求,有如阿伦特所说"并没有真正摆脱柏拉图的理念"①。这是说,柏拉图的思想对西方人的影响延续了很长时期,甚至对西方人的思想发展占据着控制地位。不管西方人是否意识到或承认这一点,这都是客观存在的事实。因而,克服或消除教育研究思想方式的形而上特征,实现对形而上思想方式的变革,就成为一项重要任务。

对此问题展开探讨,研究马克思的观点,是十分有意义的工作。马克思在探索社会发展规律的前提下,把人是对象性存在作为教育研究的前提,以现实社会生活作为教育活动发生的基础,对人的全面自由发展教育目的作出存在论的阐释,使教育研究奠定在客观的现实社会生活基础上,以此解构传统教育研究的形而上思想方式,真正把教育与人的生命发展联结起来,这都是马克思对教育研究作出的创新性理论贡献。只是这一点未能受到我们足够的重视。

一、传统教育思想方式的形而上特性

形而上思想方式对西方经典教育思想的形成产生着深刻影响。关注形而上,并将其作为一门研究学问或研究范式,与亚里士多德密切相关。亚里士多德称其为"第一学术""第一哲学"。他在研究中区分了三种类型的知识,即创制之学(制作各种用品的技艺之学)、实践之学(伦理学、政治学等)和理论之学(数学、物理学、智慧之学)。在这三种知识之外,尤其是理论之学的"物理学之后",他称之为"第一学术""第一哲学",主要是研究"不动变本体"②,也就是研究最基本的事物。亚里士多德指出,正是在这层意义上,这门学术就应是普遍

---

① 汉娜·阿伦特. 过去与未来之间[M]. 王寅丽,张立立,译. 南京:译林出版社,2011:35.
② 亚里士多德. 形而上学[M]. 吴寿彭,译. 北京:商务印书馆,1959:123.

性的。"研究实是之所以为实是——包括其怎是以及作为实是而具有的诸性质者。"①因此,这些研究工作,不同于实践之学、创制之学、理论之学。它就是一门普遍性学术,是决定世界事物存在的根源因素,是物理学之后的"第一哲学""第一学术"。如此,就能够区分物理学、数学的研究。

不过,把这门"第一哲学""第一学术"列为"物理学之后",是在大约公元前1世纪中叶。亚里士多德学派(逍遥派)的第十一代传人安德洛尼可编订历时既久、失而复得的亚里士多德遗稿时,将涉及这一范域的著述编为第十四卷,置于论究"物理学"的第十三卷之后,于是这门学问遂有了"ta meta ta physika"("物理学之后")之称②。显然,亚里士多德探究事物本质因素,采用的是形而上思想方式,这跟古代中国《易·系辞上》所谓"形而上者谓之道,形而下者谓之器"的理解较为一致,他们建构了一个超越现实的人的日常生活世界的世界,在这样的"世界"中寻找决定事物存在发展的本质性因素,并确定是影响人存在的终极缘由,成为分析人类活动行为的思想方式。

教育是人类的重要活动。受形而上思想方式的影响,把教育目的确定为探究世界本体,并把世界本体规定为某种神秘因素,这使面向现实的人的教育活动,不是面向现实的世界,不是回应人的现实日常生产生活的需要,而是去寻求一种超越的存在。这样,教育活动就会逐渐消除人的现实因素,被普遍性观念神化。因此,对教育活动合理性的理解,就要受到本体论本原因素的制约,把教育价值目标推向"神"的境界③。

柏拉图对教育的理解,就体现着鲜明的形而上特性。柏拉图的教育理想是实现人的和谐,而问题是要探究柏拉图论述教育理想的理论依据是什么。在柏拉图看来,这个依据就是"超验目的",它和人的经验生活、经验世界无关,因为

---

① 亚里士多德.形而上学[M].吴寿彭,译.北京:商务印书馆,1959:123.
② 黄克剑."形而上"致思之中西考辨[J].哲学研究,2018(11):115-125,128.
③ 舒志定.论古希腊教育观的形而上特性[J].宁波大学学报(教育科学版),2006(2):1-6.

这种"超验目的"决定着现实城邦社会的"等级秩序"①,是决定城邦"理想世界秩序"的"公理""定理",也是教育活动合理性与教育价值的"最基本根据"和"不变的本体"。因而,教育就是让不同等级的人顺应"超验目的",以维持城邦的稳定和发展。

在宗教教育思想中,这一思想方式更是被发展到极致。尽管不同的宗教有不一样的教育思想,但是,教育帮助人获得神的救赎,人们必须教给儿童一些有关最高存在者的概念,这样,儿童看到别人做祈祷这类事时,就会知道这是向谁祈祷,以及为什么要这样做②,无疑,宗教教育意图很清楚,就是使人能够遵照基督精神成长为新人,这一点是普遍的共识,也成为设置学校教育的前提。

从形而上思想方式理解教育问题,教育任务是把某一种超验目标告知人,人的存在就是对外在存在(如理念、神等)的服从,不需要人对自身的反思,就如希腊神话中的西西弗斯,反复地向山上推石头,对这个行为的意义及其自身能力,他不会思考,也不需要思考。尽管对这个神话可作出多方面解读,可以评价西西弗斯顽强、坚韧与意志坚定,也可评价西西弗斯做事确立了目标导向、任务导向、问题导向。但不论怎样说,任何的目标、任务、问题的解决,任何个人的意志、奋斗与努力,都需要个体对自身、对外部环境的积极反思,才能获得对既有环境和条件的客观、理性的认知,这是人成为自主的、主体的人的基本要求,是人成熟的重要特征。没有反思的个体,是无法养成主体意识的。对教育的形而上思考,最主要的问题是缺少自我反思与主体意识。

文艺复兴及此后的启蒙思想运动,突出了人的地位,把造就人的主体意识作为教育目的,人不再受"超验世界"异己力量的制约。这是有进步意义的教育思想,受到研究者的肯定,被称为"打破偶像崇拜","在教育思想和实践上引发

---

① 底特利希・本纳. 普通教育学:教育思想和行动基本结构的系统的和问题史的引论[M]. 彭正梅,徐小青,张可创,译. 上海:华东师范大学出版社,2006:93.
② 伊曼努尔・康德. 论教育学[M]. 赵鹏,何兆武,译. 上海:上海人民出版社,2005:49.

了一场革命"①。但是,这种"进步"仅限于人的地位的恢复。对此,黑格尔在《哲学史讲演录》中作了评述:"近代哲学的出发点,是古代哲学最后所达到的那个原则,即现实自我意识的立场;总之,它是以呈现在自己面前的精神为原则的。中世纪的观点认为思想中的东西与实存的宇宙有差异,近代哲学则把这个差异发展成为对立,并且以消除这一对立作为自己的任务。"②黑格尔指出对人自身的关注是近代哲学的进步,使"我是主体"问题得到凸显。但是,黑格尔断定对人的重视,只是重视人的"自我意识"。正因如此,黑格尔才会把"自我意识的立场"作为近代哲学的开端。把"自我意识"确定为"我是主体"的基础,构成这一时期理解教育思想方式的形而上学特征,即"意识的内在性构成近代以来全部形而上学的主导原则和基本建制"③。

在这一点上,笛卡儿是十分关键的人物。他提出"我思故我在",标志着从古代本体论研究向认识论研究的重大转变。康德评述这是理性的解放,福柯称其为真正的启蒙。其实,笛卡儿关于人的认识,是在人与自身及客观世界分离的背景下提出的。笛卡儿认为只有我思才是真实存在的,自我是一个思维者,是一个思维着的存在,只有在我思的前提下,客观世界才变得有意义。这样就把"我思"看作与身体以及外部世界完全分离、隔绝的"独立"存在,这被称作笛卡儿主客分离的思想方式,即人的主体地位可以脱离客观对象而独立存在,把人的主体性等同于人的自我意识,成为人的思维活动的产物。

把自我意识理解为人的主体性,实质是对人的理性的肯定,这引发了后续思想家对此的反思,并试图改造这一观点。康德就把"我思"改造成先验的自我,改造成现象与物自体。费希特则把"我"设定为能够创造一切的"自我",试图消除"我"与外部客观世界的对立状态。可这一切的努力,并没有走出笛卡儿

---

①　吉拉尔德·古特克.教育学的历史与哲学基础:传记式介绍[M].缪莹,译.长沙:湖南教育出版社,2008:177.

②　黑格尔.哲学史讲演录(第四卷)[M].贺麟,王太庆,译.北京:商务印书馆,1978:5.

③　吴晓明.论马克思哲学中的主体性问题[J].复旦学报(社会科学版),2005(5):7-14.

设置的思想障碍。正如黑格尔所说,这些无非都是主观意识、主观思想的"反思"活动,"反思通常是以主观的意义被认为是判断力的运动"①。

可见,以笛卡儿"我思"为标志的思想方式暴露出重大的局限,它摒弃主体存在的客观现实基础,把人的主体地位的确立当作一项理智活动,这是形而上学思想方式的共同特征,是导致"教育终结"的认识论根源②。比如对人为何可教、如何可教等基本问题的探讨,并没有超出笛卡儿探究的范围,或者说在很大程度上是在笛卡儿观点基础上的衍生和发展。捷克教育家夸美纽斯是这种思想方式的重要代表③。在其《大教学论》中构想的目标是使人成为万物主宰,最终使人及万物归于上帝,确立这个目标的前提是人具有"博学、德行或恰当的道德、宗教或虔信"等"种子",而这种子是上帝赋予的④。在《论天赋才能的培养》的演讲中,夸美纽斯更明确地强调人的思维、意愿、活动能力和语言四种能力,是由上帝创造的⑤。因而,人的意义在于完善自己的灵魂或自己的天赋才能⑥。又如康德相信人是理性主体,提出人是教育目的的观点。无疑,康德构想人之为人的目标,是使人完善成为理性主体,进而就能使理性主体成为基督教的真正本质⑦,实际上是回归到了形而上学的老路上。

对这种教育研究中的形而上思想方式,德国教育学者底特利希·本纳作了概述:"近代教育学在其所有的问题和行动维度方面都是通过目的论的秩序的丧失、通过近代对理性的理解的发展而确定的,这种理解寻求解释世界的一切

① 黑格尔.逻辑学(下卷)[M].杨一之,译.北京:商务印书馆,1976:20.
② 舒志定.学校人文教育的质疑与重构:简议威廉·V.斯潘诺斯的《教育的终结》[J].江苏高教,2011(4):6-9.
③ 林玉体.西方教育思想史[M].北京:九州出版社,2006:229.
④ 夸美纽斯.大教学论[M].傅任敢,译.北京:人民教育出版社,1984:25.
⑤ 夸美纽斯.夸美纽斯教育论著选[M].任宝祥,熊礼贵,鲍晓苏,等译.北京:人民教育出版社,2005:364.
⑥ 夸美纽斯.夸美纽斯教育论著选[M].任宝祥,熊礼贵,鲍晓苏,等译.北京:人民教育出版社,2005:365.
⑦ 邓晓芒.也谈康德宗教哲学的问题意识和基本概念:回应谢文郁先生[J].中国社会科学评价,2019(3):83-101,143.

存在并使其服从人的统治。"①的确,如本纳所评论的,即便是杜威,他试图用"经验"统合主体与客体的二元对立、彼此分离的状态,虽然注意到主体与客体相互之间的联系,但是仍没有很好地区分主体与客体之间的本质性差异②。如果按照杜威的思想方式构建教育理论、指导教育实践,产生的结果是把教育等同于改造人的思维,对教育的评价,依然是把人的认知因素作为考察指标,凸显出教育主观性、抽象性的特征。就此,罗蒂批评杜威依然具有构建形而上学的偏好③,这样的评价是适当的。

由此可见,古希腊是把"存在之外非存在"作为教育的依据。在宗教视域中,这种存在的学问变成对"万物存在根据的上帝"的论证。结果把古希腊对"存在"问题的理性追问,转变成对"上帝"合理性的论证,"存在"变成了"上帝"。从文艺复兴到启蒙运动,虽然强化了对人的"理性""自我意识""主体"的认识,"上帝"不再是权威的存在,人替代了"上帝"的存在,但是,对人的理性问题的考虑,被无限地扩大,理性成了新的"上帝"。这种思考问题的方式,依旧没有摆脱形而上学思想方式的束缚。"形而上学就是一种超出存在者之外的追问,以求回过头来获得对存在者之为存在者以及存在者整体的理解。"④可见,对教育的形而上思考,是西方教育思想研究的重要特征和传统。而这种传统导致的最根本问题,则是人的消失。尼采评论说这是苏格拉底提出"美德即是知识"这一原则时隐藏的问题,这个问题就是不重视个体生动的伦理实践、生命体验,把丰富的生命体验活动看作由逻辑、认知完成的认识论活动。所以,尼采评述苏格拉底等思想家不重视生命丰富性,"对于生命和存在所做的判断,其内涵要比任何一个现代判断多得多,因为他们面对着一种完满的生命,他们不象我们

---

① 底特利希·本纳.普通教育学:教育思想和行动基本结构的系统的和问题史的引论[M].彭正梅,徐小青,张可创,译.上海:华东师范大学出版社,2006:186.
② 蒋晓东,龙佳解.马克思"实践"概念与杜威"行动"概念之比较[J].马克思主义与现实,2011(2):61-64.
③ 理查德·罗蒂.实用主义哲学[M].林南,译.上海:上海译文出版社,2009:71.
④ 海德格尔.路标[M].孙周兴,译.北京:商务印书馆,2000:137.

这样,思想家的情感被追求生命的自由、美、伟大的愿望与求索真理的冲动二者之间的分裂弄得迷离失措"①。所以,尼采说上帝、理性、逻各斯、科学知识等因素,控制和扼杀了丰富的生命存在。因此,还原生命的丰富性,重视人的存在的现实性,这是时代的使命。而要解决这个问题,必须要解决怎样理解人的存在这个问题的思想方式。

二、马克思批判传统的教育思想方式

西方传统教育思想方式隐含的形而上特征,引起马克思的批判,"这一切都是在纯粹的思想领域中发生的"②。改变教育思想的形而上特征,就成为一项重要的思想任务。"形而上的论断自然有它的必要性和启发性。因为一方面,人对于存在有一种统一解释的需要;一方面,此统一解释也有助于个别领域或各种现象的理解。不过就社会科学而言,除此之外还需要一些比较具体的、针对社会现象的原则和研究。马克思的辩证法的重要性主要体现在这里。"③这一评述,是对冲破形而上思想方式局限的肯定,揭示了马克思对此作出的贡献。这里,就需要研究马克思作出的重要创新性贡献,这就是马克思确立了教育思想与教育理论建构的前提,目的是要消除人在思想过程中追求"主观性"的"精神"维度,实现"绝对精神的瓦解"。

对此,马克思把现实社会确定为研究教育问题的基础,以人是对象性存在为理论假设,从人的实践的角度理解"对象、现实、感性",反对脱离现实夸大人的能动性④,论证教育之于人的发展的意义,形成以存在论视角阐释教育问题的思想方式。

马克思断言现实社会是破解教育问题的基础。各个历史时期面临的教育

---

① 尼采. 希腊悲剧时代的哲学[M]. 周国平,译. 北京:商务印书馆,1994:12.
② 马克思恩格斯选集(第1卷)[M]. 北京:人民出版社,2012:142.
③ 黄瑞祺. 马学与现代性[M]. 台北:允晨文化实业股份有限公司,2001:63.
④ 马克思恩格斯选集(第1卷)[M]. 北京:人民出版社,2012:133.

问题,都和特定社会生活、特定社会历史发展阶段是密切相关的,类似费希特的自我理论、费尔巴哈的人本主义立场、黑格尔的理性思辨等观点。虽然这些思想家已经关注到教育和人的关系问题,但他们通常把人看作自然的或者抽象的、非感性的存在,忽视了人和生活的现实社会之间的联系。因而,通过教育实现人的改变,其实只是改变人的"意识"。结果,人发生的变化,变成人们头脑中的模糊的"幻象"①。

为此,马克思提出要寻求"思想"的现实基础,"关于他们所作的批判和他们自身的物质环境之间的联系问题"②。那么,我们要为"思想"的产生提供条件,也就是说,考察一个思想、观念是怎样产生的,答案不是在天上、在思辨的逻辑中,而是必须和人的日常生活相联系。就此来说,我们的思想和活动,乃至于我们自身生存的前提不是任意提出的,不是教条,是现实的前提。③ 而现实的前提就是现实的个人的活动和通过他们自身的活动创造出来的物质生活条件。"整个所谓世界历史不外是人通过人的劳动而诞生的过程,是自然界对人来说的生成过程,所以关于他通过自身而诞生、关于他的形成过程,他有直观的、无可辩驳的证明。因为人和自然界的实在性,即人对人来说作为自然界的存在以及自然界对人来说作为人的存在,已经成为实际的、可以通过感觉直观的,所以关于某种异己的存在物、关于凌驾于自然界和人之上的存在物的问题,即包含着对自然界的和人的非实在性的承认的问题,实际上已经成为不可能的了。"④

结合马克思的论述,我们可以明确"为教育提供现实基础"的含义,它是指教育促进人的变化发展的目标是在现实社会中实现的。人的变化发展,包括人的自我意识、意志、知识、能力的发展,是在人与自然、人与社会的互动之中实现的。这是通过经验就可验证的事实。因而,作为促进人的发展的教育活动,就

---

① 马克思恩格斯选集(第1卷)[M].北京:人民出版社,2012:152.
② 马克思恩格斯选集(第1卷)[M].北京:人民出版社,2012:145-146.
③ 马克思恩格斯选集(第1卷)[M].北京:人民出版社,2012:146.
④ 马克斯恩格斯全集(第3卷)[M].北京:人民出版社,2002:310-311.

不可脱离人的日常生活,人的日常生活是发生教育活动的基础。"事情是这样的:以一定的方式进行生产活动的一定的个人,发生一定的社会关系和政治关系……社会结构和国家总是从一定的个人的生活过程中产生的。"①马克思的这段论述,阐述了现实社会的政治、经济、文化等各种社会因素之间是互动的紧密关系,而这种关系的产生,则是现实的个人的活动产物。反过来说,社会政治、经济、文化成为现实的人的活动的前提条件。没有人可以离开社会和自然条件而获得存在和发展。所以,要解决人的问题,需要从现实的个人的活动出发,只有这样,问题的解决思路才不会带上任何神秘和思辨的色彩。

进而,马克思通过对人和自然及社会历史互动的考察,进一步深化对"互动"的阐释。在马克思看来,这种互动,其实就是作为互动主体的现实的人和互动对象(自然界、社会或他者)建立关系的过程,在这个关系中,现实的人是主导,没有现实的人的主动、积极、能动,就难以建立交往互动关系。基于此,马克思作出了人是对象性存在的论断。人和自然、社会的互动,是人日常生存的常态。没有人可以脱离现实的社会生活生产而获得生存机会和生存条件。正是人与自然、社会的互动,决定了人和自然、社会是相互依赖的共同体。没有自然、社会,人就成为孤立的个体,也就失去了生存的条件。这也意味着人与自然、社会的互动与共存,不是人对自然的统治关系,不能把人理解成万物的主宰。只有在这样共依的互动关系中,人才能在现实生活中通过劳动获得产品,创造生活生存的条件,人也从中获得身心发展。用马克思在《1844 年经济学哲学手稿》中的话语来叙述,就是"肯定自己",不是"否定自己",是"感到幸福",而不是"感到不幸",是能够"自由地发挥自己的体力和智力",而不是"使自己的肉体受折磨、精神遭摧残"②。尽管在现实社会条件下,人的这种自由活动受到压制,甚至人的劳动变成被动的、被迫的劳动,变成仅仅为了满足人的吃、穿、

① 马克思恩格斯选集(第1卷)[M].北京:人民出版社,2012:151.
② 马克思恩格斯全集(第3卷)[M].北京:人民出版社,2002:270.

住、行最基本生理需要的活动。但是，人的生存最基本的事实，就是人和外部世界保持交往。正是在这种交往中，人发挥了自己的体力和智力。也是在交往中，人不断增强自己的体力和智力，从而达到人的发展的目标，"人向自身、向社会的即合乎人性的人的复归"。①。

可见，人的生存是一个现实的、客观的问题。它是人和外部世界开展相互依存的对象性活动，不是抽象的、概念分析的结果，更不是由超验世界的神、上帝创造的结果。无疑，这是把握教育对象的基本思路，是分析研究教育问题、提出教育教学改革方案的前提。在日常教育活动中，对人是教育对象这个说法，不会令人感到陌生。问题主要是如何理解这个"人"。对这个"人"的理解，我们总是从生理学等自然科学意义上去阐述，说人的各种器官、生理素质正发生变化；或者是从认识论的视角理解人，把智力发展（认知能力的变化）作为评价人是否得到成长的依据。这些观点，对解决怎样理解人这个问题来说，的确是一些思路。但是，这样理解人，是否真的把握了人的成长与发展的本质？

我们还是要看看马克思的观点。马克思说人是对象性的存在，意指人和某个对象构成互动关系，并从中获得存在与发展。人只有在对象性交往活动中，才展示力量（马克思称"改造世界"）。同时，通过和对象物的交往促进自身的发展。就此来说，人的对象性存在是人"独特的、现实的肯定方式"，它是人的自我生成、自我塑造与自我实现的基本形式，是人的生存与发展逻辑，也是学校开展教育活动需要遵循的法则。它要求学校既要关注个体人的生理、心理变化规律，又要关注只有在和对象物的交往互动中，人才具有存在的现实性。因而，学校的任务是为受教育者提供充足的交往环境与交往空间，避免抽象的灌输、抽象的理论知识学习，要尽力使学生融合到与社会、自然的交往关系之中，从而使学生在体验、感知与交往中获得发展。

马克思从人是对象性存在、人与社会互动交往关系的视角阐释教育思想方

---

① 马克思恩格斯全集（第 3 卷）［M］.北京：人民出版社，2002：297.

式,被当代西方教育思想家所继承,他们尝试用马克思分析教育的思想方式去批判资本主义学校教育对人性的压抑。在美国的沃尔特·范伯格和乔纳斯·F.索尔蒂斯看来,马克思阶级理论是阐释学校教育功能的三大理论之一①。法国的布尔迪约和帕斯隆就从"再生产"理论出发,批判资本主义学校缺失教育职能的独立性。他们认为学校教育的基本职能是文化传递与人才培养,然而,资本主义社会控制了学校教育,使学校成为传递资本主义文化、培养资本主义人才的机构,使学校教育成为"一种符号暴力理论的基础","一些集团或阶级把文化专断的建立和继续所必需的教育权威委托给了教育行动。作为提供持续性培养的长期灌输工作,即作为生产符合上述集团或阶级文化专断原则的实践的生产者的工作,教育工作有助于通过习性,这一客观结构再生产实践的发生功能本源,再生产生产这一文化专断的社会条件,即它作为其产品的那些客观结构"②。这就是说,在资本主义社会,虽然学校承担着传递社会文化的使命,但实质上是服务于统治阶级传递文化的需要,是统治阶级文化再生产的手段。

因此,在亨利·A.吉罗克斯等新进步主义思想家看来,当前学校把教育功能确定为培养技术工人、促进工业化及传递西方文明的核心价值观③,这就需要重新审视学校教育的功能,避免使学校变成传授"意识形态的国家机器",避免使学校成为生产非公平的知识和文化的场所④。

上述所列举的这些思想家,对资本主义学校教育出现的问题提出疑问,提出了改进学校教育的方案,这是有意义的工作。但是,他们研究工作存在的问题在于,他们是用社会与个人对立的思路,分析学校教育出现的问题,把学校教育当作传授科学知识、解决人的技能的手段。他们关注的课题,要么支持学校

---

① 沃尔特·范伯格,乔纳斯·F.索尔蒂斯.学校与社会[M].李奇,等译.4版.北京:教育科学出版社,2006:43-59.
② 布尔迪约,帕斯隆.再生产:一种教育系统理论的要点[M].邢克超,译.北京:商务印书馆,2002:42.
③ 亨利·A.吉罗克斯.跨越边界:文化工作者与教育政治学[M].刘惠珍,张弛,黄宇红,译.上海:华东师范大学出版社,2002:236.
④ 迈克尔·W.阿普尔.教育与权力[M].曲囡囡,刘明堂,译.上海:华东师范大学出版社,2008:97.

教育要传授学生关心的知识与技能,要么支持学校要传授社会关注的知识与意识形态。这两类理解思路,不论是主张个人优先的观点,还是主张国家社会优先的观点,其实和传统教育理解思路是一脉相承的,即学校教育是改造人的心智的手段。

对此,马克思认为学校不能把知识传授与知识学习当作一项"理论"活动,当作一项改造人的"认识"活动,而是规定学校教育任务是让受教育者(学生)确立个人与社会之间的辩证关系,避免把环境、教育、人之间关系对立起来,不能把社会分成两部分①。只有坚信这一点,才能明确与把握教育目标是培育年轻人成为社会主体,才能找到教育促进人的发展的现实道路。

进而,马克思对人的自由全面发展的教育目的作出存在论的解读。把人的全面发展确立为教育目的,虽然不是马克思首创的教育理论。但是,马克思之所以不同于其他思想家,是因为马克思提出了要从认识论转向存在论的教育研究思路。所谓认识论研究思路,重点是研究教育如何解决人的认知能力与获得知识的基本问题。而存在论转向,则是把存在论作为研究教育问题的理论前提,要求教育遵循生命成长和发展规律,满足生命发展的需要,避免使教育仅仅作为一项传授知识的理论任务或认识任务。

就这一点而言,马克思在《关于费尔巴哈的提纲》第一条就阐明了存在论意蕴。"从前的一切唯物主义(包括费尔巴哈的唯物主义)的主要缺点是:对对象、现实、感性,只是从客体的或者直观的形式去理解,而不是把它们当做感性的人的活动,当做实践去理解,不是从主体方面去理解。因此,和唯物主义相反,唯心主义却把能动的方面抽象地发展了,当然,唯心主义是不知道现实的、感性的活动本身的。"②这里,对理解人的立场,马克思明确要求不能从"直观的""感性的""主体的"角度理解人,因此不能把它看作一个认识问题。比如增加一些知

---

①　马克斯恩格斯选集(第 1 卷)[M].北京:人民出版社,2012:134.
②　马克斯恩格斯文集(第 1 卷)[M].北京:人民出版社,2009:499.

识、发展人的技能,似乎就能解决人在日常生活中遇到的问题。其实这不可能解决人的问题,至多是解决了人如何认识与解释世界的问题。认识与解释世界,这主要是人的认知活动,而教育的关键是人对世界的改造。改造世界,不仅需要认识世界和解释世界,而且需要改变世界,显然这是"做"的活动,是一个行动问题。

这里,我们要把握马克思的两个基本观点。

一是教育面对人的真实问题。什么是人的问题? 马克思提出人的问题是人的存在问题,即要解决"人和自然界""人和人"之间构成的矛盾,这些矛盾问题的解决,实质上就是"存在和本质、对象化和自我确证、自由和必然、个体和类之间的斗争的真正解决"①。基于这样的认识,如果让人掌握某些知识、获得技能,甚至是掌握高新技术,是不可能解决人的问题的,因为这不是人的发展的全部内涵与目标,它只是解决了人认识自然、认识自我、认识世界的问题,但并不能彻底解决人如何理解自然、理解自我、理解世界的问题。当然,这里说"理解",简单地说就是使人能够把握人之为人的意义与本质,而依赖人的知识、技能,要把握人之为人的意义与本质是非常困难的,对此马克思说得非常明确:"人是一个特殊的个体,并且正是他的特殊性使他成为一个个体,成为一个现实的、单个的社会存在物。同样,他也是总体,观念的总体,被思考和被感知的社会的自为的主体存在,正如他在现实中既作为对社会存在的直观和现实享受而存在,又作为人的生命表现的总体而存在一样。"②所以,马克思说要实现人的发展目标,必须回到人的群体、人的社会、人的国家之中。为此,马克思提出"联合体"的概念,即要实现"每个人的自由发展是一切人的自由发展的条件"③的联合体。通过"联合体"消除人的异化,实现人的自由全面的发展。关于人的自由全面的发展,马克思称之为"人的一切感觉和特性的彻底解放",是"对人的本质

---

① 马克思恩格斯全集(第3卷)[M].北京:人民出版社,2002:297.
② 马克思恩格斯全集(第3卷)[M].北京:人民出版社,2002:302.
③ 马克思恩格斯全集(第2卷)[M].北京:人民出版社,2009:53.

的真正占有",是向"人的社会存在的复归"。

二是教育面向人的社会实践、面向人的日常生活世界。回到联合体中的教育,根基则是人的社会实践,不同社会实践,建构了不同的社会结构与社会共同体。黑格尔虽然也区分了家庭、市民社会和国家,但是却把这些共同体看作精神的产物,"国家是伦理理念的现实——是作为显示出来的、自知的实体性意志的伦理精神"①,"自在自为的国家就是伦理性的整体"②。而马克思基于人在现实社会中从事的日常生活生产,考察分析联合体的形成规律和特征,特别是晚年(1879—1882 年)在阅读古代社会史笔记时作了专题讨论。如在《古代社会》笔记中,马克思说,摩尔根把家庭形式分为以下多种:(1)血缘家庭:兄弟和姊妹群婚;马来亚式亲属制度就是建立在这种家庭形式的基础上的。(2)普那路亚家庭:这个名称来自夏威夷的普那路亚亲属关系。它是以几个兄弟和他们彼此的妻子的群婚或几个姊妹和她们彼此的丈夫的群婚为基础的。(3)对偶制家庭:意为配成对。这种家庭的基础是一男一女结成配偶,但并不是独占的同居;它是专偶制家庭的萌芽。丈夫和妻子双方都可随意离婚或分居。这种家庭形式并没有创造出特殊的亲属制度。(4)父权制家庭:以一男数女的婚姻为基础……这一制度没有普遍流行,所以对人类的影响不大。(5)专偶制家庭:一男和一女实行独占同居的婚姻;它主要是文明社会的家庭,本质上是现代的东西。在这种家庭形式的基础上建立了独立的亲属制度。③ 马克思对家庭起源与形式的关心,主要是为人类社会联合体的形成寻找理论来源或历史证据。然而,这种寻找根基的工作总是要被遗忘。海德格尔在评论中提出的意见是较为中肯的。"由于这种对精神力量的剥夺是从欧洲自身产生出来的,并且终于是由欧洲自身十九世纪上半叶的精神状况所决定(尽管在此之前就开始酝酿),所以欧洲的境况就愈加成为灾难性的。十九世纪上半叶,我们这里发生了所谓的'德

---

① 黑格尔.法哲学原理[M].范扬,张企泰,译.北京:商务印书馆,1961:253.

② 黑格尔.法哲学原理[M].范扬,张企泰,译.北京:商务印书馆,1961:258.

③ 马克思恩格斯全集(第45卷)[M].北京:人民出版社,1985:336-337.

国唯心主义的破产'。这一说法简直就象(像)一个防护罩,在它的下面,那已经开始展现出来的精神萎靡,那精神力量的溃散,那对根基的一切原始追问之被拒及其后果都统统被遮盖和藏匿起来。实际上,并不是什么德国唯心主义的破产,而是那个时代已经开始丧失其强大的生命力。结果不再能保持那一精神世界的伟大、宽广和原始性。也就是说,不再能真正地实现那一精神世界。"①海德格尔的这一段论述,是海德格尔对欧洲思想发展历史的反思,反思重点不是抽象的精神或道德或人性,而是试图从人的存在中找寻答案,这也使海德格尔和马克思之间的深刻差异得到展现,体现在马克思是从人的实践的维度考察问题,反映马克思对问题研究的历史视野。

因此,从人的存在意义上理解教育的作用,这就是使人获得真实的、合理的、正当的存在,也就是说,使人成为人。这个"成为人",就是马克思强调的要使人学会与自然、自我和世界建立交往关系。交往的过程,就是自我本质力量增强和释放的过程,实现人占有自己的全面本质的目标,达到人的自由发展境界。显然,这是人的感性活动的过程,是人的实践过程。因此,理想的教育教学活动,就是要和人的实践活动结合起来。"未来教育对所有已满一定年龄的儿童来说,就是生产劳动同智育和体育相结合,它不仅是提高社会生产的一种方法,而且是造就全面发展的人的惟一方法。"②马克思肯定未来教育是同"生产劳动"结合来开展教育教学活动,原因是,生产劳动就是人的感性活动在生产领域中的体现。因此,教育和生产劳动的融合,使教育奠基在人的感性活动之上,教育服从感性活动的需要。如此从感性活动来看教育,教育的任务是帮助人学会交往,即人与对象物包括自然、自我、世界的交往活动,不仅使人意识到教育是道德、知识、技能、身体运动等的培养,而且是人对存在的体验和感受,伴随体验和感受的变化,人对生活的感知也将发生变化,自然也就推进了人对世界、对

---

① 海德格尔.形而上学导论[M].熊伟,王庆节,译.北京:商务印书馆,1996:45-46.
② 马克思恩格斯全集(第44卷)[M].北京:人民出版社,2001:556-557.

自身、对自然的理解。在此意义上说，人获得了发展。

三、马克思变革教育思想方式的意义

马克思作出人是感性的对象性存在的论断，以此就把教育对象理解为一个鲜活的存在者，而不是只有理性思辨或者受某种抽象观念控制的人。正是因为马克思明确了人是现实的感性活动的对象性存在，为理解教育对象、教育本质、教育目的等教育基本理论问题提供了思路，我们才能更加全面、历史、辩证地看待教育问题。因此，对马克思这个观点的发现与解读，具有重要的意义。

第一，加深对人是教育对象与教育目的问题的认识。

教育促进人的全面发展，前提是要明确人的全面发展的内涵是什么，问题是如何理解人的全面发展。如果对人的发展需要不明确，就会导致教育偏离方向。

其实，教育促进人的全面发展，这已经是一个常识性话题。只是在实际的教育教学活动中，恰恰把受教育者这个人，当作实现其他教育目的的手段，比如考取高分是目的，教育者和受教育者成了获得高分的"手段"，这使教育促进人的全面发展这个目标未能有效落实到现实的教育教学工作之中。这些现象已经是当前中小学教育实践中存在的最突出问题。它迫使我们反思出现这个问题的根本原因，而不能仅仅就"一种现象"批评"另一种现象"。这一点在对"应试教育"的质疑中得到生动反映。反对应试教育，并不是说各级各类学校不能采用"考试"的评价方法，也不是说鼓励学生取得"高分"成绩是不合理的想法与做法。问题是各级各类学校自觉或不自觉地把考分、升学率作为评价学校办学绩效最主要，甚至是唯一的依据。这就引发我们的思考，为什么批判"应试教育"等同于批判"高分"与"升学"？要理清这个问题，关键是我们以怎样的思想方式理解教育及教育目的。如果我们坚持以认识论或知识论的思想方式理解人的教育，那么就会把人的认知能力的发展、人的知识结构的改善等同于人的发展。而考试"得分"的高与低，则是人的认知能力、理论逻辑思维、知识水平等

"知识论"的最好体现。

要改变这一理解教育的思路,学习马克思阐释教育问题的存在论立场,是极其必要的。对马克思教育存在论的关注,要求我们在教育过程中要充分、完整地展示受教育者的存在。所谓充分地、完整地体现受教育者的存在,是因为受教育者是生动的、感性的现实的存在者,不能把受教育者看作纯粹的理性人,也不能看作纯粹的感性人,而是要看到,人是在和社会生活进行对象性交往融合中才得到成长与发展。正如马云,他在创办翻译公司时,不可能就意识到今天的云计算、大数据、淘宝商城,不可能具有经营大数据的意识与能力,但后来他逐步做到了。由此得到启示,学校教育应该成为教育者和受教育者相互依赖、相互促进的生命交往共同体,而不能把这个共同体看作纯粹进行知识学习与交流的共同体,目标是让受教育者学会使自己成为独立的社会主体。

第二,为教育研究提供方法论。

马克思是以现实的人的感性活动作为讨论教育问题的出发点。这不仅是论述教育问题的一种思路,更是研究和思考教育问题的方法论。最基本一点就是马克思分析教育问题是扎根于现实的社会生活之中,马克思早就指出"在思辨终止的地方,在现实生活面前,正是描述人们实践活动和实际发展过程的真正的实证科学开始的地方"①。对于今天的意义,在于马克思提供了理解社会发展与人存在地位的思想方式,这成为我们理解教育本质以及把握教育的发展规律的思想方式。

为此,理解与质疑教育问题,要以人—社会—教育三维互动关系为前提,克服笛卡儿主体自我与客体世界二元对立思维方式。因为这种二元对立思维方式,是就某事论某事,是孤立的而不是联系的、是片面的而不是系统的思想方式,结果出现就"教育"谈论"教育"的问题,使解决教育问题的视野变窄,影响创新性思路的形成。这一点正如加达默尔在批评黑格尔历史遗产时所提及的:

---

① 马克思恩格斯选集(第 1 卷)[M].北京:人民出版社,2012:153.

"因为黑格尔哲学通过对主观意识观点进行清晰的批判,开辟了一条理解人类社会现实的道路,而我们今天仍然生活在这样的社会现实中。"①加达默尔的这一论断,指出了"主观思想"是影响我们考察社会现实的重要障碍。而且,在很大程度上,我们并没有感觉到这一点,甚至,我们还自以为找到了把握社会现实的切近通道。

第三,拓展研究马克思教育思想的新思路。

"这里有一件可以作为我们 19 世纪特征的伟大事实,一件任何政党都不敢否认的事实。一方面产生了以往人类历史上任何一个时代都不能想象的工业和科学的力量;而另一方面却显露出衰颓的征兆,这种衰颓远远超过罗马帝国末期那一切载诸史册的可怕情景。在我们这个时代,每一种事物好像都包含有自己的反面……我们的一切发明和进步,似乎结果是使物质力量成为有智慧的生命,而人的生命则化为愚钝的物质力量。现代工业和科学为一方与现代贫困和衰颓为另一方的这种对抗,我们时代的生产力与社会关系之间的这种对抗,是显而易见的、不可避免的和毋庸争辩的事实。有些党派可能为此痛哭流涕;另一些党派可能为了要摆脱现代冲突而希望抛开现代技术;还有一些党派可能以为工业上如此巨大的进步要以政治上同样巨大的倒退来补充。可是我们不会认错那个经常在这一切矛盾中出现的狡狯的精灵。我们知道,要使社会的新生力量很好地发挥作用,就只能由新生的人来掌握它们……"②马克思这一论述,是在《人民报》创刊纪念会上的演说中提出的,主题是评论 1848 年革命,看起来是分析 1848 年革命的缘由,其实阐述的是无产阶级是未来社会发展的"主人"的基本观点。这种观点的提出,和当时"各个党派"的立场是根本不同的,这种不同,体现了马克思与 19 世纪以来工业和科学发展引发社会变革的思想方式的不同。

_____

① 加达默尔.哲学解释学[M].夏镇平,宋建平,译.上海:上海译文出版社,1994:111.
② 马克思恩格斯文集(第 2 卷)[M].北京:人民出版社,2009:579-580.

因此,推进马克思教育思想研究,需要从系统梳理、宏观把握转向更具体、更微观的研究。把马克思对教育思想方式的变革作为研究的切入点,研究马克思教育思想方式的形成逻辑,分析马克思对传统教育思想方式的变革及其意义,阐述马克思对教育问题的新理论、新论断、新主张,以达到完整理解马克思教育思想的目的,这是对马克思教育思想研究思路的拓展,对提升马克思教育思想研究新境界具有重要的思想价值和学术意义。

第四,深化对马克思教育思想当代价值的研究。

不少观点只是把马克思教育思想归于经济学范畴,或者归于意识形态范畴,认为马克思教育思想的最大贡献是形成了对社会教育的批判立场。如此认识与研究马克思教育思想,把马克思教育思想当作分析教育与政治、教育与意识形态相互关系的一种工具与手段,没有看到马克思对教育与现实的人成为社会主体之间内在关联的重视,如此就会遮蔽马克思教育思想对变革传统教育思想产生的革命性意义。所以,我们从阐释教育思想方式入手,解读马克思教育思想方式变革的理论贡献,这是揭示马克思教育思想当代价值的重要工作。

第二章　马克思探寻教育的存在论根据

前面一章提及思想方式是影响教育研究的主要问题,不同的思想方式,对人的教育问题产生不同的理解。这就需要研究马克思研究教育问题的思想方式。对此,我们认为马克思对人的劳动问题的分析,展现了马克思的存在论思想方式。在马克思看来,在一定社会条件中,人从事生产劳动,不是基于人的自由自觉的结果,而是被迫的,甚至作为劳动者的人却不能占有劳动产品,存在着人的异化问题。解决人的异化问题,关心人的存在命运,实现人的自由全面发展,是马克思思想的聚焦点。马克思也是以这种思想方式论述教育问题,阐明关于教育的基本立场。那么,马克思是如何完成对教育问题的存在论分析的?这是深化马克思教育思想研究必须弄清楚的重要课题。

通过阅读马克思《1844 年经济学哲学手稿》,我们发现马克思在这部早期著作中同意古典经济学家关于劳动创造财富的观点,但通过对劳动、生产劳动展开深入研究,找到了不同于古典经济学家关于劳动问题的观点,指出生产劳动的意义,不仅在于创造了社会物质商品,而且在于生产劳动隐藏着人的存在的秘密。这一秘密的发现,打开了理解人的本质的新视域,提供了理解人及其社会问题的存在论思路。

一、马克思从劳动中发现人的存在问题

在古典经济学家看来,劳动是创造财富的手段。但马克思指出,"国民经济

学"把劳动只看作增加财富的观点"是有害的、招致灾难的"①。因为,创造财富需要人的劳动,但"劳动的人"不仅未能从中获益,而且劳动"致工人非现实化到饿死的地步"②。这种情形下的劳动,工人选择参加生产劳动,不可能是自觉自主的选择,相反,是被迫的选择。工人由此变成生产财富的"劳动工具""活的机器","只要肉体的强制或其他强制一停止,人们会像逃避瘟疫那样逃避劳动"③。一方面,马克思肯定财富是通过劳动创造而不是上帝给予的事实;另一方面,马克思寻找"物的世界的增值同人的世界的贬值成正比"④的规律,阐述了人(工人)在现实生活中出现"异化"的问题,从"劳动"中发现"人的存在"问题,指出解决人的异化问题的出路,阐明人向社会的人的复归,构成人的发展理想。可见,马克思对"劳动"问题的把握,不只是对劳动问题做一个经济学分析,更是从哲学维度阐明劳动之于人的本质意义,这正是马克思超越"国民经济学家"做出的历史性贡献。

就此来说,劳动彰显了双重问题。既显示了人是怎样开展劳动的方法、方式问题,包括做了什么、如何做等涉及劳动技术、劳动发生过程等问题,这是可以直观把握的问题;又显示了劳动过程的发生及完成,实质是劳动者、劳动工具、劳动对象三者相互依存、相互作用的结果,而正是这三者互动依存的作用,隐藏着人的存在秘密。对此展开探究,就能发现使人成为人的通道。这条通道的实质是对人与自然、人与人、必然与自由、个体与类之间矛盾与冲突的解决,是人的生命活力的焕发。就此意义来说,劳动的实质,是使人成为人的有意识的生命活动⑤,这是马克思研究劳动问题的重要贡献。一方面,马克思肯定人需要通过劳动从外部世界(比如自然界)中获得生存资料,外部世界是人的生存活动的现实基础;另一方面,马克思又指出,劳动不是黑格尔所说的"抽象的精神

① 马克思恩格斯全集(第3卷)[M].北京:人民出版社,2002:231.
② 马克思恩格斯全集(第3卷)[M].北京:人民出版社,2002:268.
③ 马克思恩格斯全集(第3卷)[M].北京:人民出版社,2002:270-271.
④ 马克思恩格斯全集(第3卷)[M].北京:人民出版社,2002:267.
⑤ 马克思恩格斯全集(第3卷)[M].北京:人民出版社,2002:273.

的劳动"①,而是生命活动,是对象性活动②。这样,人是有生命的存在,需要和外部世界建立对象性交往活动,获得对外部世界的感知、认识、理解与改造,这是人向外部世界的"敞开"过程。正是持续不断的"敞开",人的感觉、人的本质力量才逐渐产生出来,马克思称此是"感性的活动""生命活动"③。

　　基于此,我们作出这样的判断,即马克思从劳动中揭示人的生命存在的本质特征。这就是说,人的日常生活是现实的、感性的活动,具有"主体的、人的感性的丰富性"④,人不仅通过思维,而且以全部感觉在对象世界中肯定自己⑤。因此,对人的日常生活的理解,不能把人看作一个抽象的"思维实体"。如此使人成为社会的人,"社会的人的感觉不同于非社会的人的感觉"⑥。正是因为人在与现实外部世界互动交往中才能成为"社会的人",所以,这是一个客观的、现实的历史过程,五官感觉的形成是迄今为止全部世界历史的产物⑦。这样的表述,看似运用心理学的语言,其实是从现实的、历史的、社会的视阈理解人的存在本质,强调人的生存活动的现实性、历史性。

　　可见,马克思把劳动还原为人的存在问题,说明任何时期的个体,要生存就得明白生存是通过劳动获得生存权利的。它的最基本特征是客观的、历史的事实,它不是主观的、先验的、超验的虚幻存在。因此,研究劳动的意义,旨在揭示隐含在人的日常生活、生产活动中的对象性、感性活动本质,找到资本主义社会出现人的普遍、全面异化的根源。这需要对资本主义社会与人的生存关系作出本质的、前提性的反思。而这种反思是通过考察"人的劳动"这个现实的、感性活动来完成的。这是马克思奠定的研究人的问题的存在论路向。这种存在论思想方式的确立,区别于认识论、知识论、德性论理解人的问题的思路,有助于

①　马克思恩格斯全集(第3卷)[M].北京:人民出版社,2002:320.
②　马克思恩格斯全集(第3卷)[M].北京:人民出版社,2002:324.
③　马克思恩格斯全集(第3卷)[M].北京:人民出版社,2002:273.
④　马克思恩格斯全集(第3卷)[M].北京:人民出版社,2002:305.
⑤　马克思恩格斯全集(第3卷)[M].北京:人民出版社,2002:305.
⑥　马克思恩格斯全集(第3卷)[M].北京:人民出版社,2002:305.
⑦　马克思恩格斯全集(第3卷)[M].北京:人民出版社,2002:305.

澄清"人是上帝的子民""人是理性的人""人是道德的人"等各种关于人的观点。所以,马克思基于劳动这个人的感性活动而发现了人的存在历史,进而提供了讨论人的存在问题的历史、现实的视阈,应该成为理解人的教育问题的思想前提;而培养受教育者成为自由自觉的社会主体,正是对人的存在问题的回应。

二、对象性交往活动与教育存在论境域

不论怎样定义教育的概念,教育就是人的教育,其目标是培养受教育者掌握适应社会生活需要的知识、能力、态度,实现自然人向社会人的转变。而这种转变,不仅体现在人的日常生活范围、生活方式里,而且需要我们把如何理解人的问题作为教育前提。如果我们把人理解成理性人,就很自然地会把受教育者看作接收知识的"容器",就会出现"应试教育"。因此,要研究教育问题,提高教育效果,全面、系统、深刻地理解教育的本质、功能与价值,就需要对教育进行存在论的解读。这种解读的可能性和必要性,已经由马克思完成。马克思对劳动的政治经济学批判,阐述了劳动是人的对象性活动,是人与自然界完成的对象性交往关系建构。这种对象性交往关系的确立,有助于人的本质力量的生成,也成为压抑、异化人的存在的途径。可见,在劳动、在人的对象性活动中隐藏着人的存在的秘密,这种秘密恰恰提供了分析教育问题的存在论视域。

对教育作出存在论的理解,先要回答什么是教育的存在论理解。这涉及对"存在"和"存在论"的追问。不论给出怎样的答案,通常会把"存在"和事物的根本、本原联结起来,指某物之为某物的根本依据。与此相应,对一事物的存在论的理解,是把这一事物理解成自然地、客观地存在着,是按事物本身具有的逻辑关系存在着的。比如自然界的生物链,它不是人为的产物,而是"原本如此"。结合这一点我们提出,对教育的存在论理解,要回归到"教育本身",展示原来如此的"教育"是什么,人类产生教育活动的真实需要是什么。要回答这个问题,必定要讨论人的问题,因为教育对象是人,是围绕人的问题而开展教育活动,在

此意义上说,"教育本身"理应是人本身,离开人就谈不上是人的教育活动。因而,考察教育本身是如何存在、如何发生、如何变化的,其实是考察与揭示人的存在的本质,"存在总是某种存在者的存在"①。

因此,我们提出教育的存在论理解,关键是如何评判组织教育活动的"人"和参与教育活动的"人"。如果不能正确把握"人",就无法把握教育活动发生及存在的合理性。即便是当前人工智能时代出现了机器人"教师",仍然存在如何正确理解人的问题。因为,要让机器人"教师"成为"教师",取决于操纵、制作机器人"教师"的真实的人。机器人"教师"只是纯粹的"物",而不是"人"。即便是能说话、能演算、能表达情绪的智能机器人"教师",其实质依然是基于概念、逻辑的运算结果,而不是像自然人那样能进行"感性活动"。只有人才能把这些"物"变成会说话、会表达的"人"。这就需要承认,学校在选择教育内容、方式、目的时,必定会受到人的生活方式、文化传统的影响。在信仰时代,教育是传授上帝旨意的"教育";在启蒙时代,人们的学习与教育活动,是把人的理性能力作为教育活动的发生前提,这使现实的人的活动和人的发展,仅仅被看作人的自我意识的活动,是"纯粹的意识活动"。如笛卡儿的"我思故我在"、费希特的"自我设定非我"的活动。因而,培育人的逻辑和概念演算的能力,成为学习与教育活动的目标。尽管杜威对此提出质疑,认为教育要重视儿童与环境直接的相互作用②,但依然把儿童的理性能力作为开展教育活动的前提。这与教师中心、教材中心、课堂中心的逻辑假设是一致的。

不能否定,把人看作有自主意识的理性人,其意义是高扬了人的主体性价值,也回答了"人是可教的"的问题,而且提出必须面向所有人建立公正平等民主的教育体系的现代教育课题,极大地推动了教育的普及,对人类教育作出了重要贡献。但是,人为什么具有自主意识,为什么人要追求自由? 对此,主要是

① 海德格尔.存在与时间[M].陈嘉映,王庆节,译.北京:生活·读书·新知三联书店,1999:11.
② 约翰·杜威.民主主义与教育[M].王承绪,译.北京:人民教育出版社,2001:125.

从人的自然性(天性)这一前提为出发点展开阐释,最经典的表述是"人是生而自由的"①。事实上,卢梭等思想家提出这个观点,是在人和现实社会生活分离的前提下讨论人的问题。脱离社会现实生活的人,就失去了人存在的现实性和社会性。所以,讨论人的问题,不能离开人生活在社会中的事实,否则是不符合人日常生存的事实的。

这就需要讨论马克思在研究劳动问题时,是如何揭示人的存在问题的。其实,对人的存在问题的追问,不是马克思首创的观点。海德格尔在《存在与时间》导论中就说,"存在"问题曾使柏拉图和亚里士多德为之思殚力竭②。存在问题不仅尚无答案,而且甚至这个问题本身还是晦暗和茫无头绪的。③海德格尔就此断言:"存在"这个问题已是"无人问津""弄得琐屑不足道了"④。那么,是什么原因使这个问题变成"历史谜案"?海德格尔在《什么召唤思?》一文中反思了这一点。他说:"人却把能思看成自己的本质,且当之无愧。因为人是理性的生物。"⑤海德格尔的反思是有价值的。但是,他把人看作"理性的生物"。"理性"是决定人的存在的前提与基础,这种看法并不合理。人是什么?海德格尔给出"通过生存活动本身才能弄清楚"的解决思路,并称之为"生存上的领会"⑥。究竟何为生存?显然没有人像海德格尔那样成功地从"生存"的角度来解释意识主体,也就是把意识主体翻译成人的自我经验的形式:忧虑、死亡、罪责、良心等等。把这些话题变成自我和世界经验的感情上的体系并把它们称为"存在主义的东西"⑦。这样理解,只是以一种新的名词回到心理学和人类学的范畴之中。因此,对生存这个问题的理解,我们还是要回到马克思的观点上来,

① 卢梭.社会契约论[M].何兆武,译.北京:商务印书馆,1980:8.
② 海德格尔.海德格尔选集(上)[M].上海:生活·读书·新知上海三联书店,1996:28.
③ 海德格尔.海德格尔选集(上)[M].上海:生活·读书·新知上海三联书店,1996:31.
④ 海德格尔.存在与时间[M].陈嘉映,王庆节,译.北京:生活·读书·新知三联书店,1999:3.
⑤ 海德格尔.海德格尔选集(下)[M].上海:生活·读书·新知上海三联书店,1996:1205.
⑥ 海德格尔.存在与时间[M].陈嘉映,王庆节,译.北京:生活·读书·新知三联书店,1999:15.
⑦ 费迪南·费尔曼.生命哲学[M].李健鸣,译.北京:华夏出版社,2000:167.

"人不是抽象的蛰居于世界之外的存在物。人就是人的世界，就是国家，社会"①。可见，马克思是从人与世界、社会、国家等"关系"视域中讨论人的问题，这是马克思和海德格尔关于人的存在问题上的重大差别。

其实，海德格尔也承认这一点，他称马克思是从"生产"视域来理解人的问题，"这个想法作为基础包含在黑格尔哲学之中。马克思以他的方式颠倒了黑格尔的观念论……对于马克思来说，存在就是生产过程"②。在这段评述中，海德格尔肯定马克思是从生产、劳动中发现人与社会存在的秘密。但是，海德格尔是用"存在就是生产过程"来概括马克思的立场，其隐含的理解路径是意识的基础是存在，而存在是生产过程，由此得出生产决定意识的观点。显然，海德格尔只是把生产看作一种客观存在的实在，没有看到生产是人与对象物的交往活动。这依然是承袭了"我思"为出发点的思路，不是马克思所说的"主观见之于客观的活动"，是对马克思的误读，把马克思的唯物主义变成了经济唯物主义。

这就需要重新理解海德格尔所说马克思发现人和社会存在秘密的本质意蕴。其实，这种秘密就在于马克思不同于海德格尔"此在总是从它的生存来领会自己本身"③的抽象言说，而是强调劳动是人与自然之间对象性交往活动，是人的"感性活动"，"人对世界的任何一种人的关系——视觉、听觉、嗅觉、味觉、触觉、思维、直观、情感、愿望、活动、爱……即通过自己同对象的关系而对对象的占有，对人的现实的占有"④。这段话清楚地阐述了什么是现实的人和人的现实性，而且指出人的聪明才智、主观能动性的发挥，是有前提条件的，即人与自然、人与世界对象性交往活动的建立。这种依靠想象、幻想等主观的"努力"是缺乏现实性的。也正是人的对象性交往关系的建立，使人成为现实的、历史的人。"一句话，人的感觉、感觉的人性，都是由于它的对象的存在，由于人化的自

---

① 马克思恩格斯选集(第1卷)[M].北京:人民出版社,2012:1.
② F.费迪耶,等.晚期海德格尔的三天讨论班纪要[J].世界哲学,2001(3):52-59.
③ 海德格尔.存在与时间[M].陈嘉映,王庆节,译.北京:生活·读书·新知三联书店,1999:15.
④ 马克思.1844年经济学哲学手稿[M].北京:人民出版社,2000:85.

然界,才产生出来的。"①在此意义上,马克思断言:"全部历史是为了使'人'成为感性意识的对象和使'人作为人'的需要成为需要而作准备的历史。"②

由此可见,劳动创造了人、创造了历史。这里讲创造人、创造历史,不仅是指通过劳动把人生产出来、把历史生产出来,人不是观念中想象出来的存在物;而且强调劳动发现了"存在"。这个"存在",就是劳动完成了人和自然世界发生对象性交往互动关系的建构,使人通过劳动生产自己的生活,而且通过劳动展现人的本质力量,从而使人的生存活动变得真实、可靠。这就是"人的存在",它应该成为跟人相关的社会活动包括教育活动的前提。只有如此,才能为教育奠定现实的和历史的基础,使人的教育活动不是想象的、观念的、虚无的活动。所以,主张劳动和教育的结合,既不是把某些具体劳动项目添加为教育的内容,比如中小学增加种菜、养猪等"劳动课程内容"。又不是改变一种教育方式,比如从课堂教学走向农村田间、工厂车间等,而是强调从历史维度研究教育的性质、教育的价值,从而保证教育的现实性,避免把学校教育变成抽象的、概念的、思辨的认知活动③。

论及此,可以得到这样的结论:人是在现实社会中对象性的"感性"的存在,是植根于人与自然、社会互动交往关系中的现实的、社会的、历史的存在。因而,学校组织的教育活动,是人与人之间发生的交往活动,这是历史的、变化的、现实的人与自然、人与人、人与他人(社会)的交互建构活动。

这要求我们记住非常重要的一点:劳动使人完成了和自然界建立对象性的交往关系。如果没有劳动,人和自然界是分离的,自然界也被人看作独立存在的客体。通过劳动,人和对象世界相互融合,在相互融合中,人认识了对象世界、改造了对象世界。也正是在认识与改造对象世界的过程中,人自身的思想、意识、情感、价值观发生变化。正是这种变化,人的知识、能力、才能不断获得进

---

① 马克思.1844年经济学哲学手稿[M].北京:人民出版社,2000:87.
② 马克思恩格斯全集(第3卷)[M].北京:人民出版社,2002:308.
③ 舒志定.论理解学校教育现实性的三种维度[J].教育研究,2014(1):28-34.

步,由此证明人的劳动是有意识的生命活动。也就是说,人的存在及人存在的意义,是在人自身和外部世界的交往中逐步展开和显现出来的。这里说"逐步展开和显现",不仅不排斥知识、概念、逻辑等理性因素,而且强调人与世界交往的活动比理性更具有存在的优先性。现实决定着意识,实践检验着理论的正确性、真理性。所以,关注某些知识的教育与学习是否有意义、有价值,不仅要讨论这些知识本身是否科学、合理(不能传授伪科学的"知识"),更要关注学习这些知识的人怎样建构与自然界、社会生活的交往关系。在此意义上说,着眼于人的存在为前提的教育活动,是坚持从人的生存实践活动中理解教育,不主张脱离人的日常生活谈论理性与生命、知识与能力、理论与实践、逻辑与生存。人的日常生活实践包含着人的成长机制。

三、教育成为构建人的发展的社会机制

对教育的存在论理解的一个重要原因是,必须重新理解决定教育活动合理与否的本质依据。比如历史上曾出现形式教育与实质教育的争论,其实这两种观点是从人的发展静态或知识学习层面论证教育的合理性。从理论上说,把教育看作挖掘人的潜能的手段,向人灌输观念与知识、实现改造人的目的,是有一定合理性的。但是,生活在现实社会中的人,是现实的、历史的、感性的存在。简言之,人的成长发展、喜怒哀乐,是在社会生活中完成的,不能用认知的、概念的、逻辑的"知性科学"方法研究人的问题。①

这就不同于传统观点。古希腊智者探索德性至善的教育理想,近代启蒙教育思想则是以理性确认"自由教育"的合理性,突出个体至上、道德至上、理性至上的教育理想。不可否定,这些关于人的教育问题的探索是有积极意义的,问题是建构这些教育观点的理论基础是个体本位论,而不是个体与个体、个体与

---

① 祁涛.我们这个时代"唯一不可超越的哲学":访复旦大学哲学学院教授吴晓明[N].文汇报,2018-11-09.

社会有机的社会关系论。所以，我们坚持教育的存在论立场，就是坚持从历史性的维度、社会性的维度来理解教育，核心观点是强调教育和社会是互动关联的客观存在，而这种互动关联是人的存在发展的社会机制。因而，建构更加有利于人的成长发展的社会机制，是研究人的存在问题的基本议题。这就需要重视教育对人的成长产生的作用，教育是使人成长为社会主体的一种社会机制。

这里强调教育是为人的成长发展建构社会机制，指教育使人与自然、与社会确立交往关系，以保障人的自然化与自然的人化相互依存相互促进。马克思明确指出"社会是人同自然界的完成了的本质的统一"，"是人的实现了的自然主义和自然界的实现了的人道主义"①。这里，马克思是从人与自然统一的角度言说社会，社会是人与自然界的交往活动的产物，它不可能是一个脱离人的日常生活的抽象概念，更不可能是上帝给予规定的抽象存在。如此，马克思说整个世界历史不外是人通过人的劳动而诞生的过程，是自然界对人来说的生成过程，是人对自身社会本质的建构和占有。这便是马克思从人和自然界之间关系角度研究人的问题的思路，它不同于就"人"谈论"人"的思路。马克思认为："自然界，就它自身不是人的身体而言，是人的无机的身体。人靠自然界生活。"②这就是说，人的生命活动离不开自然界，自然界是人的有意识的生命活动的客观基础。从这个意义上说，人的思维活动、人类社会的历史，都是人和自然相互依赖相互关联的产物，自然构成了人类活动、人类社会历史产生的客观现实基础。这就有别于黑格尔的观点，黑格尔"只是为历史的运动找到抽象的、逻辑的、思辨的表达"③。

当然，马克思强调人与自然的关系，不是为了回到自然主义浪漫主义，不是把自然看作独立于人之外的客体存在。如果是这样，那马克思观点就只是认识论的立场，不是存在论的立场。前面已经提到，马克思强调人的存在，强调把人

---

① 马克思恩格斯全集(第3卷)[M].北京:人民出版社,2002:301.
② 马克思恩格斯全集(第3卷)[M].北京:人民出版社,2002:272.
③ 马克思恩格斯全集(第3卷)[M].北京:人民出版社,2002:316.

的活动理解为对象性的感性活动。对象性的感性活动对于人的意义,既反对把人当作纯粹的主体,也反对把交往的对象当作单纯的客体,而是强调人的真正存在是让人的生命活动得到自由展现。这只有在对象性交往活动中才能完成。因为人的对象性感性活动,不仅仅生产了满足人的生存需要的物质产品,而且产生了人的思想、观念、意识,感性活动也是人的精神生产活动。所以,动物只是凭着本性和自然界建立交往关系,而人是有意识的生命活动①。这种生命活动,只有在人和自然界建立交往关系中才能证明人是"类存在物",这正是自然界对人的存在的意义,也是人和自然界建立交往关系的理由。"在改造对象世界中,人才真正地证明自己是类存在物"②,从而实现人"向自己的人的存在即社会的存在的复归"③。

那么,人如何能够完成向社会的存在的复归?"人不仅通过思维,而且以全部感觉在对象世界中肯定自己。"④思维、全部感觉、对象世界,这三个关键词建构人成为社会存在通道,马克思又把这个通道称作是劳动,即人的劳动实现人向社会存在的复归。对此,马克思在《资本论》中对劳动的性质做了形象论述:"劳动首先是人和自然之间的过程,是人以自身的活动来中介、调整和控制人和自然之间的物质变换的过程。人自身作为一种自然力与自然物质相对立。为了在对自身生活有用的形式上占有自然物质,人就使他身上的自然力——臂和腿、头和手运动起来。当他通过这种运动作用于他身外的自然并改变自然时,也就同时改变他自身的自然。他使自身的自然中蕴藏着的潜力发挥出来。"⑤从自然人成为社会人,是人实现和客观自然界建构关系的过程,而劳动成为建构这一关系的中介。

马克思对人的社会性、人的社会存在已做出明确规定。《论犹太人问题》一

---

① 马克思恩格斯全集(第3卷)[M].北京:人民出版社,2002:273.
② 马克思恩格斯全集(第3卷)[M].北京:人民出版社,2002:274.
③ 马克思恩格斯全集(第3卷)[M].北京:人民出版社,2002:298.
④ 马克思恩格斯全集(第3卷)[M].北京:人民出版社,2002:305.
⑤ 马克思恩格斯全集(第44卷)[M].北京:人民出版社,2001:207-208.

文中就已有所论述:"只有当人认识到自身'固有的力量'是社会力量,并把这种力量组织起来因而不再把社会力量以政治力量的形式同自身分离的时候,只有到了那个时候,人的解放才能完成。"①在《1844 年经济学哲学手稿》中,马克思更加明确地论述了人的社会存在:"人是一个特殊的个体,并且正是他的特殊性使他成为一个个体,成为一个现实的、单个的社会存在物,同样,他也是总体,观念的总体,被思考和被感知的社会的自为的主体存在。"②这就是说,谈及人的社会存在,不是指人是否合群、是否和其他人共同劳动,而是指人是否是社会的主体,需要从主体的维度考察人是否是社会人。促进人的社会存在,也应该从培养社会主体的角度推进人的社会化。这是理解人的社会化问题的关键。

当人成为社会主体时,人身上表现出来的最基本特征,是能够正确处理自我与社会的关系,具有良好的自我意识和社会意识。这就意味着人的自我意识培养,不是个人的"私事",也不是学习"话语"的过程。培养人的自我意识,既要考虑传授什么样的内容,又要考虑这些内容(知识)转化教学时会受到什么样的普遍性原则的控制。③这就要研究自我意识形成的社会机制。就如马克思所说:"人如何生产人——他自己和别人;直接体现他的个性的对象如何是他自己为别人的存在,同时是这个别人的存在,而且也是这个别人为他的存在。"④这段论述明确肯定人是互动交往的存在,正是这种对象性互动交往活动,促进人的成长,因而劳动就成为这种对象性交往互动的现实基础。所以,马克思强调劳动及劳动教育的意义,就在于强调人是在现实的社会活动中获得成长的事实。这样,教育要立足于现实的社会物质生产,不能用脱离人和社会相互交往的视角评论教育问题,避免在教育研究中出现"断言的天真、反思的天真、概念的天

① 马克思恩格斯全集(第 3 卷)[M].北京:人民出版社,2002:189.
② 马克思恩格斯全集(第 3 卷)[M].北京:人民出版社,2002:302.
③ 巴兹尔·伯恩斯坦.教育、符号控制与认同[M].王小凤,王聪聪,李京,等译.北京:中国人民大学出版社,2016:27.
④ 马克思恩格斯全集(第 3 卷)[M].北京:人民出版社,2002:298.

真"①。要做到这一点，必须为教育活动确立现实的客观存在基础，就不会培养笛卡儿"我思"意义上的"理性主体"，也不会培养康德"自我立法"的"德性的人"。这正是马克思对教育的革命性贡献，为教育确定一个可靠的现实基础，使教育活动成为现实人的现实社会活动，是适应与促进人的成长的社会机制建构活动。

四、从类存在看人的全面发展教育目的

我们作出"教育是现实人的现实活动"的论断，旨在表明教育活动具有现实性、社会性的基本特征。当然，强调教育的现实性、社会性，不是对人的全面发展教育目的的否定。事实上，坚持人的全面发展教育目的，是因为马克思发现社会生产力的进步和社会关系的变革，终究使人和自然界之间、人和人之间的矛盾得到真正解决②，人的自由全面发展目标得到实现。这既说明人的自由发展是人对自身生存需要的必然主张，是人的未来生活样态；又说明人的自由发展目标实现，是建立在社会生产力极大发展和社会生产关系普遍完善的前提之上。它既符合社会和人的发展的目的性，又符合社会和人的发展的规律性。

在教育发展史上，不少教育理论家立足不同的理论立场提出、认同、接受人的全面发展教育目的，并把它作为判断教育活动是否正当、合理的根本依据，成为规范与驱动教育发展的基础性、根源性力量。如宗教主导的教育目的是把神作为终极目的和教育活动的依据，而重视人的权利、自由、理性则是近代以来追求人的发展目的的重要成果。然而，问题也隐含在这些重要成果之中，这就是突出理性的绝对地位，没有把理性、理智与现实的人的感性活动勾联起来。就如康德论述德性至上的教育目的、费希特对国民精神的追求、黑格尔迈向自由的教化等，这些观点逐渐导向了理性主义、科学主义。由此，需要我们反思劳动

---

① 加达默尔.哲学解释学[M].夏镇平,宋建平,译.上海:上海译文出版社,1994:119.
② 马克思格斯全集(第3卷)[M].北京:人民出版社,2002:297.

发现类本质的意义,并且有必要从类存在的原则高度把握人的全面发展教育目的。

这里强调要从类存在的原则高度把握人的全面发展教育目的,为我们提供了理解人的全面发展教育的立场。马克思从劳动谈人的全面发展,既看到了人的劳动受到各种主客观条件制约,更看到劳动创造人的生活,激发人追求美好生活的动机和愿望。据此也可以说,人通过劳动改造自身生活的过程,其实是人克服阻碍自身发展因素的过程,包括主观的困难,也包括客观物质条件以及社会体制机制等因素。而人依靠劳动逐渐克服这些主客观因素,不断变革生产力,完善生产关系,人也由此成为自由自觉的社会主体。马克思说这是人以一种全面的方式,占有自己的全面的本质①,人成为自由自觉的社会主体,是人的类存在的实现。"一个种的整体特性、种的类特性就在于生命活动的性质,而自由的有意识的活动恰恰就是人的类特性。"②"类存在"不是指生物学意义的某一种分类,而是指人的"生命活动的性质",是一种"自由的有意识的活动"。这种"自由的有意识的活动"是建立在人的现实劳动基础之上的,而且和劳动能力、劳动条件的不断进步密切相关。只有实现了高度发达的社会生产力和完善的生产关系,人的"自由的有意识活动"才能获得普遍的实现。

可见,从类存在意义上理解人的自由全面发展,是指人的"自由的有意识的活动"的全面展开,是随着劳动推进社会生产力进步和生产关系完善而走向人的发展的最高阶段。正如马克思指出的:"通过实践创造对象世界,改造无机界,人证明自己是有意识的类存在物。"③这不同于费尔巴哈、黑格尔等思想家的观点,他们把人的发展看作抽象的理性或者超验的神灵活动。马克思认为,费尔巴哈是把历史排除在劳动、感性活动之外;黑格尔抓住了劳动的本质,把对象

---

① 马克思恩格斯全集(第3卷)[M].北京:人民出版社,2002:297.
② 马克思恩格斯全集(第3卷)[M].北京:人民出版社,2002:273.
③ 马克思恩格斯全集(第3卷)[M].北京:人民出版社,200:273.

性的人、现实的因而是真正的人理解为他自己的劳动的结果。①显然，黑格尔的问题是把劳动理解成观念的、精神的劳动。海德格尔对此的评价："劳动的新时代的形而上学的本质在黑格尔的《精神现象学》中已预先被思为无条件的制造之自己安排自己的过程，这就是通过作为主观性来体会的人来把现实的东西对象化的过程。"②也正是在这个意义上，马克思把类存在规定为人的发展的最高阶段、理想愿景，这是以遵循社会发展规律为前提，随着社会进步而逐步获得实现，是现实的、历史的社会实践过程。

因此，人始终要把"自由的有意识活动"的类存在当作追求目标，成为激励个人前行的动力。在此意义上，学校开展教育教学活动，首先要把促进人的全面发展目标作为引领教育发展、人的发展的价值取向，坚持教育的价值立场，避免使教育活动成为学生做题、考试、等级排名的工具。其次，学校要坚守教育的目标是培养人具有追求自由自觉主体性的意识与能力。作为自由有意识活动的主体，必定是能够运用掌握的知识和技能去解释世界，又能够脚踏实地改造世界、改造自我的主体。再次，学校要明确实现人的全面发展教育目的的现实要求，这就是教育与劳动的融合、与人的日常生活的融合。"劳动的对象是人的类生活的对象化：人不仅像在意识中那样在精神上使自己二重化，而且能动地、现实地使自己二重化，从而在他所创造的世界中直观自身。"③劳动改变了人的思想意识观念，增强了人的能力，同时也使劳动的意义成为现实。

五、以存在论立场规范劳动教育的原则

我们对劳动凸现人的存在问题进行分析，意图是表明教育不能脱离学生生活实际，不能远离现实社会，不能把教育当成讲授抽象概念、学习理论知识的理性活动。教育要面向生动的丰富的学生个体，要关注学生在融入、参与现

---

①　马克思恩格斯全集(第3卷)[M].北京:人民出版社,2002:320.

②　海德格尔.海德格尔选集(上)[M].上海:生活·读书·新知上海三联书店,1996:383-384.

③　马克思恩格斯全集(第3卷)[M].北京:人民出版社,2002:274.

实社会生活过程中获得成长。这应该成为各级各类学校重视劳动教育的基本理由。

因此,不论怎样理解劳动教育的内涵、目的,都必须要重视劳动在揭示人的存在秘密中的独特价值,要确立以人的存在论理解劳动教育的思想方式。这样,组织实施劳动教育,既是通过劳动完成劳动知识的学习、劳动技能的培养;又要明确劳动教育的根本任务是提升现实的人开展对象性活动的主体能力。只有在存在论视域中理解教育、理解劳动教育,才能使教育和劳动结合的意义、本质与方向得到清晰展示,唯此,教育意义获得实现。这正是马克思把教育与劳动的结合问题提升到一个哲学高度的体现。

(一)人的存在是理解教育的基本范畴,劳动教育有助于确立对教育的理解思路

马克思致力于从现实社会生活中探求人的问题的解决之道,指出劳动是实现人向社会存在的复归,为人的成长与发展奠定现实社会基础,决定人的成长发展是客观的、现实的历史过程。这对学校教育来说,学校承担培养儿童青少年成长为合格社会成员的责任,就应该确定人的存在是教育活动的出发点,或者说人的存在是教育的基本范畴,是理解教育意义、价值、本质等问题的前提。如果我们不是从人本身出发来谈论教育,就会使教育成为无人的教育,这显然是理解教育不合适的观点。但是,从人本身出发,关键是怎样把握人本身。从古至今关于教育的种种想法与追求,的确是在讨论关于人的教育问题。但这些观点的主要问题,要么是把人看作受某种观念(理念)约束的人,要么是把人看作理性的、知识的人或者是非理性的、感性的人。其实,这样理解人及其理解人的教育,并不准确。马克思基于劳动得出人是对象性的存在的论断,指出要重视人的感性活动的基本观点,就是要把生活在现实社会中具有生动、丰富个性的人作为教育对象,通过融入社会生活,推进社会生产力的发展和社会关系的完善,增强人的本质力量,使人成为自主、自觉活动的社会主体。

无疑,教育是关涉人的存在的教育,是以人的存在为前提开展学校教育教

学活动的。强调这一点,目的是要转换对教育的理解思路。就人的日常生活来说,一般有生产生活劳动、科学认知活动以及艺术审美活动。后两种活动主要依靠理智或是想象力来完成,但这是理论的活动、是概念知识的逻辑活动。据此评判人是否通过受教育获得了发展,是难以做出准确、全面、客观评价的。因此,以人的存在为前提的教育,是对现实生活中的个人的关注,并指出人的生存与发展,是人在与对象世界发生的对象性活动中完成的。人不可能脱离现实世界而生存与发展,人不是依凭纯粹的知识、概念、理智就能生活的存在物,也不是像动物那样生活,只是基于自然本能的需要。因此,要实现对学校教育评价、对学生成长评价方式的改变,前提是要实现指导评价的思想方式的转型,核心是改变单纯把知识教育等同于学校教育、把考试成绩、分数作为评价学生依据的片面认识和不正确做法。

这就意味着一种新的教育形态的产生,意味着以理性、逻辑、概念的思路理解教育的"教育形态"的终结,开启以满足人的存在需要为前提的劳动教育的教育形态,它要求立足特定社会生活的人的现实需要,研究与关注特定历史时期人的理想、意志、信念、思想、情感、知识、能力,立足社会实际开展教育活动。唯此才能阐释我们今天重申劳动教育的重要意义,这就是强调劳动教育是为人的成长发展搭建一条现实道路,要求学校坚持走青少年学生和现实社会融合发展道路,植根在现实社会生活中开展学校教育,让学生从小就融入生活、融入社会,学校也在与社会融合中实现创新发展。

（二）把握劳动与人的类本质发展的辩证关系,劳动教育有助于实现人的发展的理想性与现实性的统一

人类社会发展历史,是不断推进社会生产力与生产关系发展的历史,也是人从不自由、异化的生存状态,向着每个人自由发展是一切人的自由发展条件的联合体①目标不断迈进的历史。这是劳动与人的成长辩证法,是我们今天开

---

① 马克思恩格斯文集(第2卷)[M].北京:人民出版社,2009:53.

展劳动教育需要掌握的方法论。

循此方法论要求,需要从人的发展的理想和现实两个层面理解和把握劳动教育。首先是现实层面的劳动教育,主要是从劳动知识、劳动方法、劳动技能、劳动习惯的角度论及劳动教育,这也是当前开展劳动教育的关注重点。它的任务是让学生在劳动中增强劳动技能、养成劳动习惯、培养劳动品德,补充以知识教育为主要任务的学校教育的不足。其次是理想层面的劳动教育,主要着眼于人的全面自由发展的角度理解劳动教育,凸现劳动教育终极目标是实现人的自由全面发展。这是劳动教育的理想目标,是人的发展的理想目标,也是教育的理想目标。强调劳动教育的理想性,是要求学校重视并充分挖掘劳动教育在培养学生成为社会主体中的作用,要让学生通过劳动学会和世界建立交往关系,进而使学生能够认同社会并觉悟个人在社会中的责任、使命,养成良好的自我意识,逐步成长为社会主体。

因此,当前社会要开展劳动教育,就要把握与处理这两方面的辩证关系。尽管当前对劳动教育的目的达成了初步共识,即促使学生树立正确的劳动观、涵养劳动精神、培养劳动能力和养成劳动习惯等。但这样阐释劳动教育的目的,前提是把劳动当作"做一项与体力、智力活动相关的具体事务",诸如开展清扫卫生的家务劳动、到工厂制作小机器的生产劳动、开展测量土地的学习科学劳动等。正因为这样理解劳动教育,就出现了半工半读、学工学农等"劳动教育"组织方式。从 20 世纪 80 年代起,各级各类学校对这类"劳动教育"的重视程度逐渐淡化,反映出对劳动教育合理性的质疑。新时代需要准确全面地把握劳动及劳动教育的内涵与价值,给劳动教育以合理的定位。毫无疑义,劳动教育是为年轻学生建构理论学习与沟通现实社会生活的通道,让学生接触现实的物质生产、现实的社会生活,获得劳动的知识、增长劳动的技能,避免让儿童青少年只是生活在理论知识构建的知性世界中,又要让学生学会直面现实社会,用课堂中学到的知识、道德观念去理解现实社会生活,在劳动中领会生存的意义、人生的价值,帮助学生确立长远的发展性目标。只有这两方面结合,劳动教育才能使学生既能树立人生远大理想目标,又能脚踏实地,一步一个脚印,知行合一。

(三)劳动揭示人是对象性的存在,劳动教育有助于学校破解育人难题

立德树人是各级各类学校承担的根本任务。然而,受市场经济和各种社会思潮的影响,儿童青少年受到个人主义、自由主义等思想观念的挑战,这同样也挑战着学校的育人工作。如何不断创新学校立德树人教育载体、内容、形式,以消除个人主义等消极、错误思想观念对学生的影响,使学生自觉认同并践行社会主义核心价值观,是各级各类学校要着力解决的理论与现实课题。

这需要运用马克思有关人是对象性存在的观点来破解这一教育难题。人是对象性存在,以此理解学校教育活动,要求学校为学生建构现实的交往活动,为学生创设交往的空间,让学生在对象性交往活动中学会合作、学会分工、学会交往、学会发展,发挥自身的主观能动性,改变学生死记硬背被动接受价值观教育的做法。这也是重视发挥劳动教育在育人中作用的主要缘由。通过劳动教育,为学生建构和对象物的交往关系,让学生获得现实的交往活动。在这些活动中,学生增加劳动知识、发展劳动技能,而且因为交往活动必定是在合作、集体、互动的情境中发生的,这有助于学生逐步形成集体意识、集体观念、集体立场,为学生克服个人中心主义、个人主义等观念创造条件,这是当前开展劳动教育要加以关注的重点。

综上所述,今天重视劳动及劳动教育,仍需重读马克思《1844年经济学哲学手稿》,深入思考劳动发现人的存在秘密的意义,通过劳动揭示教育活动的存在论基础,切实把握人的教育的真理性。

第三章　马克思建构教育研究的
人学前提

　　不论怎样解释教育内涵,都不可能回避关于人的问题的讨论。这是因为人是教育的对象。思想家研究教育问题、阐明教育观点、建构教育理论,需要探讨人的问题,要厘清人的本质、人的目的、人的价值等问题。对理解这些问题的思路不同、研究立场不同,就会提出不同的教育理论、教育观点,形成不同的教育流派。因此,辨析思想家建构教育观点、教育理论的异同,把握教育思想发展脉络及其对当前教育改革实践的意义,就要研讨思想家关于人的问题的看法与立场。

　　重视对教育与人的问题相关研究,通过教育教学活动,让受教育者对人的价值、意义、目的形成正确的看法,帮助受教育者正确处理个体与自然、个体与社会的关系。这些问题,关涉人学研究的基本内容。什么样的人学观,就会影响对教育的看法,形成不一样的教育理论、教育思想。为此,就需要重视对教育教学实践的反思,从中探究人学理论在教育实践中的应用,展开对教育理论、教育思想建构人学前提的讨论,明确我们需要为教育研究以及教育教学活动奠定什么样的人学基础。

　　对此,回归马克思的观点和立场是十分有意义的工作。马克思通过经济学批判,认为物质生产劳动是人类社会历史发展的现实前提,以此对人是教育对象的内涵与实质作出现实的、历史的分析,要求教育适应不同社会发展阶段人的存在方式变革的需要,辩证把握人的全面发展教育目标的历史性特征,展现马克思探索人的教育问题的存在论路径,揭示马克思为教育设定人学前提的逻辑线索及其意义,展示理解马克思教育思想的当代视野,发挥马克思教育思想对当前教育理论建设与实践创新的引领作用。

一、生成人的教育问题阐释视域

当前,我国进入义务教育普及、高等教育大众化向普及化发展的新阶段①。创造更加丰富的优质教育资源,培养创新型人才,是我国教育改革和发展面临的一项紧迫课题。要推进教育改革,前提是理解"人的教育"。正确把握"人的教育"的内涵、特征与实现途径,使"人是教育的目的而不是教育手段"作为指导教育实践的"认识前提"。就此,有必要重读马克思阐释人的教育的立场,为当前的教育变革与发展、建构具有中国特色教育理论体系提供思想资源。

(一)创立理解"人的教育"的历史维度

"人是教育的对象"这个观点不是马克思的首创。其实,无论是古希腊教育思想家,还是启蒙时期思想家,都重视人的教育,把人作为教育对象,这一点是无须怀疑的。但是,怎样理解作为教育对象的人? 人的教育的核心要旨是什么? 对此存在不同的认识,形成了不同的教育思想、教育流派。而马克思确立理解教育的历史维度,指出教育不是纯粹思辨的活动,不是以求得"人的德性完善"为目的的,也不是脱离社会实际的"应试教育",以学习"书本"的科学知识为目标,变成高分低能的"两脚书橱",而是要使教育置身于现实人的现实社会生活,教育是现实社会的一项"实践"活动。马克思指出:"一切历史现象都可以用最简单的方法来说明,同样,每一历史时期的观念和思想也可以极其简单地由这一时期的经济的生活条件以及由这些条件决定的社会关系和政治关系来说明。历史破天荒第一次被置于它的真正基础上;一个很明显的而以前完全被人忽略的事实,即人们首先必须吃、喝、住、穿,就是说首先必须劳动,然后才能争

---

① 《国家中长期教育改革和发展规划纲要(2010—2020 年)》指出:进入本世纪以来,城乡义务教育全面实现,职业教育快速发展,高等教育进入大众化阶段,农村教育得到加强,教育公平迈出重大步伐。

取统治,从事政治、宗教和哲学等等。"①

在这段论述中,马克思阐明了一个基本现象与事实:任何思想观念与意识形态,与特定社会历史条件的物质生产、人的实践活动相联系并受其制约。因而,认识人的思想、精神观念与社会意识形态,就要关注产生人的思想、精神观念、意识形态的社会基础。

顺此而言,以传递思想文化为职责的学校教育,它是人类所创造并与人的发展相联系的社会行动②,理应是人的社会实践活动的重要方式。因此,人类的教育活动必定要受到社会历史条件的制约,不能超越历史阶段、不能脱离特定社会历史环境,不能变成抽象的思想与精神观念的活动。针对这个问题,马克思以"现实中的个人"为教育对象,从人的发展的三个阶段理论出发,深刻地阐述教育理解与评价的历史维度,确立理解教育的思想方式,消除了形而上学理解教育的局限。

1. 马克思指出教育对象是"现实中的个人",把教育纳入人的社会实践范畴。

何谓"现实中的个人"? 马克思和恩格斯合作完成的《德意志意识形态》中阐述得十分清楚:"社会结构和国家总是从一定的个人的生活过程中产生的。但是,这里所说的个人不是他们自己或别人想象中的那种个人,而是现实中的个人,也就是说,这些个人是从事活动的,进行物质生产的,因而是在一定的物质的、不受他们任意支配的界限、前提和条件下活动着的。"③这就是说,"现实中的个人"是指从事物质生产劳动的个人,正是通过生产劳动,实现"个人"的相互关系。所以个人之间建立"相互联系"的基础是现实社会的生产劳动,在物质生活、生产劳动过程中结成交往关系,包括政治关系、思想关系、经济关系,乃至于形成社会与国家。

---

① 马克思恩格斯选集(第3卷)[M].北京:人民出版社,2012:723.
② 布雷钦卡.教育目的、教育手段和教育成功:教育科学体系引论[M].彭正梅,译.上海:华东师范大学出版社,2008:4.
③ 马克思恩格斯选集(第1卷)[M].北京:人民出版社,2012:151.

马克思作出人是"现实中的个人"的论断,不是为了说明人是依靠物质生活才能生存的生物学道理,而是阐述"现实中的个人"与人类社会发展历史之间的关系,阐明现实中的个人的存在方式与特征。因而,提出"现实中的个人"命题的意义,就在于实现了研究人的问题的思想方式的转换,即终止脱离实际的玄思,要求直面人的现实生活,转向"描述人们实践活动和实际发展过程","对现实的描述"替代"关于意识的空话"①。正是这种转向的实现,消除了思辨的、抽象的教育研究范式,使教育研究的现实性、客观性得以凸显。

然而,历史上不少教育思想家并没有意识到这一点,只是把发展学生的认知能力作为教育研究核心问题。即便是18世纪启蒙思想家倡导回归自然的教育主张、20世纪"儿童本位"的教育理论,"怎样教"仍然是他们关注的重点。比如按照学生年龄分成几个学习阶段,这种划分依据是学生认知能力或是心理发展特点,甚至有的教育理论把学生认知能力的差异归结为遗传因素、进化问题。这些教育观点、教育理论存在的主要问题,在马克思看来,是主导教育研究的思想方式,是"抽象的思辨""抽象的经验论"的思路。因而,要解决问题,前提是转换思想方式。对此,马克思以现实的个人为前提,指出人是现实的个体。这表明人的学习、生活、生产等属于人的活动,都不能把人和生活的社会之间分割开来,这是学校开展教育教学活动的基本要求,要使学校教育教学工作和现实社会的历史、文化、政治、经济之间保持紧密联系,不能脱离人的社会实践、人的现实社会生活来评价教育。

2.马克思进一步指出人的发展三阶段理论,展示了人的个性自由作为学校教育目标的实质。

人是现实社会中的个体,讨论人的发展问题,就要密切关联社会历史条件。马克思以人与社会关系为依据,阐述了人的发展三阶段理论,即从"生产能力只是在狭小的范围内和孤立的地点上发展着的人",到"以物的依赖性为基础的人

---

① 马克思恩格斯选集(第1卷)[M].北京:人民出版社,2012:153.

的独立性",再发展到"建立在个人全面发展和他们共同的、社会的生产能力成为从属于他们的社会财富这一基础上的自由个性"①。实现人的自由个性,是马克思提出人的发展理论的终极目标。但是,实现人的个性自由,是立足在人的社会实践活动前提下谈论人的自由发展,它不同于把人的发展等同于改善人的认知能力的科学理性视域,也区别于从人的情感、意志、欲望的角度理解人的发展的人本主义观点。

很显然,一方面要坚持人的个性自由的理想,成为推动社会各项工作发展的指导思想和价值目标,另一方面要明确人的个性自由目标实现,是在现实社会中完成的,这就要研究个人融入社会之中的意识、观念与方式路径。学校教育是要促进人的成长,这就要求学校要研究如何教育学生与社会的融合,在社会中进行学习、实现成长。就此来说,实现人的个性自由发展,理应成为学校教育目标,学校的教育教学活动就成为构建个人与社会协调和谐发展的机制。

3. 马克思在提出人的发展三阶段理论的前提下,指出制度变革是实现人的自由发展之教育目的的基本条件。

人的发展三阶段理论告诉我们,人的发展是不断消除"依赖""压制",逐步走向"自主""自由"的过程。这种"依赖",源自人与自然物的关系,这是人的自然本性所决定的。比如人要生存,就不可能不吃不喝。但是,人又不完全等同于动物。人具有欲望、需要、目的、情感等能动的心理机制,能够驱使人去改造生存的环境与条件。也是因为人的"改造"能力,又会出现人被"物"所制约的"异化"的处境,比如商品拜物教现象。

诚然,学校的教育教学活动,以促进人的发展为目标。它通过改善人的智力、发展人的技能、培育人的德行等途径,使学校教育在人的发展中具有独特的意义。但是,学校教育促进人的发展目标的实现,要在与现实社会生活、生产相结合的前提下才有可能,在参与社会生活、生产劳动、改造社会生活、生产劳动

---

① 马克思恩格斯全集(第30卷)[M].北京:人民出版社,1995:107-108.

中才能促进人自身的发展。这应确定为讨论教育问题的前提,如果不是以此为前提,来谈论教育要培养"圣人"、培养德行高尚的人的问题,只会导致教育的空想或形而上学。

因此,关键问题是要建设公正、公平、正义的社会生活环境,为达到人的发展目标创造条件。就此,马克思在《1844 年经济学哲学手稿》中对未来人的理想说得十分明白:"它是人向自身、向社会的即合乎人性的人的复归。"而且这种"复归",是"人和自然界之间、人和人之间的矛盾的真正解决,是存在和本质、对象化和自我确证、自由和必然、个体和类之间的斗争的真正解决"①。马克思强调人向自身的"复归",成为有"人性的人",从而解决人把自身当作手段的问题,解决人被自身之外的其他因素统治、异化的问题。但强调人向自身复归成为有人性的人,不是把人和社会之间隔离开来,不是要否定人成为一名社会人的重要性。其实,这两者是能够达到辩证统一的存在状态的。不过,要完成两者的统一,是有前提的,这就是要建立能够解决"人和自然界之间、人和人之间的矛盾"的社会制度。

4. 马克思从历史维度理解教育,对处理教育思想与社会关系具有方法论意义。

以传递文化知识为使命的学校教育活动的基础是社会实践,是现实社会生活和生产劳动的产物。因此,要分析教育观念、教育思想的产生、形成、传授,就需要回到现实人的现实社会生活。而要革新旧的、落后的教育观念、教育思想,前提是消除产生这种"教育观念、教育思想"的社会基础。

但是,当前教育思想研究受到功利主义、世俗思想的影响,把教育理论研究当作晋升职称、谋取功名利禄的手段或工具,存在着教育理论研究脱离教育实践、社会生活的现象。从事一线教育实践活动的教育工作者,因忙于"事务",缺少对丰富的、多样的教育实践活动的思考与研究。而从事教育研究的学者们,

---

① 马克思恩格斯全集(第3卷)[M].北京:人民出版社,2002:297.

又不愿意真正深入社会生活、教育实践,去发现教育与社会变革之间的真实关系,不愿与一线教育工作者一道担当发展教育理论、变革教育实践的使命。

要改变这一状况,就要求教育理论研究与教育实践工作者,都应该积极主动地确立参与现实、主动承担起以教育变革现实的历史使命与责任,避免教育研究世俗化、功利化、商业化。

(二)“人是对象性存在”阐明“人的教育”的本质

上文论述指出马克思确立理解教育的历史维度,为解答“人的教育”的理解困境提供了思想方式。在西方传统教育思想中,把人看成是等待改造的“思维机器”,是各种机能与器官的组合物,或者把人的某种属性当作人的本质,比如人的情感、意志或其他因素。即使是在唯物论、自然哲学的思想家那里,也把人看作孤立的个人,人的理性是孤立的个人的理性。这些关于人的观点的共同点,在于把人的自然属性归结为人的本质特征,结果是把改造人的理智、改造人的身体作为教育目标,教育成为理智的教育、身体的教育,显然是隐匿了教育的全部意义,是对教育的误解。马克思和恩格斯在批判费尔巴哈人本主义观立场时强调:“哲学家们在不再屈从于分工的个人身上看到了他们名之为‘人’的那种理想,他们把我们所阐述的整个发展过程看做是‘人’的发展过程,从而把‘人’强加于迄今每一历史阶段中所存在的个人,并把‘人’描述成历史的动力。这样,整个历史过程就被看成是‘人’的自我异化过程,实质上这是因为,他们总是把后来阶段的一般化的个人强加于先前阶段的个人,并且把后来的意识强加于先前的个人。借助于这种从一开始就撇开现实条件的本末倒置的做法,他们就可以把整个历史变成意识的发展过程了。”①这里,马克思、恩格斯批判“人”及“人与历史”的观点,并不是要否定确立“人的观点”的意义,而是强调“人的问题”解决的关键是揭示人的社会本质。“我的普遍意识的活动——作为一种

---

① 马克思恩格斯选集(第1卷)[M].北京:人民出版社,2012:210-211.

活动——也是我作为社会存在物的理论存在。"①

因而,消除这一认识误区,必须正确把握教育对象的本质属性。怎样理解教育对象的本质属性? 马克思作了这样表述:"凡是有某种关系存在的地方,这种关系都是为我而存在的;动物不对什么东西发生'关系',而且根本没有'关系';对于动物来说,它对他物的关系不是作为关系存在的。"②人是自然存在物,跟动物相比,人身上具有自然属性,这表现在人具有与生俱来的生命力,使人和人自身之外的"某些对象物"建立关系。但是,人和动物有着本质的差异,这体现在人的思想、意识等主观的精神活动方面,这种思想、意识等主观的精神活动又会落实到人的日常现实生活生产中,构成人的生存活动范式,最基本的一个特征就是人和对象物建立交往关系,在交往过程提升人的能力。随着能力的不断提升,交往的对象物越来越多,交往的范围越来越广泛。动物没有这样的能力,动物也不可能做到这一点,差异就在于动物只能凭本能维持生存。正如马克思所说:"人有现实的、感性的对象作为自己本质的即自己生命表现的对象;或者说,人只有凭借现实的、感性的对象才能表现自己的生命。"③

人如果没有对象,就不是对象性存在物,如果没有对象性关系,就不是对象性存在。没有对象性存在,人只是孤立存在的人。"因此,人作为对象性的、感性的存在物,是一个受动的存在物;因为它感到自己是受动的,所以是一个有激情的存在物。激情、热情是人强烈追求自己的对象的本质力量。"④这样,人与对象物构成相互依存关系,而这种依存关系不是浪漫思想家所理解的人与自然的关系,也不是形而上学思想中规定的人与客体的关系(人变成了抽象的、观念的人),人是真实存在于现实世界之中,是依赖于人的身体、意识,在与对象物交往、互动中存在着。如果否定这一点,人只能是一种"非现实的、非感性的、只是

---

①　马克思恩格斯全集(第3卷)[M].北京:人民出版社,2002:302.
②　马克思恩格斯选集(第1卷)[M].北京:人民出版社,2012:161.
③　马克思恩格斯全集(第3卷)[M].北京:人民出版社,2002:324.
④　马克思恩格斯全集(第3卷)[M].北京:人民出版社,2002:326.

思想上的即只是想像出来的存在物,是抽象的东西"①。

进而,马克思把人与对象物的交互活动表述为"感性活动",但它不是感官复制客观外部世界,而是指人与自然、人与人之间关系的一种构成状态,这种构成状态的建立,实现了现实的人与人、人与社会、人与自然的交往关系。在互动交往中,人把自身的思想、意志、情感渗透到对象物中,对象物又会影响人的思想、情感、意志,人与对象物是双方交融、相互依赖、相互促进,体现或激发了人的主动性、创造性。

应该肯定,人的主动性、能动性,是在现实社会活动中才能得到呈现与展示的,在呈现与展示中才能体现人的主动性、能动性。因而说,主动性、能动性是人的本质力量的敞开。这种敞开,意味着人与对象物的现实交往过程的确立。只有在人与对象物交往中才能得到实实在在的呈现。但是,不能据此说,只要人与对象物发生了交往活动,就体现了人的主动性、能动性。也就是说,人与对象物交往关系的建立,并不能保证人的能动性的体现。因为,体现人的能动性,这是有条件的,即人必须是自主自由的存在者,这是基本前提。如果这一条件不具备,即使人与对象物的交往仍然存在,人与对象物构成的交往,仍是消极的、被动的、机械的交往,不可能是人的本质力量的呈现,甚至人反而被对象物控制。比如马克思描写资本主义生产工厂出现工人毁坏机器的现象,工人的直观感受是"机器"控制他们的生活、劳动,是"机器"剥削了工人。在这种情形之下,人处于异化的状态。人的异化状态,在社会体制、机制、纪律、社会习俗的规范下,"对象物"剥夺了人具有主导自身、处置自身的权利。结果,人没有了支配自身的权利,变成消极、被动的存在物。这种缺失主动性与积极性的人,即使是掌握先进的科学知识、掌握先进的劳动技能,都不是马克思所说的全面发展的人。正是因为这一点,马克思概括教育目的是提升人的社会实践能力,即人的感性活动的意识、能力与质量,其合理性就十分清楚了。

---

① 马克思恩格斯全集(第 3 卷)[M].北京:人民出版社,2002:325.

所以,不能把人的发展理解成是人的自我意识的变革,或者是人的道德意志的发展,或者是人的感性情欲生命的激发,而应是人的现实的社会实践,是人依赖感官与活动对象主动建构相互交往关系。因而,引导人在与世界交往中发现自己的存在,发现自己作为人的能力、价值及其意义,从而使人了解生活、学会生活、创造生活,而不是"躲进小楼"孤芳自赏,这是人的"能动的生活过程"的具体体现与基本要求,也是社会的一项教育使命。

在此,展示马克思对学校教育本质的理解,即以人的现实社会生活为基础,培育受教育者建构与世界交往的能力,包括养成不断改革的动机和对世界、人生的积极态度,从而能够客观规范地完成人生发展规划。所以,马克思说得十分明确与坚决:"这种考察方法不是没有前提的。它从现实的前提出发,它一刻也不离开这种前提。它的前提是人,但不是处在某种虚幻的离群索居和固定不变状态中的人,而是处在现实的、可以通过经验观察到的、在一定条件下进行的发展过程中的人。"①因而消除当前出现的各种"非人"化的教育现象,关键在于消除非人化教育现象产生的社会基础,包括社会经济基础以及根深蒂固的教育观念。

(三)在教育与社会辩证中开启"人的教育"之路

教育是人的教育。因而,使每一位社会成员享受到人类社会的教育成果、文明成果,这是现代社会进步、教育发展的必然要求。这就要求创建能够让社会成员分享教育成果的学校教育制度,实现教育的公平、正义,无疑是一项关系社会持续发展的重要课题。

那么,怎样才能实现教育的公平与正义?按马克思的基本立场,必须通过变革不公正的社会制度,才能合理协调教育内外部关系,才能维护教育的正义。"国家获得了和市民社会并列并且在市民社会之外的独立存在;实际上国家不外是资产者为了在国内外相互保障各自的财产和利益所必然要采取的一种组

---

① 马克思恩格斯选集(第1卷)[M].北京:人民出版社,2012:153.

织形式。"①独立的国家是不存在的(这里说独立不是指主权意义的国家独立,而是强调国家要受到社会生产力的约束,要与特定所有制形式联系在一起)。因此,改造国家,首先是要改造社会生产力与所有制形式。"因为国家是统治阶级的各个人借以实现其共同利益的形式,是该时代的整个市民社会获得集中表现的形式,所以可以得出结论:一切共同的规章都是以国家为中介的,都获得了政治形式。"②

依此,马克思在《哥达纲领批判》中批判与揭露德国工人党提出关于"由国家实行普遍的和平等的国民教育"的观点,指出德国工人党倡议"普遍的和平等的国民教育"是虚假的口号。因为教育平等、教育普及,是以社会政治历史经济等条件为前提的。马克思指出,从字面上看,德国工人党提出教育设想是非常完美的,然而,在"现代社会"(马克思所说的是资本主义社会)前提下是不可能存在"平等的""公平的"教育,不可能是"免费"的教育。马克思说:"平等的国民教育? 他们怎样理解这句话呢? 是不是以为在现代社会中(而所谈到的只能是现代社会)教育对一切阶级都可以是平等的呢? 或者是要求用强制的方式使上层阶级也降到国民学校这种很低的教育水平,即降到仅仅适合于雇用工人甚至农民的经济状况的教育水平呢?"③难以实现"平等的国民教育"的原因,就在于阶级的利益差异,阶级权力的差异,而这种差异的最终决定因素则是社会经济结构。马克思说"权利决不能超出社会的经济结构以及由经济结构制约的社会的文化发展"④。因此,要实现真正的权利在民,使人人都享有受教育权利,推动普遍义务教育目标的实现,则需要进行社会制度的变革,这是前提。

从马克思对哥达纲领平等教育观的批判中,我们可以看到,一方面,平等教育、受教育权利是民主社会所需要的,建设民主的社会,必须创造条件实现民主

---

① 马克思恩格斯选集(第1卷)[M].北京:人民出版社,2012:212.
② 马克思恩格斯选集(第1卷)[M].北京:人民出版社,2012:212.
③ 马克思恩格斯全集(第25卷)[M].北京:人民出版社,2001:30.
④ 马克思恩格斯全集(第25卷)[M].北京:人民出版社,2001:19.

的教育;另一方面,民主与平等教育的基础是民主的社会。因而,实现平等教育,需要进行政治革命,消除不平等的国家对实现民主的、平等的教育产生的负面影响。"用一般的法律来确定国民学校的经费、教员资格、教学科目等等,并且像美国那样由国家视察员监督这些法律规定的实施,这同指定国家为人民的教育者完全是两回事! 相反地,应当把政府和教会对学校的任何影响都同样排除掉。"①

　　消除不平等的社会,为平等的教育创造条件,这一点是完全能够实现的,因为现代资本主义社会已经创造了实现社会革新的条件。马克思在给《祖国纪事》杂志编辑部的信中论及《资本论》研究中得出的基本结论的可行性:"'资本主义生产本身由于自然变化的必然性,造成了对自身的否定';它本身已经创造出了新的经济制度的要素,它同时给社会劳动生产力和一切生产者个人的全面发展以极大的推动;实际上已经以一种集体生产方式为基础的资本主义所有制只能转变为社会所有制。"②只有社会生产力高度发达,建立了公平、正义的社会制度,才能为每一个人全面自由发展提供制度保障,这是人的自由全面发展的现实基础。就这一点来说,只有创建了公平正义的社会制度,才有可能实现正义的教育、公平的教育。正义的教育与公平的教育,是以正义的社会、公平的社会为前提,是正义的社会、公平的社会的具体体现。因此,确保社会的教育是正义的教育,必须以正义的社会制度为前提。这就是说,建设正义的教育,需要以正义的社会为条件。在无法保障正义的社会环境中,是无法提供正义的教育。就此来说,实现教育的正义或者说建设正义的教育,这是非常现实的社会实践活动,不可能是一种抽象的话语表达。由此也能进一步明确实现教育正义的基本条件,即必须通过政治解放实现社会制度变革,为教育正义奠定现实社会基础。

_____

① 马克思恩格斯全集(第25卷)[M].北京:人民出版社,2001:31.
② 马克思恩格斯全集(第25卷)[M].北京:人民出版社,2001:144.

　　事实上,马克思研究教育正义的思路与观点,已影响着当代西方学者的教育研究,正如有研究者提出分析学校教育性质与功能必须要具备"阶级意识"①。但是,他们对"阶级意识"的分析,则是把教育当作为统治阶级服务的工具。教育的功能是"阶级工具"的功能,这一点在路易·阿尔都塞的意识形态理论中更为清晰。他把意识形态功能等同于一种国家机器,比如国家设立的通信机构、文化机构、宗教机构以及政党、工会等机构都是意识形态的"生产机器",无疑学校也是构成意识形态国家机器的重要组成部分。

　　也有研究者受后现代思潮影响,避而不谈教育与社会意识形态关系,甚至强调国家、政党要保持教育的中立,保持价值观不干涉学校教育,只是以更宽泛的社会文化概念反思人的独立自主的主体地位诉求的合理性,通过赋予人的自主权利的结合,达到自我的成长及其个体社会(社群)观念的养成。②

　　以上的讨论,重点是讨论教育为个人成为公民提供服务的问题。这个问题,可以从个人的立场来讨论,也可以从社会角度来讨论。但是,现在提出这个问题,无疑涉及现代民主制度与教育正义建构的关系问题。在现代民族国家尚存、国家主权独立的处境中,对任何追求狭隘的民族主义理想的教育,需要给予批评。因为它培养狭隘的民族意识,倡导民族语境中的"原子主义个人",不利于国际社会的交流与互动。同时,也要反对对个人自主权利的无限夸大,导致个人自由主义思想与行为方式的产生。解决这些问题,关键是要明确这一基本事实,无论是现代社会还是后现代社会,它并不是一个话语系统,而是客观的社会存在,是一个社会事实。因而,通过传递道德观念、清理与规范交往话语等举措,是不可能解决教育问题的。③

①　沃尔特·范伯格,乔纳斯·F.索尔蒂斯.学校与社会[M].李奇,等译.4版.北京:教育科学出版社,2006:49.

②　Roni Aviram & Yossi Yonah. "Flexible Control": Towards a Conception of Personal Autonomy for Postmodern Education[J]. Educational Philosophy and Theory, 2004(1):3-17.

③　Adam Tenenbaum. Anti-human Responsibilities for a Postmodern Educator[J]. Studies in Philosophy and Education, 2000(5):369-385.

所以,必须强调通过社会制度变革,为教育正义创建现实基础。只有完成了社会制度的变革,才能创造人的自由发展条件,这也说明人的发展以及教育正义的实现,将是一个漫长的社会历史发展过程。也正因为是一个漫长的社会历史发展过程,它是客观的、现实的人类社会实践的产物,不是主观的、观念的、精神的逻辑演化的结果,是历史发展客观规律的必然要求。马克思和恩格斯在《共产党宣言》中就以资产阶级和无产阶级两大阶级力量与社会地位变化加以说明:"资产阶级生存和统治的根本条件,是财富在私人手里的积累,是资本的形成和增殖;资本的条件是雇佣劳动。雇佣劳动完全是建立在工人的自相竞争之上的。资产阶级无意中造成而又无力抵抗的工业进步,使工人通过结社而达到的革命联合代替了他们由于竞争而造成的分散状态。于是,随着大工业的发展,资产阶级赖以生产和占有产品的基础本身也就从它的脚下被挖掉了。它首先生产的是它自身的掘墓人。资产阶级的灭亡和无产阶级的胜利是同样不可避免的。"[1]而当前对此问题产生理解上的困惑,原因是把资产阶级和无产阶级当成两大概念体系,即资产阶级灭亡和无产阶级胜利是自然而然,是"本来就如此",这样的理解,显然是概念的天真,在造成对教育正义的认识论、知识论理解思路的局限。

我们说认识论维度,是把教育与社会关系看作一种反映关系,强调教育与社会之间构成相互影响、相互作用的关系。其实,更应该从社会历史发展的内在逻辑、社会发展基本规律角度分析教育价值、教育功能,以及教育的条件。这一点也可以从作为教育主体的人的角度进行考察。教育是人的教育,因此,它不可能脱离人这个主体,需要从人的历史活动中理解教育,教育是人类历史实践活动之一。因此,马克思指出在资本主义社会条件下,首先是要通过对资本主义制度的革命,取消现在这种形式的儿童工厂劳动,对所有儿童实行公共的

---

① 马克思恩格斯选集(第 1 卷)[M].北京:人民出版社,2012:412-413.

和免费的教育①。只有制度的创新,才能达到马克思所说"每个人的自由发展是一切人的自由发展的条件"②。无疑,这将是一个现实的社会历史运动,是不依人的主观愿望能够改变的。就此来说,教育正义与公平,是正义社会发展的具体体现,是一种客观的社会存在。

上面三方面概述了马克思理解人的教育的基本立场。马克思坚持社会批判的立场和方法,批判传统教育的核心问题,为当前克服人的教育认识误区提供了思想武器。

二、对康德人的教育立场的超越

前面主要论述马克思关于人的教育基本思路,为辨析教育发展历史上各种关于人的教育问题提供理论基础。诚然,马克思关于人的教育的基本观点,是对前人教育思想的批判、继承与创新。对此展开深刻阐述和分析,凸显马克思对教育研究作出的贡献,这是全面完整把握马克思教育思想的需要,也是推进马克思教育思想中国化的重要课题,而这些工作又是当前马克思教育思想研究中的薄弱环节。为此,下面重点探讨马克思对康德教育思想的超越,意图即在于此。

康德是率先在大学课堂讲授教育学的哲学教授,在确认"人只有通过教育才能成为人"的信念下,他以理性批判的立场审视"教育",提供了用理性主义解答教育问题的思路。然而,很少有著作论述马克思教育思想与康德教育思想的异同,这对我们理解康德教育思想是不利的,也会影响我们完整、准确地把握马克思教育思想的内涵与实质,更难以在教育实践中落实马克思教育思想。这里以人的教育、实践教育、自由教育等三个教育基本理论问题为线索,辨析马克思如何实现对康德教育思想的超越。

---

① 马克思恩格斯选集(第1卷)[M].北京:人民出版社,2012:422.
② 马克思恩格斯选集(第1卷)[M].北京:人民出版社,2012:422.

（一）教育的前提是理性的人还是现实的人

人的教育是康德教育思想的核心。在《论教育》一书中，康德开篇就说："人是惟一必须受教育的被造物"①。因为"人只有通过教育才能成为人"②。问题是怎样才能判断教育已经完成了"使人成为人"的目标？以及为什么教育能够"使人成为人"？这就需要我们把握人与"还未成为人的人"的区别是什么？对此，康德的答案是发挥人性的全部自然禀赋。"人类应该将其人性之全部自然禀赋，通过自己的努力逐步从自身中发挥出来。"③这是康德指出的人之为人的方向，也是康德判断"人成为人"的依据。因而，关键问题是通过何种途径或手段使人性的全部自然禀赋得到发挥？康德认为教育能实现激发人全部自然禀赋的目的，因此教育中人必须：一是受到规训。通过教育去除人的动物性；二是人必须得到培养。培养包括教授和教导，它造就的是技能；三是要让人变得明智，以便能够适应人类社会。四是必须注意道德教化。④ 据此，康德把教育划分成自然性教育和实践性教育两大类。其中，自然性教育是关于人与动物共同方面的教育，即养育；实践性教育是道德教化，是把人塑造成生活中的自由行动者的教育。⑤ 对于这两类教育，康德更重视实践性教育。他认为，只有实施使人至善、养成人格的道德教育，才能实现"使人成为人"的教育目标。

当然，康德也肯定了自然性教育的作用。因为如果一开始不注意自然性的教育，就容易产生根深蒂固的问题，令此后所有的教育艺术都无法解决的问题⑥。为此，康德对如何做好自然性教育工作提出具体要求。一是避免人为干预儿童的发展，顺应儿童身心发展的自然要求。"一定不要在自然的安排上再

① 伊曼努尔·康德. 论教育学[M]. 赵鹏,何兆武,译. 上海:上海人民出版社,2005:3.
② 伊曼努尔·康德. 论教育学[M]. 赵鹏,何兆武,译. 上海:上海人民出版社,2005:5.
③ 伊曼努尔·康德. 论教育学[M]. 赵鹏,何兆武,译. 上海:上海人民出版社,2005:3.
④ 伊曼努尔·康德. 论教育学[M]. 赵鹏,何兆武,译. 上海:上海人民出版社,2005:10.
⑤ 伊曼努尔·康德. 论教育学[M]. 赵鹏,何兆武,译. 上海:上海人民出版社,2005:15.
⑥ 伊曼努尔·康德. 论教育学[M]. 赵鹏,何兆武,译. 上海:上海人民出版社,2005:16.

增加什么,而只要不妨碍自然就行了"①,比如,康德认为,人们通过摇篮使儿童麻木而不哭喊,但其实哭喊对儿童是有益的。基于这一考虑,康德把教育的最初阶段称为"否定性教育"。二是在自然性教育阶段也应重视心灵的教育和灵魂的培养。当然,这一阶段的灵魂培养工作不同于道德教化的灵魂教育,因为它并非以人的自由为目的,而是培养"心灵能力",比如劳动习惯、态度与能力以及记忆力等"知性"能力。总之,这一阶段教育目标是发展人的自然性素质,教育任务是使人去除动物属性的约束,为实现"使人成为人"的目标奠定基础。

显然,自然性教育是以人与生俱来的生理、心理条件为基础,其目标是不断促进人的生理、心理条件的完善与健全,从而在身体发育与心理成长两方面为道德教化目的实现奠定基础,这体现了康德在阐释自然性教育时所坚持的科学理性立场。

那么,康德提出"人的教育"并对教育作出这样的规定,其依据是什么? 作为哲学家、科学家,康德将教育划分为两类,肯定有其理论假设,而这一理论假设与康德探寻人的认识能力的思路是一脉相承的。在康德看来,无论是洛克的经验论,还是笛卡儿、莱布尼茨的唯理论,都没有解决知识如何可能的问题。康德认为,人的认识活动具有先验性和主观性。也就是说,人通过认识活动能够获得知识,因为人具有先于经验的认识形式的存在(是否"先于经验存在的认识形式"?),经验只是形成感觉和知识的原料,只有以先天的认识形式为依据,才能形成感觉和知识。基于这一认识,康德认为,身心不是两个独立的实体,而是相互依存的实体,因而需要开展针对身体的教育,其任务是保养身体。当然,保养身体不只是为了维持人的自然生命,更是为了自身的生长。康德强调,这种生命的生长不能受到人为的干预,需要让身体慢慢发展。而身体发展的意义是为人的理性找到"归属地",即人的理性必定是指现实中的人的理性,只有使鲜活的个体成为有理性的个体,理性才是现实的存在。也只有基于人的理性,才

___
① 伊曼努尔·康德.论教育学[M].赵鹏,何兆武,译.上海:上海人民出版社,2005:18.

能讨论超越人的身体、超越人的经验的教育活动。因为超越感性经验的教育，就是在完成塑造灵魂的目标，这是道德教化的任务，也是康德所坚持的"真正的教育"。

其实，马克思也十分重视人需要通过教育成为人这一问题。不过，和康德不同，马克思从社会关系视域来阐述人的本质，并以人的本质观作为阐述人的教育问题的认识前提。他在《关于费尔巴哈的提纲》一文中说："环境是由人来改变的，而教育者本人一定是受教育的。"①在这里，马克思不同意环境和教育是影响人的发展的决定因素的观点，反对人对教育与环境采取功利主义的价值立场，也反对人与环境互动中的人类中心主义思想。他强调人的存在与发展是在人、环境、教育三者互动中实现的，这种互动构成了人的交往关系网络，产生了人的各种社会关系，如政治、经济、思想、文化、宗教等，这是必须关注的人的本质问题。也就是说，要从现实社会关系的角度理解人是什么、人的本质是什么。以此思路阐述人的教育问题，就能辨析马克思和康德在人的教育问题上存在的本质差异。

1. 人的存在与发展是在现实社会中发生的，社会是人存在与发展的现实基础。

康德提出人生下来是可以受教育、可以培养的观点，并且指出人通过教育能够走向更高阶段，完成"道德教化"的目标②。其实，我们要肯定康德对"人是可以教育"的信念，以及对人开展道德教化的坚持。但是，我们必须回答人为何可以培养、为何能够进行道德教养的问题。对这个问题，不能把它看作仅仅是一个教育方式、教育方法的问题，试图通过调整或变革教育教学方式和教育内容，就可以达到解决这个问题的目的，其实，这是做不到的。原因在于我们必须注意到人存在于复杂的社会关系与社会环境之中，人的认识活动与复杂的社会关系脱离不了联系。正如马克思所说："黑人就是黑人。只有在一定的关系下，

---

① 马克思恩格斯选集(第1卷)[M].北京:人民出版社,2012:134.

② 伊曼努尔·康德.论教育学[M].赵鹏,何兆武,译.上海:上海人民出版社,2005:27.

他才成为奴隶。纺纱机是纺棉花的机器。只有在一定的关系下,它才成为资本。脱离了这种关系,它也就不是资本了,就像黄金本身并不是货币,砂糖并不是砂糖的价格一样。"①

马克思这一论述表明,正是社会中的各种关系决定着人的思想活动、认识活动,人的思想、情感、意志、欲望都受到社会生产关系的制约,这是任何教育活动发生前都必须关注的客观事实。当然,强调这一点,并不是要否定人的自然属性在教育活动中的地位,不是要淡化或漠视人的心理、生理等身心特征及其变化规律对教育的影响,也不是要否认或淡化教育对人和社会发展产生的积极作用。这里必须强调和坚持认识教育的社会功能的基本要求,既要消除无限夸大教育功能的片面观点,也要消除把教育功能仅仅局限于发展人的认知功能的片面观点,比如康德所说的发展人的知性乃至于理性的观点。

2. 从人的本质是社会关系总和的角度看教育,为教育活动提供普遍性规范,从而确认决定教育合理性、正当性的依据。

教育是人的教育,那么,什么样的教育活动具有合理性和正当性? 对此,康德把理性的人作为教育的前提与理论假设,又把理性分成服从因果律的自然法则和服从自由的法则两大类。前者是认知理性,主要处理具有自然因果性的现象;后者是实践理性,是人类自由意志为自我立法,奠基于人内心深处的自由意志是这类法则的根源所在,即以价值或规范来调节人与人的关系以及人与自然的关系。问题是,依赖自由意志,能建构理想的社会交往关系吗?

对这个问题,与康德不同,哈贝马斯为规避在纯粹理性范畴中寻求理性共识,提出要在生活世界中实现交往共识。尽管哈贝马斯着力建构的"交往共识"同样是对人的理性的依赖,但是他认为,人的理性包含着认知理性、实践理性、审美理性,统称为交往理性。要达成交往理性共识,需要具备真实性、真诚性和正当性三个条件。其中,真实性反映理论理性,实践理性表达真诚性,而正当性

---

① 马克思恩格斯选集(第 1 卷)[M].北京:人民出版社,2012:340.

则是审美理性的体现。显然,哈贝马斯对理性仍存幻想,只是与康德的立场不同,他提出了交往共同体。并指出,人的理性不是抽象的个体的理性,而是指人在一定社会规范中使交往双方通过对话达成协调一致、相互理解。这种交往过程既是工具价值主导的认识活动,也是价值理性主导的道德实践与审美活动,从而突出了社会规范在达成交往共识中的地位与作用。

马克思并不否定理性的价值。但马克思与康德和哈贝马斯不同的是,马克思强调理性不可能解决一切问题,而且提出了回到市民社会解决问题的思路。"市民社会这一名称始终标志着直接从生产和交往中发展起来的社会组织,这种社会组织在一切时代都构成国家的基础以及任何其他的观念的上层建筑的基础。"①市民社会是现实的人通过社会实践而结成的现实共同体,这是理解现实社会及现实的人的思想、情感、意志、欲望等变化与发展的现实基础。可是,在过去很长一段时期,黑格尔、费尔巴哈等著名思想家都没有认识到市民社会及其价值,由此产生的问题,马克思的评判是合理的:"观念变成了主体,而家庭和市民社会对国家的现实的关系被理解为观念的内在想像活动。"②

因此,遵循马克思的观点看,当前学校教育把考试作为主要评价手段,虽有一定合理性。因为它重视考察人的认知能力,但也要注意到它隐含的负面价值。比如,一项针对中国恢复高考制度 30 年来产生的高考状元的调查发现,高考状元的职业成就没有达到社会的期望,没有成为各行各业的杰出人才③。相反,乔布斯、马云等成功人士的涌现,说明优秀人才的检验标准,是人在现实社会生活中的社会实践能力,不能只是看重人的理性法则和理智力。

3. 从人是社会关系总和的本质观理解人的教育,建构新的理解教育的思想方式。

教育是"使人成为人",这对康德来说,是终极的教育目标。不过,他构想人

---

①　马克思恩格斯选集(第 1 卷)[M].北京:人民出版社,2012:211.

②　马克思恩格斯全集(第 3 卷)[M].北京:人民出版社,2002:10.

③　彭德倩.千位状元成就低于预期　谁来关注状元后半程[N].解放日报,2010-06-28.

成为人的目标,是使人成为"道德的人"。而马克思的目标则是全面发展的人,是体现社会属性的人,因而,教育根本任务不是为了让学生习得知识、掌握技能,而是要使学生养成正确的自我意识,塑造具有独立主体意识的个人,即通过教育让受教育者能够以自己的能力在社会上独立生存、平等交往,重视个人的生命价值和意义。

显然,马克思所说的自我意识不是指人的纯粹理性,既不是认知理性也不是道德理性。那么,教育如何完成塑造自我意识的任务?马克思明确提出教育与生产劳动相结合的思路。因为不论是精神生产劳动,还是物质生产劳动,其共同的本质是建立劳动主体与劳动对象相互之间的交往关系,劳动主体在和劳动对象的交往过程中发生认知、意识、价值、能力等"人的本质力量"的变化,这有助于人通过社会实践活动体现人的生命价值与意义,从而获得自我评价、自我认知、自我定位的自我意识。无疑,这是理解教育与自我意识的一种新的思想方式。既有别于康德的道德教化,又有别于叔本华、尼采的意志观(权力意志),也不同于柏格森的生命冲动和杜威的"经验"论。

这里仅简要介绍柏格森的观点。柏格森认为我们个人的历史是由一堆心理状态的紧密结构组成的。虽然他提及心理,但他对人的理解并不满足于心理学的描述,而是提出人的存在是一种"绵延"的观点。绵延一词的法语是 la duree,意思是持续、延续、持久。柏格森说,人的活动不可以用牛顿物理学来解释,如果能用物理学加以解释,那必然是存在于空间中的。但人的活动完全是基于内在自我,自我是不能直观的,它存在于时间中。然而,被社会广为接受的机体论与目的论,无法准确地说明生命世界的实质,原因就在于不能发现生命力的实质,世界的运行,完全是基于生命力的存在。生命力对人来说,同样是有意义的。因而,柏格森强调,任何人都应意识到人的行动发生所依据的内在生命力,这是一种强力,促使人不断地去塑造新的个人生活。而这种强力的特征是充满活动的状态,在平时是以才智与本能形式影响着人的行动。对一般生物而言,主要是由本能来推动,本能构成人的行动的动力,而才智则是人的行动产生的基本动力。但这并不是说人的行动，就不会受到本能的影响，本能的作用是直接在世界上运作，是运用天赋技巧的自然能力。才智是为了操纵环境而设计外界工具的完美无疵的能力。柏格森从人的内在本能的角度理解创造，他探讨了人与世界关系建构中人的能动性问题。他说人的能动性，并不是所有的人都会具有，因为人与世界有两种关系，一是适应，一是回应。"生命将不得不最充分地利用这些环境，抵消其不利，而利用其优势——一句话，就是建立与外部行动不同的机能，对外部行动做出反应。这样的适应不是重复（repeating），而是回应（replying），是一种迥然不同的东西。"①

这里简要介绍柏格森的理论观点，目的是更加清楚地说明马克思把人确认是生活在社会中的个体的意义，更重要的是他想据此改变从概念的、逻辑的图式解释人的活动。其实人的活动就是人本身，是植根于人的生存的基础，这便是人与世界最真实的关系。

（二）实践教育的目标是关注灵魂还是关注生存

康德是从道德层面理解实践及实践教育的。实践教育的目标是通过道德教化改造人的灵魂，从而实现人的自由发展，它是最高层次的教育类别。要把握康德的实践教育观点，就需要了解康德的实践观和马克思的实践观之间的异同。

不妨先看看马克思对实践问题的解释。"从前的一切唯物主义（包括费尔巴哈的唯物主义）的主要缺点是：对对象、现实、感性，只是从客体的或者直观的形式去理解，而不是把它们当做感性的人的活动，当做实践去理解，不是从主体方面去理解。因此，和唯物主义相反，唯心主义却把能动的方面抽象地发展了，当然，唯心主义是不知道现实的、感性的活动本身的。"②这段论述表明了马克思研究实践问题的立场和思想路线，即不是从主体出发，而是从实践出发看问题。

---

① 柏格森.创造进化论[M].肖聿,译.北京:华夏出版社,1999:53.
② 马克思恩格斯选集(第1卷)[M].北京:人民出版社,2012:133.

因为从主体出发,通常只重视主体的理性、意志、观念等因素,并把这些因素作为解决问题乃至于确立人的主体性的前提与基础,显然这样理解与把握人的主体性是有问题的。

马克思的实践观揭示了人的主体性的秘密。在马克思看来,确立人的主体性,或者说使人成为主体的人,实质是人与对象世界互动交往关系的建立。只有建立了这种交往活动,人的认知、感性、审美等才能得到体现。"人对世界的任何一种人的关系——视觉、听觉、嗅觉、味觉、触觉、思维、直观、情感、愿望、活动、爱,——总之,他的个体的一切器官,正像在形式上直接是社会的器官的那些器官一样,是通过自己的对象性关系,即通过自己同对象的关系而对对象的占有,对人的现实的占有。"[1]可见,只有这种对象性关系的建立,才能让人的主观与客观两方面因素得到统一,也正是在统一中,人的本质力量得到显现,这也证实了对象性关系建立的意义与价值,"随着对象性的现实在社会中对人来说到处成为人的本质力量的现实,成为人的现实,因而成为人自己的本质力量的现实,一切对象对他来说也就成为他自身的对象化,成为确证和实现他的个性的对象,成为他的对象"[2]。也就是说,在人如何与"对象物"建立交往关系,以及"对象物"怎样成为人的对象,在这些过程中,我们能发现每一个个体实践能力的差异。遵循马克思的思路,可以这样表述,一个人的水平与能力乃至整体素质如何,仅凭这个人能说会道是不能断定的,只有在具体的实践环境中,在其处理具体事务时得以表现,而且这种具体事务的处理也不是一天两天,而是在一定时间内有一定行为发生的过程。所谓"日久见人心","人心"不是我们去发现的,而是这个人在完成各种活动、处理各种事务中自行呈现出来的。

从这个意义上来说,尽管马克思没有专门批判康德的教育思想,但是马克

---

[1] 马克思恩格斯全集(第3卷)[M].北京:人民出版社,2002:303.
[2] 马克思恩格斯全集(第3卷)[M].北京:人民出版社,2002:304.

思提出从实践而不是从主体出发阐述教育目的,就是对康德教育思想的根本否定。因为康德批判了从直观出发理解人的认识活动的局限,是对主体认识论的坚持,这是康德的思想贡献。问题是,康德又把自身的认识路线限制在"人的理性视域"之中。康德在《纯粹理性批判》中对此作了具体阐述。在这部著作中,他探讨了先验要素和先验方法。关于先验要素,康德讨论了先验感性和先验逻辑,通过先验感性,分析时间、空间等纯粹形式在认识活动中的作用,以及理性对知性认识活动的局限。应该肯定,康德对人的认识活动的分析是有价值的。也正因为这一点,康德强调教育特别是教育中自我教育的重要性。并认为,唯有立足自我的觉醒(其实是理性的觉醒),教育才是正当的。对此,康德说:"尽可能地去除人为的工具"[1],"人们只要不败坏儿童,不要给他太多关于规矩的概念——因为那样只会使他畏首畏尾怕见人——或者不让他有那种要引起别人注意的观念,就能达到这种效果"[2]。相反,如果对儿童教育不当,看起来是使其走向真善美,发展其人格,其实会导致儿童道德能力的低下。"如果儿童做了坏事大人就加以惩罚,做了好事则予以表扬,就会使他为了得到好处而做好事。"[3]结果就如康德的预判:当儿童进入一个并无这种奖惩的环境中,就会变得只关心自己在世上过得怎么样,他行善或作恶,取决于怎样做对他来说是最有好处的。

应该肯定,康德提出的教育观点,有一些观点是合理的。比如,康德强调对儿童开展劳动教育的重要性,是使儿童学会劳动培养其技能,使其能拥有生活的保障。又如,康德讨论知识与能力、技能培养的异同。他说:"在教学过程中,必须力求逐渐把学识和能力结合起来。"[4]其目的是培养一种正确的知性,以及一种正确的,而不是精巧的或挑剔的品味。这种品味必须最初是感性的,即视

---

① 伊曼努尔·康德. 论教育学[M]. 赵鹏,何兆武,译. 上海:上海人民出版社,2005:24.
② 伊曼努尔·康德. 论教育学[M]. 赵鹏,何兆武,译. 上海:上海人民出版社,2005:26.
③ 伊曼努尔·康德. 论教育学[M]. 赵鹏,何兆武,译. 上海:上海人民出版社,2005:35.
④ 伊曼努尔·康德. 论教育学[M]. 赵鹏,何兆武,译. 上海:上海人民出版社,2005:30.

觉的品味,但最终是关于理念的品味。① 同时,康德强调规则学习的重要性。因为规则是理性的产物,是概念的系统化、普遍化的产物。他以语言学习为例,指出"在语言学习中,总是先学语法"②。语法是对语言内在规律的揭示,掌握了语法,就掌握了语言运用的普遍性规则。人因此能更加灵活地运用语言,体现出人对语言运用的主动性、能动性。

诚然,我们必须注意到看似合理的观点中隐含的问题。比如仅仅在大脑中、在认识领域把握语法,就能掌握语言的运用吗?那又该如何理解古人所说的"只可意会不可言传"?语言的运用必须考虑语境、对象、事件等诸多语法本身之外的社会因素。为什么会出现这些问题?马克思分析了产生问题的本质。他说:"和唯物主义相反,唯心主义却把能动的方面抽象地发展了。"③以唯心主义之名是为了强调我们如何正确认识人的能动性问题,对激发人的内在力量、发展与完善人性、提升人的道德境界等观点,只是从字面上理解,原因就在于对人的能动性问题的把握,不能把它理解成是人的主观的、理性的范畴,而是强调人是感性活动的存在,强调人的实践之于人的存在和发展的意义。比如规则学习、技能学习,学生的最终学习成效,还是取决于学生能否把学到的知识、技能进行实际运用,而不是把规则当作一系列知识、概念或范畴,当作一个知识概念替代另一个知识概念的认识活动。这就要求我们以马克思实践教育思想为认识前提,来阐释康德把道德教化作为目标的实践教育思想的局限。

首先,马克思的实践教育是以人的生命活动为向度,把人的自我创生、自我确证、自我理解作为其理论坐标和视界的。因为任何一个人的成长、发展都不可能脱离现实的社会生活环境。实践不仅是指生产劳动那样的具体操作性生产、生活技能,表明人生活的知识、态度与能力,而且揭示了人的生存本质,正是

---

① 伊曼努尔·康德. 论教育学[M]. 赵鹏,何兆武,译. 上海:上海人民出版社,2005:31.
② 伊曼努尔·康德. 论教育学[M]. 赵鹏,何兆武,译. 上海:上海人民出版社,2005:31.
③ 马克思恩格斯选集(第1卷)[M]. 北京:人民出版社,2012:133.

人在与社会对象物的交往中展示了人的本质力量,逐步为人的生存奠定物质基础,推进人的成长与发展。

其次,马克思的实践教育明确了人接受教育的现实目标。马克思强调,实践目标不仅要解释世界,还要改变世界。要改变世界,就只能立足现实世界,通过发展科学知识,从科学的角度认知世界并掌握改造世界的规律。同时要依赖树立合理的价值观,与世界建立正确的交往关系,如此才能使人与世界保持正当的、正义的关系。

最后,马克思的实践教育解决了德性、信仰与现实生活之间相互关系的难题。康德把道德教化作为教育目标,把德性作为人成为人的首要要素,这是有意义的。但教育要使人确立理想与信念、信仰,成为有德之人,是不可能脱离人生活的现实世界的。任何一个历史时期所流行或崇尚的德性、信仰、信念都不可能脱离现实的社会生活,也不可能等同于生活本身。事实上,只有从生活出发确立的信念才是人的真信念,才不会变成脱离人的日常生活的一个"自足的观念世界"。

(三)自由教育的思想方式是认识论还是本体论

教育要关怀人的自由发展,要把人的自由发展作为教育价值取向,这是康德与马克思对教育的价值期待。不过,在康德那里,自由教育是一个道德概念,是通过道德教化而完成人的品格塑造,使受教育者意识到肩负的义务与责任,包括对自身的义务和对他人的义务,"实践性的教育或道德性的教育则是指那种把人塑造成生活中的自由行动者的教育"①。康德对自由及自由教育的追求,既继承了亚里士多德的思想,又反映了康德的自由教育观中隐含的认识论思路。

亚里士多德把人类的知识分成理论、实践与创制三类。其中实践知识是最高层次的知识类型,这是关涉人的道德与伦理品质发展的知识,目标是培养人

---

① 伊曼努尔·康德. 论教育学[M]. 赵鹏,何兆武,译. 上海:上海人民出版社,2005:15.

成为城邦合格公民,以实现参与城邦政治生活的目标。① 康德继承了亚里士多德的观点,指出基于自由意志的理性是实践理性,要以规范或价值调节人与人的关系及人与自然的关系,并称为实践理性的绝对命令。"这样行动:你意志的准则始终能够同时用作普遍立法的原则。"②这个普遍立法原则是针对"一切有理性的存在者而言的法则,这种逻辑普遍性或形式普遍性,不仅是指人的理性的相同或相似结构(我们的思维不可违反同一律等),而且是指处于相同或相似背景条件下的所有主体都应采取同样行动"③。从这个意义上说,自由的目标是使人获得普遍规则并能够用理性去践行,这是纯粹理性的实践活动。对此,康德说:"那么人就其天性而言在道德上是善还是恶呢? 都不是,因为就天性而言,他还完全不是一个道德性的存在;只有当他的理性提高到义务和法则的概念时,他才变成一个这样的存在。"④可以看到,自由是康德所向往的目标,也是他所设定的理想人格的最高境界。进而,康德提出发挥教育的作用以实现人的自由目标。那么,教育为何能有助于人的自由目标的实现?

其一,自由教育是可能的。这种可能性源于康德对人本性的信念,他断定追求自由、实现自由是人与生俱来的内在本性。在他看来,人都向往自由,对于自由,人有一种如此强烈的自然而然的趋向。因此,康德说:"人必须尽早习惯于将自己置于理性规定之下。"只有这样,人才会有理性,同时不至于使人的野性得到展现。而要做到这一点,就需要发挥教育的作用。

其二,自由教育是必要的。"因为在教育背后,存在着关于人类天性之完满性的伟大秘密。从现在开始这种进步就会发生。因为人们现在才开始对

---

① 亚里士多德把一切知识分为理论、实践与创制三类。其中,理论知识与实践知识的区别依据不是"实际事务",而是普遍性的对象、普遍性知识,实践知识的对象是"最高尚的善",目标在于使人具有德性,而"创制"则是关于技术的、技艺的知识。"创制和实践互不相同。因为实践所具有的理性品质不同于创制所具有的理性品质,两者并不相互包容。实践并不是创制,创制也不是实践"。参见:苗力田. 亚里士多德选集·伦理学卷[M]. 北京:中国人民大学出版社,1999:129-147.
② 康德. 实践理性批判[M]. 韩水法,译. 北京:商务印书馆,1999:31.
③ 龚群. 理性的公共性与公共理性[J]. 哲学研究,2009(11):107-112.
④ 伊曼努尔·康德. 论教育学[M]. 赵鹏,何兆武,译. 上海:上海人民出版社,2005:46.

一种良好的教育究竟意味着什么,有了正确的判断和清楚的认识。这种设想令人陶醉:人的天性将通过教育而越来越好地得到发展,而且人们可以使教育具有一种合乎人性的形式。这为我们展示了一种未来的、更加幸福的人类的前景。"①

其三,自由教育是最高阶段的教育。基于培育人的理性需要的自由教育,超越了"保育、规训和教导"的自然性教育阶段,进入更高层次的实践教育阶段,这是道德教化的过程。在此意义上,康德高呼:"人只有通过人,通过同样是受过教育的人,才能被教育。因此,本身在规训和教导上的欠缺,使得一些人成为其学童的糟糕的教育者。而一旦一个更高类型的存在者承担起我们的教育,人们就会看到,在人身上都能成就些什么。"②

其四,从善出发的自由教育路径是可行的。康德主张道德教化要从善出发,重点是发展人们向善的禀赋。而要做到这一点,教育者就需要讲究教育艺术。他认为,讲求教育艺术是为了避免机械性的教育。机械性教育是指教育内容仅仅来自我们偶然经验到的某物对于我们的利弊,它必然带有非常多的错误和缺陷。教育艺术不是以人类当前的状况为立足点的,而是以人类有可能的更佳状况,即合乎人性的理念及其完整规定,作为进行教育的立足点。因此,教育有四项基本任务:规则、培养、明智、道德教化。概括起来说,这四项基本任务就是要教会儿童学会选择真正的"好的目的",也就是那些必然为每个人所认同的目的,那些能够同时成为每个人的目的。③

康德关于自由教育的思想态度,是来自对人的理性的坚定信仰。正是因为把理性看作人的最高本质,因而他认为教育就是要指导儿童去良好地运用自由④。为此,康德设计的路线图是:立足人的自然性,遵循人的理性发展原则,就

① 伊曼努尔·康德. 论教育学[M]. 赵鹏, 何兆武, 译. 上海: 上海人民出版社, 2005: 5-6.
② 伊曼努尔·康德. 论教育学[M]. 赵鹏, 何兆武, 译. 上海: 上海人民出版社, 2005: 5.
③ 伊曼努尔·康德. 论教育学[M]. 赵鹏, 何兆武, 译. 上海: 上海人民出版社, 2005: 10.
④ 伊曼努尔·康德. 论教育学[M]. 赵鹏, 何兆武, 译. 上海: 上海人民出版社, 2005: 13.

能提升人的道德素养与道德能力，进而建构道德人格。这是以人的理性为中心的道德教育理想。在坚持理性的前提下，假设教育是一种促进人从蒙昧状态向着文明的人发展的有效手段与措施，教育的价值就是消除人与生俱有的动物般的认识能力，不断提升人的知性能力，避免人堕落到动物状态，进而不断提升人的理性能力，在道德品质的完善中展示人的自由。显然，康德以认识论的思维设计了道德教化、自由教育的路线图，试图实现人的基本认知能力（包括康德所说的身心一般能力、特殊能力）发展基础上，加以不断的道德法则、道德律令的教化，从而使人的内在自由本性得到激发，实现自由教育目标。

当然，康德追求的教育目标是有意义的：一是实现了教育价值的升华。把自由与教育价值结合起来，这是教育思想史上很少提及的课题。二是实施自由的教育，讲究教育艺术。康德反对运用机械、僵化的教育手段和方法，重视人在教育中的地位。问题是具有良好道德规则的人就能实现人的自由吗？自由只依赖于道德教化就能实现吗？教育要以人的自由发展为目标，这样的教育该怎样组织？

在解答这些问题方面，马克思转换了认识思路。众所周知，自由是马克思毕生追求的目标，是未来社会发展的基本特征。这同样体现在马克思对教育目标的构想上。但与康德不同，马克思反对把道德教化作为实现人的自由的手段。当然，马克思也不像神学家那样依靠"超级力量"来实现人的自由。马克思指出，自由是人的本性，追求自由是人的本性力量的展现，可现实社会中的人并不是处于自由之中。这是因为现实社会中的人受到不发达的社会生产力以及与此相适应的不完善的社会关系的制约。就此，马克思从社会生产力与生产关系变革的视角，提出人的发展三阶段理论：在第一阶段，基于人的生存的需要，人和人之间形成相互依赖的"共同体"关系，以克服各种生存困难；第二阶段是人对物的依赖阶段，其特点是人的地位不如物的地位，物的重要性得到充分的展示，人处于异化状态中；建立在个人全面发展和社会生产力高度发达基础上的人的发展是第三阶段，在这个阶段，克服了人与人之间的异化关系，个人获得了充分的自由。

这一思路反映了马克思关于人的理论，是基于人的生存处境的思考，我们称为生存论的自由观。其核心是没有把人的认识能力看作人的自由问题的本质因素，因为如果是这样的话，只要传授一定的科学知识，解决人的"知识缺乏"（无知）状态，就能使人自由了。马克思不同意这个观点，他对自由有自己的理解。

一是自由的必然性。人的自由是人的本性的必然要求，并非超越现实社会生活之外的神奇目标。马克思在考察人的发展过程后认为，早期社会的人处于原始的自由状态，自己支配自己，随着原始共同体形成与社会生产力发展，这种自由状态逐步遭到破坏，人失去了原始自由，逐步进入人的异化状态；到了资本主义阶段，人的异化成为人日常生活的普遍样态，在这种情况下，有的人变得麻木，被社会教化，认为人生来如此，有的人起来反抗，试图推翻造成异化的社会制度。于是有了革命，其就是为了人的生存的尊严、为了人的价值、为了人的自由。所以马克思谋划了人的自由发展的更高阶段，即共产主义。在这一阶段，束缚人的自由、造成人的异化的各种制度壁垒被消除，社会生产力得到了极大解放。

二是自由的现实性。人生存于现实社会生活，这是事实，因此主张回归到人的现实社会生活来讨论人的自由问题。如此，实现人的自由不可能是大脑的革命（如黑格尔所说的"精神运动"），不可能依赖上帝才能获得拯救，也不可能如康德所说是道德教化促进了理性水平的提升，事实上，一条现实的道路便是大力发展社会生产力以及实现社会关系的变革。

三是自由的历史性。基于上述两点认识，马克思指出，人的自由是历史地建构与发展的。自由必须回到现实的社会生活中才是真正的自由、现实的自由。如果一个人把想象的"自由"变成自己日常生活中的自由，那这种"自由"必定是特定社会条件中的"自由"，"历史向世界历史的转变，不是'自我意识'、世界精神或者某个形而上学幽灵的某种纯粹的抽象行动，而是完全物质的、可以通过经验证明的行动,每一个过着实际生活的、需要吃、喝、穿的个人都可以证明这种行动"①。在马克思看来,任何个体要获得自由,如果只是在脑子中想一想,那么这种"自由"必定是空幻的、虚无的。只有回到现实社会生活中,怎么做、如何做,才能体现出人的自由。也正是因为自由具有历史性特征,所以不可能有绝对的自由,绝对自由和相对自由是辩证统一的。

马克思建构教育自由的思想路线可称为生存论的思想方式。也就是说,通过自由教育,就是要帮助人能够学会生活,所谓学会生活,如马克思所言"人不仅通过思维,而且以全部感觉在对象世界中肯定自己"②。"全部感觉在对象世界中肯定自己",就是强调人确立与对象世界相互交往关系,使自己的理性、情感、意志、欲望等因素在对象物中得到体现,从而确认自己是"现实的"自己,进而过着一个真正的人的生活。因为"人的感觉、感觉的人性,都是由于它的对象的存在,由于人化的自然界,才产生出来的"③。

如果这样理解自由教育,可以比较和分析人的日常生活处境。对此,马克思指出人的日常生活的三种生活形态,即观念的生活、现实的生活与人的存在(社会的存在)。观念的生活主要是指在宗教统治下的人的生活,这是对人的内心深处意识领域的统治;现实的生活是指资本主义社会造成的人的异化,比如人受到货币、"物质商品"等统治,并把这些"物质实体""神化"或"离奇的幻想"成一种"强大的力量",这种力量控制着人的欲望、需求与行动,而追求这些"幻想的物质实体"被臆想成是人的"生命本质力量"的展示与确证④。因此,人需要克服被"观念"所统治的生活,克服被物、被商品等所物化的生活,以实现"人的存在"向"社会存在"的复归。

通过比较马克思和康德对教育问题的不同看法,指出了康德论述教育问题

① 马克思恩格斯选集(第1卷)[M].北京:人民出版社,2012:169.
② 马克思恩格斯全集(第3卷)[M].北京:人民出版社,2002:305.
③ 马克思恩格斯全集(第3卷)[M].北京:人民出版社,2002:305.
④ 马克思恩格斯全集(第3卷)[M].北京:人民出版社,2002:305-307.

的局限,但康德富有创造性的教育主张,还是富有积极意义的。那么,怎样更好地理解与把握康德教育思想? 马克思和恩格斯说:"在康德那里,我们又发现了以现实的阶级利益为基础的法国自由主义在德国所采取的特有形式。不管是康德或德国市民(康德是他们的利益的粉饰者),都没有觉察到资产阶级的这些理论思想是以物质利益和由物质生产关系所决定的意志为基础的。因此,康德把这种理论的表达与它所表达的利益割裂开来,并把法国资产阶级意志的有物质动机的规定变为'自由意志'、自在和自为的意志,人类意志的纯粹自我规定,从而就把这种意志变成纯粹思想上的概念规定和道德假设。"①

三、为教育研究设定的人学前提

上述对马克思关于人的教育基本观点的重新梳理,审视了马克思对康德关于人的教育观点的超越,全面展示了马克思从现实的人出发理解教育的思路及其意义,解答了什么是人的教育这个根本问题,为教育发展确立了人学导向。

(一)确认"现实的人"是教育对象,以澄清对教育的误读

正确把握教育的内涵、性质及目的,这是关系教育工作健康发展的方向性、基础性课题。教育培养道德卓越的好公民,这是古代西方社会主流观点。"正式的教育为更加充分地实现社会对良好生活的期望提供了必需的知识"。因此,雅典人就认为"一个自由的人需要一种开明的教育去履行他的公民义务和促进个人的发展"②。

尽管古代中国没有提出公民教育的概念,但是,使人至善的教育目的是明确的。比如《荀子·修身》篇中就讲"以善先人者之谓教",《礼记·中庸》强调"修道之谓教",《礼记·学记》中提出"教也者,长善而救其失者也",而孔子明确断言"为己之学"。不同思想家表述有别,但是,这些观点共同指向的教育价

---

① 马克思恩格斯全集(第3卷)[M].北京:人民出版社,1960:213.
② 阿伦·奥恩斯坦,莱文·丹尼尔.教育基础[M].杨树兵,等译.南京:江苏教育出版社,2003:69.

值是改造人的心智,使受教育者明白及能够担当个体在家庭、国家中的责任,以实现修身、齐家、治国、平天下的人生目标,这是儒家为主导的中国传统社会意识形态要求的"成人成才"观。受此制约,社会主流教育价值取向是"学而优则仕",这无疑是"缩小"了教育的功能,就如尼采批评德国教育"缩小和削弱教育本身内涵"①。

不过,我们应该注意到这种教育观隐含的另一个问题,是主张要让受教育者学会处理个人与家族、帝王(封建时代的帝王是国家的代表)的关系。其实,这是讨论教育如何解决人的认同问题,是传统教育理想与教育实践蕴含的积极意义,恰恰是当前教育实践面临的困难之一。比如学生出现不珍惜生命、伤害生命等现象,这种情况是不会受到学校和社会的肯定的,原因就在于这类学生养成的自我意识已经偏离社会要求②。针对这些现象,教育理论和教育实践工作者主张对学生开展生命教育。看起来这些观点是对现实的"教育问题"的回应,是有"现实基础"的。问题是我们是否能够把对人的理解简化成对"生命"的理解? 简单地说,对"生命"的认识是否能等同于对"人"的认识? 灵魂对话、精神修炼等精神生活的"改造",是否就是人的改造的全部内容?

无疑,我们的观点是明确的,对生命的理解和对人的理解,不能等同于一个概念。因为这个"人"生活在现实社会之中,所以,理解人就要把握人的社会现实性这个最本质特征。看起来,这个观点较容易得到认同,甚至已经成为一个常识,不需要对这个"常识性"问题进行反思。然而,正是看起来是"常识",对它的认识,却笼罩着层层迷雾。比如柏拉图说学习是回忆,这个主张的前提是假设人的灵魂存在于一种理念的精神世界中,"学习"便成为人重新发现或收集这些完美理念的过程。这种观点,是把教育、学习活动和人的抽象理智活动相等同。古印度人的看法也是如此,他们认为教育是鼓励人通过沉思发现先天的

① 尼采. 论我们教育机构的未来[M]. 周国平,译. 南京:译林出版社,2012:24.
② 刘晓华,徐玫玲,甄龙,等. 儿童自我意识的发展变化特征[J]. 精神医学杂志,2012(3):185-187.

知识①。类似的观点,在古代中国也是存在的。《论语·学而》中就说"君子务本,本立而道生",《论语·里仁》中更坚定地说"朝闻道,夕死可矣"。道是根本,因而"求道、悟道、践道"是教育的基本任务和目标,如此把教育和修身、齐家、治国、平天下的政治目标融合起来,社会成员接受教育,既不是"人权"问题,也不是为了解决人的职业技能问题,而是使受教育者认同与接受超越人的日常生活之外的"神秘因素",进而成为哲学王(柏拉图)、成为仁者圣贤(孔子)。无疑,这是理解教育的先验(先天)论思路。

事实上,理解教育的先验论思路,遭到洛克、卢梭、杜威等教育改革者的挑战。他们对专制政治、宗教统治造成人的生活与生存处境展开批判,主张重视人的权利、人的理性,把人的自然性作为理解教育的起点,建构富有激情和浪漫主义色彩的自然主义教育思想。这里简要回顾卢梭自然主义教育思想的合理性及问题。

对启蒙思想的追随,卢梭推崇人的自然存在的价值,相信"人在世间的生活将能获得无可限量的改善,人将能过良好的生活"②。要"过良好的生活",只有在自然状态中才能实现,因为生活在自然存在状态中的人,能够舒张情感、意志、欲望等个体需要的"自由",而社会上出现或存在的一切现象一切事物,"几乎全是非自然的","阶级区别、社会仪文、教士与贵族的特权、贫民窟与宫廷的对照——凡此皆明白存在,但凡此皆属非自然的"③。显然,卢梭把自然和社会对立起来,提出"自然主义教育"理想,核心观点是把人的自然属性作为组织教育活动前提。然而,人的存在,即便是处于幼儿、儿童、青少年等未成年人,也是生活在现实社会中的人,不可能脱离社会而变成纯粹的自然存在,这是人的存在的基本特征。但卢梭主张把人从社会中分离与独立出来,认为这样生存的人是本真的人。卢梭做这样的考虑,问题出在哪里?

① 阿伦·奥恩斯坦,莱文·丹尼尔.教育基础[M].杨树兵,等译.南京:江苏教育出版社,2003:73.
② 布林顿.西方近代思想史[M].王德昭,译.上海:华东师范大学出版社,2005:136.
③ 布林顿.西方近代思想史[M].王德昭,译.上海:华东师范大学出版社,2005:132-133.

其实,卢梭讨论人和社会的关系时,认同社会对人的生存活动的意义,认同人的社会性之于人的存在的重要性。只是卢梭着眼于人在日常生活中经验,感受到人与社会之间的问题,以此为前提讨论人与社会关系,这是表面的、直观的、形式上的讨论,没有明确阐述人是受社会制约的现实,没有阐明人对社会发展产生积极、能动的作用。正是因为这一点,可以得出这样的结论:浪漫主义、自然主义教育思想积极探索解决社会问题的出路,但没有找到形成社会不公正、不正义现象的原因,没有找到人的问题的形成根源。

对此,马克思从社会生产力发展角度回答这个问题,指出物质生活是人的生存活动的基本方式,生产力和生产关系是推动社会变革与发展的内在力量。人的思维、观念、意识形态的形成,是和人从事的物质生产活动密切相关联的,现实物质生活是决定人的生存活动的基本力量。这就是说,人不可能脱离社会过离群索居的生活,这种情况在原始社会做不到,在大生产和分工完善的现代社会更做不到。因此,研究人的问题,必须要考虑社会维度,也就是说,必须要从社会的角度研究人的生存处境。在此意义上提出"人是生活在现实社会之中"的判断,明确了现实社会是人的存在前提与基础。

诚然,当前关于人的教育的各种论述,从形式上看,不会像宗教教育那样,试图用某种抽象理念改造人,也不会像自然主义教育思想那样,可以脱离社会,变成原始的个体,把人看作等待改造的"某种机器"。除了这些理解思路,对人的教育,又有了新的理解思路,比如把人的教育理解成心灵的解放、智力的开发、人性的改造等,甚至把这些说法冠以"人文教育""生命教育""对话灵魂的教育"等非常容易让人接受的口号、词语或概念。

这些理解教育的思路,不能说是不正确的思路,因为对教育效果的考核,要关注受教育者是否掌握了读写算的知识与能力,受教育者道德行为是否发生变化等。问题在于我们不能因为教育实践遇到困难或存在问题,就提出一个概念、一个名词(比如学校出现学生轻生问题,就提出生命教育之类的概念),而是需要我们更进一步地思考。这里的更进一步,不是时间上往前迈进,也不是空间上向某一方位拓展,而是思想方式上更进一步,即需要揭示人的教育的本体论基础。这个基础是知识、能力,还是自然、上帝或是抽象精神?

对此,马克思指出解决教育问题的基础是人的现实社会生活。人是生活在现实社会中真实的存在者,不仅从事物质再生产,而且从事人类自身再生产。从某种角度看,这也是马克思对人的问题的"经验"研究。费尔巴哈指出上帝不可能超越人而存在,它是人创造的一个产物。而黑格尔看到人的精神力量,历史也是人的精神观念变革的产物。与此不同,马克思认为现实社会的物质生产是人的第一需要,也是人类历史的产生前提,这意味着人的道德、理想、情感等等一切精神生产和理论活动,是奠基于人的现实社会活动,是人的"感性的、对象性"活动的产物。随着人类精神生产内容的丰富和完善、理论水平的进一步提高,人的感性对象性活动逐步发生分化,分化成物质生产活动和精神生产活动,人类从满足本能的自然生理需要向着更高层次的精神生活发展,从"外在尺度"向着"内在尺度"发展,人也因此从日常生活劳动中获得经验并向着更高层次的自我意识发展。在此意义上,马克思说"人则使自己的生命活动本身变成自己意志的和自己意识的对象。他具有有意识的生命活动"①。这就需要重视生产劳动的作用。通过生产劳动,完成物质生产,也完成人自身的再生产和社会关系的再生产。这样理解人的问题,不仅要肯定教育对象是人,而且要肯定教育对象的人是具体的、存在于社会生活之中的人,是时刻受到现实社会生活影响的社会人。尽管从年龄上说,接受学校教育的对象主要是年龄尚幼的未成年人。但是,受教育者是在现实的社会文化、社会环境中成长起来,学校不是和社会隔离的一根"真空试管"。

可见,要理解人的教育,前提要理解"人"。马克思肯定人是现实社会的人,教育活动要面对这个"现实的人"。现实的人的本质特征、存在方式是教育活动

---

① 马克思恩格斯全集(第 3 卷)[M].北京:人民出版社,2002:273.

必须遵循的客观规律,这样才能确保教育活动现实性。① 就此意义上说,学校开展教育活动,既有学习科学知识的抽象概念、理论活动,又有能够和人的现实社会生活相联系的物质活动、感性活动,如此就能明确人的物质生产活动、知识概念逻辑推理活动、精神思想意识活动之间的辩证关系,为学校教育的正当性获得保障。

(二)聚焦人的存在方式的合理性以把握教育的正当性

从人的角度考虑教育活动,前提是要把握人的教育的内容与特点。个人的教育需要和个人有关,但这并不能说个人的教育需要源自个人主观的想法、主观的判断。事实上,个人教育需要的产生,是受到现实社会制约的。通俗地说,现实社会中的人是怎样生活的,人就会产生怎样的教育需求。比如生活在科举选才社会中的个人,进入仕途是其教育需求;生活在学历文凭社会,升学构成个人的教育需要。正是因为个体的教育需要和生活的社会密切相关,不同个体表达的教育需求具有高度的一致性,使这些分散的个体教育需要自觉或不自觉地集聚成"社会"教育需求(比如应试教育问题产生,不能说跟社会上无数家长对孩子升学的强烈意愿没有关系),进而成为制约教师教与学生学的重要因素。就此来说,教师教和学生学是不能脱离现实社会生活的,学校把教育变成是知识学习、概念推理、精神观念想象的"抽象的、思辨的、逻辑的活动",要探究背后的社会根源。因此,研究学校教育活动是否具有正当性,要以教育是否切合人的现实社会生存需要为依据。

强调教育要切合人的现实生活,最基本一点是明确教育培养什么样的人的问题。因为不同社会(如农业社会、工业社会等)有不同的生产生活方式,适应社会生产生活方式的需要,对人的素质、能力提出不一样要求,造成人的存在方式的差异。这就是说,社会结构转型和社会关系变革将导致人的存在方式的变化,这就要求教育关注人的存在方式的变革和教育发展的相关性。事实上,马

---

① 舒志定.论理解学校教育现实性的三种维度[J].教育研究,2014(1):28-34.

克思提出人的自由发展教育目的的论断,是基于对人的存在方式的考察而得到的结论。

马克思认为社会物质生产方式的变化,生产力的进步与生产关系的变革,使人的存在方式经历了三个阶段的重大变革。"人的依赖关系(起初完全是自然发生的),是最初的社会形式,在这种形式下,人的生产能力只是在狭小的范围内和孤立的地点上发展着。以物的依赖性为基础的人的独立性,是第二大形式,在这种形式下,才形成普遍的社会物质变换、全面的关系、多方面的需要以及全面的能力的体系。建立在个人全面发展和他们共同的、社会的生产能力成为从属于他们的社会财富这一基础上的自由个性,是第三个阶段。"①这是马克思关于人的发展三个历史阶段的论述,它说明不同社会物质生产阶段,促进人发展的目标、人获得发展的条件是不一样的。这也表明人是通过介入现实社会生活,自身关系和自身能力的全面性和普遍性才获得发展,这种发展,必定是逐步完成的,是人的发展历史性特征的体现。

马克思把人的存在方式演进历史划分成三个阶段,使我们看到人的发展是一个客观的、现实的过程。早期人类经历了原始人类共同体之后,又进入了由统治阶层和被统治阶层构成的不平等的"人类共同体",借助人的理性能力,反抗受奴役、受异化的生存境遇,个体自由获得空前的发展。这说明每一历史时期人的存在方式的变化,都是和社会发展变化紧密联系的。要使这种变化的发生,既依赖个人的主观能动性,又依赖社会生产力的发展与进步。不论是个体的主观能动性还是社会生产力的变革,都是人与自然、人与世界交往关系变革的产物。人所建构的各种交往关系,隐含着人对交往对象的认知与价值定位,交往活动的成功实现,使隐含在人自身内部的本质力量全面展露。

马克思对人的发展问题做出如此思考,其前提是基于对经济学的批判。以此为前提,马克思洞见了社会历史发展进程中个体命运改变的必然性,洞见了

---

① 马克思恩格斯全集(第30卷)[M].北京:人民出版社,1995:107-108.

个体最终获得自由个性的存在方式的历史必然性。正是马克思揭示了人的存在方式变化与社会发展变化的内在关联性，证明了人需要什么样的能力、素质，会受到社会发展阶段的制约，不同的社会发展阶段，对人的素质、能力有不一样的要求。而社会发展历史进程是由无数人的力量组成的一个平行四边形的合力，是不以任何一个个人意志为转移的客观历史过程。这说明教育培养什么样的人，会受到社会发展要求的制约，也会随着社会发展的变化而变化。这是学校开展教育工作需要遵循的客观依据。

一是确立培养社会主体的教育目标，更要求学校处理好教育公共性与私人性之间的关系。

人是生产力中最主要的因素。发展社会生产力，就要提高社会成员的素质。为此，各国极力发展义务教育，促进高等教育大众化、普及化，并且通过立法使受教育权成为社会成员的基本权利，极力发挥教育培养年轻人成为社会角色的整合功能，以及使教育具有促进个人身心完善和道德发展功能。[①]

必须指出，公民享受社会提供的公共教育，虽然是法律赋予的权利，但不应该把这项权利看作"私权"，不应该仅仅强调满足每一位受教育者个人独特兴趣和偏好，更不能把它作为开展教育活动的前提。而是要强调与坚持教育的公共立场，即教育为社会、民族、国家培育人才的立场。所以，每一位受教育者要把成为社会主体的目标作为受教育的缘由，这也应成为学校开展教育规划、建设学校文化、定位学校办学目标等教育教学实践活动的基本依据。

二是建立公平正义的教育体系，更要求学校解决不同社会阶层受教育者的差异性问题。

从传统农业社会进入现代工业社会，社会分工、城市与乡村不平衡发展、商品贸易带来的全球市场与不同民族人员的互动等，造成了有差异的人的生存处

---

① 鲍里斯，季亭士. 资本主义美国的学校教育：教育改革与经济生活的矛盾[M]. 李锦旭，译. 台北：桂冠图书股份有限公司，1989：27.

境,呈现多元化的社会生活。面对现代社会个体多元化的生存方式,不论是义务教育还是非义务教育,国家要担负建设公平正义的教育体系的职责。只有建设正义、公平的学校教育体系,才能保障每一位受教育者获得最好的教育,才能发挥教育在建设富强文明国家中的作用。

但是,社会经济发展水平的差异、国家和地方分配教育资源的差异,以及受教育者所处的社会环境、家庭条件等客观条件的差异,对受教育者来说,却成为个人与个人之间的差异,是现实自然环境、社会环境(社会政治、经济、文化等)的差异。因此,学校开展教育工作,就要研究如何应对受教育者差异的问题。

三是促进受教育者身心健康发展,更要求学校处理好满足职业发展的功利性教育需要与追求自由全面发展的超越性教育需要的关系。

教育要满足和适应人的生存、发展的需要。而人的自由全面发展,无疑是人的发展最高目标,问题是如何把握人的全面发展内涵,以及它对学校教育提出的要求。马克思对人的自由全面发展目标的论述,把它称作人的类本质。这是因为马克思认识到人的存在是和人所处的社会环境构成相互制约关系,人在与社会、自然环境的交往中,不满足现状而寻求变革,包括科学技术的进步、生产力的进步等,因而推动社会的变革,而这又为人的自由发展提供了新的空间。正是立足人的自由发展的唯物史观考察,马克思在《共产党宣言》开篇就断言"至今一切社会的历史都是阶级斗争的历史",未来的社会将是一个联合体,"每个人的自由发展是一切人的自由发展的条件"①。这里已经凸显了马克思是从类本质意义上肯定人的自由发展目标的合理性,并且把人的素质、能力的全面发展建立在社会生产力变革基础上,这必定会使人的发展呈现阶段性特征。也就是说,一定社会历史时期的一些不合理价值观、人才观,会反映在个人对自身成长成才目标的设定上,包括当前社会中很多学生追求功利性的学习与就业目标,比如目标是找环境好、待遇丰厚、地位高的工作。这是难以避免的。

---

① 马克思恩格斯选集(第1卷)[M].北京:人民出版社,2012:422.

其实,马克思早就看到了这个问题。他指出知识、技术、技能会影响社会生产力发展的作用,这种影响作用,也意味着是对人的认知因素和工具理性的肯定。但是,马克思更强调人的内在尺度,它是人和客体世界交往中逐步养成的自觉生命意识和交往理性,是人成为社会主人的决定因素。正是因为这一点,人能够超越特定社会条件的制约,去开拓新的社会生活和精神生活。

所以,马克思提出"改变人们的社会意识就要首先改变人们的社会存在"的基本观点。遵循这一点,可以有效防止人们出现脱离现实社会条件空谈理想,陷入"纯粹理想主义"的困境,同时更要强调学校不是职业训练所、职业培训中心,学校要承担起促进人自觉成长的使命。

(三)人的自由发展教育目的的实现,不能超越社会生产力发展阶段

学校的任务是把一个自然人培养成为合格的社会成员,问题是学校无法确保每一位受教育者进入社会时都能获得公正的机会。这是每一位受教育者的家庭背景、种族、区域等"社会性"因素的差异,导致了受教育者是有差别的,自然就会追问学校面对不同的受教育者,如何使每一个学生都能达到教育目的?事实上,这正是当代批判教育学提出如何实现教育的平等化,建立正义公平教育体系观点的基本依据[①]。

其实,马克思早就从资本的角度对这个问题作出了批判性分析。马克思指出个人不能独立存在,不是个人不独立,而是"资本具有独立性和个性,而活动着的个人却没有独立性和个性"[②]。因此,要通过"革命""解放"的途径,改变个人受到资本主宰的现象,进而使自身成为脱离资本控制的独立个体,让没有掌握资本拥有权的阶层获得独立,实现人的自由发展目标。但是,"革命""解放"是有前提条件的,这就要求"现代无产阶级意识到自身的地位和需要,意识到自身解放的条件"[③],这取决于生产力的发展。正如恩格斯在给1883年德文版《共

---

① 贝瑞·康柏.批判教育学导论[M].张盈堃,彭秉权,蔡宜刚,等译.台北:心理出版社,2004:4.
② 马克思恩格斯选集(第1卷)[M].北京:人民出版社,2012:415.
③ 马克思恩格斯文集(第3卷)[M].北京:人民出版社,2009:602.

产党宣言》写的序言中指出："每一历史时代的经济生产以及必然由此产生的社会结构，是该时代政治的和精神的历史的基础。"①马克思非常强调生产力革命的重要性，他描述的共产主义，是生产力高度发展的社会，是社会发展的一个环节。也是在此意义上，马克思肯定资本主义的历史贡献，这就是通过解放生产力消除封建制度，使资产阶级成为占据统治地位的阶级。资产阶级在取得历史性胜利的同时，也造成了资产阶级社会异化问题，造成了工人阶级和资产阶级的对抗和冲突。不解决对抗问题，工人阶级就会失去"人"的地位，处于和"机器"同等的地位。要解决对抗问题，需要工人阶级团结起来开展斗争，包括早期的捣毁机器以及集体罢工、武装斗争，最终完成政治解放，为人获得独立、自由的存在创造政治条件。但是，这只是工人阶级改变异化处境，成为社会主体的人的第一步，还需要继续完善，以实现人的解放。

可见，马克思对人的解放的总体规划与设计，是基于对每一历史时代主要经济生产方式和交换方式的发展和变革要求作出的理解和判断。如果社会生产力没有达到极大的、高度的发达水平，人的解放也不可能做到，自由人联合体也不可能建立。因此，要促进人的发展，需要着眼于教育与社会生产力的联动发展。而且，社会生产力发展是基础。只有发展生产力，改善生产关系和社会结构，消灭社会异化现象，才能为人的独立、自由生存建构适宜的条件与空间。这样，要发挥教育功能，不能脱离人的日常生存处境。只有从人的实际需要出发，研究适合现实社会人的生存与发展需要的教育，才能提高他们的技能、思想意识水平，从而培育他们的社会主体意识。"人的感觉、感觉的人性，都是由于它的对象的存在，由于人化的自然界，才产生出来的。五官感觉的形成是迄今为止全部世界历史的产物。"②这是马克思对人如何在现实社会中生存与发展的基本规律、基本特征的判断。这个判断展示了这样一个基本观点，人不能靠一

---

① 马克思恩格斯选集(第1卷)[M].北京：人民出版社，2012：380.
② 马克思恩格斯全集(第3卷)[M].北京：人民出版社，2002：305.

些先验观念获得生存,也不能靠上帝、神仙等外在力量获得生存。人必须要和现实世界建立直接的、现实的交往。人认识与改造客观世界,也改造人的主观世界,人的"本质力量"才能获得激发。这样,人的存在的现实性,或者说,人是现实存在者,是"人自己的本质力量的现实","人不仅通过思维,而且以全部感觉在对象世界中肯定自己。"①

对此,马克思以"对象化"称呼的人的活动,"无论从理论方面还是从实践方面来说,人的本质的对象化都是必要的"②。基于对人的对象性活动与对象性存在的认识,马克思指出实践(劳动)正是人的自由自觉本质的直接体现,因为实践(劳动)不只是解决人的"认识的任务","理论的任务"而是解决"现实生活的任务"③。马克思以"工业"来说明这一点,他说工业"是一本打开了的关于人的本质力量的书,是感性地摆在我们面前的人的心理学"④。这就是说,工业是"人的本质力量的公开的展示"⑤。工业的进步,代表着一种新的生产力、新的生产方式的进步,也标志着从事工业生产的人的进步,从事生产的能力、思想观念的提升,而且增强和掌握了工业资本统治者斗争的主体力量。事实上,这正是马克思提出教育与生产劳动结合论断的内在逻辑。依此能够判断,只有实现教育与生产劳动的结合,才能使受教育者领悟自身肩负的社会使命,实现自然人、异化的人向自由发展的人的迈进,完成个体存在向类存在的复归。

这里,我们要重视马克思关于实践(劳动)、人的本质力量、人的对象性活动等观点,因为这些观点和黑格尔的劳动观点、杜威的经验教育是有区别的。黑格尔是从自我意识角度理解劳动,社会进化被看作人的自我意识的觉醒,而促进自我意识生成与变革的中介则是"劳动"。20世纪初,美国实用主义教育家杜威尽管没有直接提教育和"劳动"的关联,但他研究了"经验"问题,阐明了教

---

① 马克思恩格斯全集(第3卷)[M].北京:人民出版社,2002:305.
② 马克思恩格斯全集(第3卷)[M].北京:人民出版社,2002:306.
③ 马克思恩格斯全集(第3卷)[M].北京:人民出版社,2002:306.
④ 马克思恩格斯全集(第3卷)[M].北京:人民出版社,2002:306.
⑤ 马克思恩格斯全集(第3卷)[M].北京:人民出版社,2002:307.

育和经验的关联性,指出人的成长实质是经验的重构,教育是为儿童重构经验提供环境与机会。看起来,杜威重视儿童与环境的交往活动,它也是现实的、客观的活动。但是,和马克思生产劳动、实践观点相比较,杜威的问题是在主体、客体分离的前提下讨论儿童和环境关系。

上述列举思想家对劳动和实践的理解,和马克思的理解并不相同。这是因为这些思想家对人的日常生活的理解,类似于柏拉图那样区分成若干"世界",人被不同世界分隔着或者说是处于不同世界之中。有如卢梭称作"自然世界",胡塞尔称之是由概念范畴组成的"科学世界",为此着力呼吁要重视前科学的生活世界。当然,马克思对各种思想观念、意识形态、概念范畴遮蔽的"生活世界"的揭示,虽然没有像胡塞尔这样明确标识为"生活世界",但是,马克思充分重视现实的生活世界对人的存在与发展的重要意义。正如《德意志意识形态》中所说,不是意识决定生活,而是生活决定意识。当然,我们对此的重视,绝不是从机械的、僵化的思路去理解生活与意识、物质与观念、生产力与人的发展关系,而是强调人的自由发展是受制于现实的社会物质生活。只有着眼于人与社会生产力变革的相互辩证,才能实现人的自由发展目的。

四、教育人学前提的存在论基础

马克思对教育的人学前提的规定,紧紧聚焦自由人的联合共同体建构、人的自由全面发展(人的解放)目标实现等"一般原理""基本思想"①。既表达了教育实现人的全面发展价值理想的承诺,又阐述了人的全面发展教育目标实现的社会基础、历史过程,展示了马克思为教育设定人学前提所坚守的存在论思路。

这里强调马克思以存在论思路设定教育的人学前提,是因为马克思是从人出发讨论教育问题,理解人,则需要回到现实的社会生活之中,这才能抓住人的

---

① 马克思恩格斯选集(第1卷)[M].北京:人民出版社,2012:376-386.

问题的根本,"而人的根本就是人本身"①。强调回到现实社会生活的意义,是表明任何个人都是具体的、历史的、现实的存在,对人的研究,要坚持"现实的""历史的"研究立场。正如马克思所说,"对天国的批判变成对尘世的批判,对宗教的批判变成对法的批判,对神学的批判变成对政治的批判"②。

可是,马克思对教育研究的存在论贡献,并没有被真正认识到。相反,却出现了对马克思教育研究路径的误解,认为马克思教育思想是一种知识论立场或认识论立场,被海德格尔评判"是根据经验的本质来思考辩证法"③。也有观点是把马克思关于人的自由发展、全面发展理论当作一种政治口号或者后现代的宏大叙事,认定这只是一种理想,就如 19 世纪空想社会主义者或者如儒家所说"大同理想"。加上启蒙运动推进工业社会快速发展,在此背景下,遍及全球的市场社会对工具价值的张扬,导致了人的理想与信仰的失落,追求物质生活而淡化了对精神生活价值的重视,由此出现了责问与否定马克思关于人的全面发展理想的观点,认定它是一种空想或是一种价值的预设。

事实上,上述种种说法并不正确。因为这些观点没有看到马克思是从"人在社会中生存"这个基本点入手,是从生产力变革的角度,讨论人和社会的存在与发展问题。比如人的精神生活问题,马克思不认为它是和现实物质生活对立存在,人寻求精神生活,只是表明社会发展使人逐步从自然状态中分离出来,从感性的对象性活动中分离出来,在现代社会高度复杂的分工体系中,精神生产变成相对独立的人的生产活动之一。显然,这样理解人的精神生活,和柏拉图构思"理念"之于人和社会的意义是两种绝不相同的思想路径。哲学史家文德尔班已经评论了这一点:"善的理念是最高的理念,是包括、统治和实现所有其他理念的理念","其他理念从属于这个最高理念并不是在逻辑上特殊从属于一

---

① 马克思恩格斯选集(第 1 卷)[M].北京:人民出版社,2012:10.
② 马克思恩格斯全集(第 3 卷)[M].北京:人民出版社,2002:200.
③ 海德格尔.林中路[M].孙周兴,译.上海:上海译文出版社,1997:191.

般,而是在目的论上手段从属于目的"①。对善的理念的重视,变成是本体性的因素,决定人们的思想和行为,这会导致人们脱离生活实际,走向空想。

因此,深入探讨马克思关于教育的人学前提形成的存在论路径,深刻把握学校教育对象是生动的、具有丰富个性的现实的人的内涵,是重新评估马克思教育思想重大意义的客观要求。

毫无疑问,对理解人的问题的形而上学思想方式的颠覆,这是马克思存在论研究教育问题的重要贡献。这里谈及对教育的形而上学理解,它是指排除人本身之后再讨论解决人的教育问题,决定教育的合理性依据不是人的需要、人的发展,甚至是社会的需要,而是取决于其他因素。在这种教育思想方式中,人在教育中是缺位的,是"无人"的教育。文艺复兴对人的发现,把人放在教育的中心位置。但是,这个"人"依然是抽象的存在,或者是一个纯粹的理性的、理智的人,是教育受到形而上学思维方式制约的具体体现。

为解决这个问题,马克思提供客观的、现实的、历史的基础,它不是科学知识、不是抽象的观念,而是现实的人类社会历史。"说生活还有别的什么基础,科学还有别的什么基础——这根本就是谎言。"②这样,即便是向学生传授知识论范畴的科学知识、抽象概念、理论体系,学校教育任务依旧是要引导学生回到现实社会生活,以避免对思想、精神观念的唯心主义理解。对此,马克思和恩格斯在合写的《德意志意识形态》中讲得很清楚:"站在现实历史的基础上,不是从观念出发来解释实践,而是从物质实践出发来解释各种观念形态,由此也就得出下述结论:意识的一切形式和产物不是可以通过精神的批判来消灭的,不是可以通过把它们消融在'自我意识'中或化为'怪影'、'幽灵'、'怪想'等等来消灭的,而只有通过实际地推翻这一切唯心主义谬论所由产生的现实的社会关系,才能把它们消灭;历史的动力以及宗教、哲学和任何其他理论的动力是革

---

① 文德尔班.哲学史教程(上卷)[M].罗达仁,译.北京:商务印书馆,1987:167-168.
② 马克思.1844年经济学哲学手稿[M].北京:人民出版社,2000:89.

命,而不是批判。"①

所以,当我们再次阅读马克思关于人的教育问题的论述,尤其是马克思主张哲学家不仅要解释世界还要改造世界的立场时,它不仅是为哲学家标明努力方向和工作任务,更是告诉我们一切理论的活动、思想的任务,都要以改变世界为指引,包括培育年轻人的教育活动。这既要肯定社会为满足人的成长(尤其是儿童青少年成长)需要开展科学知识启蒙与持续的教育,以便教会学生求知,考试取得好成绩,不断改善人的知识结构,提升智力水平,获得从事某种职业的能力,更要强调学校教育要和现实社会相联系,规定学校教育的任务是让学生融入现实社会生活,形成人的思想观念、发展职业技能、完善知性能力。

诚然,我们强调让学生融入现实社会生活,不是让学生直接变成工人、农民,也不是让学生直接上街从事送外卖等诸如此类一些"社会活动",而是遵循马克思指出的人是"对象性的存在"的基本原理,明确人的成长的实质就是"感性的对象性活动"的充分展开。换句话说,人的思想观念的建构,和人所处的日常生存处境密切关联,人总是从自身的现实处境出发,谋划他的需求与理想。正是在此意义上,一批社会学家运用马克思理论研究教育和社会分层关系问题,对资本主义社会的教育不公平、对教育给予普通民众的权威与压抑提出批评。这些思想家的理论,不是本书讨论重点,但这些理论正好说明马克思极力主张人的现实社会存在是教育前提的基本观点。正是在此意义上,我们就能理解马克思坚持人与环境的改变是一致的基本主张。

当然,强调马克思为教育研究确立存在论路径,还有一项重要任务是避免学校教育活动受制于实证主义思维方式的主导。西方社会推进教育发展,得益于印刷、造纸等现代科学与技术的发展,也支撑起了"知识就是力量"、科技推进社会永恒进步的社会进步理论的产生。而这种社会进步理论对学校教育的影响,是"把人的精神历程简单化,便捷化了","期望进步来自生来善良而有理性

---

① 马克思恩格斯选集(第1卷)[M].北京:人民出版社,2012:172.

的人类的解放"①,提出"全智"的唯实主义教育观,要设立一个伟大的全智高等学校或科学研究会(如夸美纽斯)②。进入 20 世纪以来,学校教育受理性主义、实证主义思想影响,教育问题更加突出。有如尼采对学校教育的批评,认为学校教育"放弃其最崇高最高贵的使命",培养学生"成为一个挣许多钱的生物"③。所以,面对以传授科学知识、改进人的认知能力为主旨的教育活动,一项重要任务是怎样看待和理解它的合理性问题。

这个问题产生的原因,正如费尔巴哈的评论:"感觉的对象不只是外在的事物,而且有内在的事物,不只是肉体,而且还有精神,不只是事物,而且还有'自我'……经验论认为我们的观点起源于感觉,是正确的,只是经验论忘了人的最主要的、最基本的感觉对象乃是人本身,忘了意识和理智的光辉只在人注视人的视线中才呈现出来。"④马克思超越费尔巴哈的观点,指出人是通过对象性的活动获得社会的存在、历史的存在。人的对象性活动,"在人之实际地改变对象世界的对象性活动中才生成为属人的、亦即'社会的'感性的。或换言之:具有社会本质的感性,就是人的对象性的活动本身"⑤。对受教育者的存在论解读,是更完整地、更全面地理解学生,使学生成为一个现实社会生活中的人,教育要守护人的完整性。同时,倡导开展学生与社会现实融合的教育。不过,这种融合,不是指学生的学习活动要与现实社会一一对应,甚至像杜威倡导的那样回到经验教育旧路上去,而是强调学校教育的现实性,强调学校是体现教育者与受教育者自主、自我实现、创造性自我指导的活动,要避免受教育者避免被过度社会化⑥。

---

① 布林顿.西方近代思想史[M].王德昭,译.上海:华东师范大学出版社,2005:173.

② 格莱夫斯.中世教育史[M].吴康,译.上海:华东师范大学出版社,2005:294.

③ 尼采.论我们教育机构的未来[M].周国平,译.南京:译林出版社,2012:24-25.

④ 北京大学哲学系外国哲学史教研室.十八世纪末——十九世纪初德国哲学[M].北京:商务印书馆,1975:627-628.

⑤ 王德峰.在存在论革命的本质渊源中洞察历史唯物主义[J].江苏社会科学,2000(6):54-60.

⑥ 鲍里斯,季亭士.资本主义美国的学校教育:教育改革与经济生活的矛盾[M].李锦旭,译.台北:桂冠图书股份有限公司,1989:209.

　　所以,马克思着眼于存在论维度研究教育问题,一方面是对理解教育的形而上学思路的批判,对神秘化、抽象化的教育观念的终结;另一方面也是对教育的实证化问题的克服,为正确理解与把握教育内涵、性质与价值奠定了基础。在此意义上说,马克思对人的教育问题的探索,为促进教育理论科学化、教育实践活动规范化提供思想资源。

第四章　马克思以感性活动
阐释德性之教

　　研究马克思教育学说,需要分析马克思对传统教育学说的建构作出了怎样的贡献,实现了怎样的教育变革,这种变革的主要内容及其意义如何? 对这些问题的探索,是推进马克思教育思想研究需要关注的课题。

　　要回答这些问题,最基本的一点是要领会马克思关切现实个体的内涵及意义。人的命运、人类社会发展命运,是马克思终身思考的问题。这样,我们对马克思如何思考教育问题的思考,就聚焦到马克思是如何阐述教育影响人的活动这个问题上来。① 其实,历史上的教育思想家都重视教育对人的影响,也就是说,都在探索人为什么要受教育、如何开展对人的教育活动等问题。对于他们提出的解决方案,概括起来说,可以分为两种:以培养智慧为导向的教育和以传授知识为导向的教育。前者是在"爱智慧"目标指引下,认为教育是培养人追求智慧的能力,以造就有智慧的人;后者是把教育理解成是知识学习的"脑力活动""认知活动""观念活动"。其实,这两种理解教育的思路存在两个共性问题。

　　一是没有看到教育是不能离开社会而独立存在的。在古希腊思想家那里,他们对教育的理解是和他们关于城邦政治的认识密切相联系的,也就是说,他们对教育的理解是以城邦政治哲学为基础的;中世纪更是将教育纳入神权政治的理解视域;文艺复兴以来,思想家尽管主张从人出发理解教育,从民主社会建

---

①　舒志定.马克思对传统教育思想方式的批判[J].山西大学学报(哲学社会科学版),2016(5):82-87.

设要求设置教育目的,遵照民主社会共同体成员的权利和义务、寻求美好生活的需要研究人的教育内容与方式,这些关于教育的构想,和社会治理的政治需求是不可分离的。可见,教育受社会政治经济文化历史制约,要认识传统德性之教问题,不能不分析教育问题隐含的政治哲学意蕴。

二是与第一点相关,教育者和受教育者也不能离开社会独立存在,教育中的人是受到现实社会制约的。强调教育中的人是生活在现实社会之中的观点,不是把人的自然存在和社会存在对立起来,人不能离开社会进行生活,人的存在就是人的现实生活本身,"人们的存在就是他们的现实生活过程"①。"现实社会生活""人们的存在"是教育问题的重要根源,不能超越或脱离"社会存在"去研究教育问题,即便是对人的认知能力的变化等"知识学习"问题的思考,也需要反思人的认知能力变化的本体性问题,即人的认知变革与人的大脑、身体以及人生活的周围客观世界的关系问题,人的认知变化,不是纯粹的抽象概念的逻辑活动,而是人与世界复杂的交往活动。这个问题不解决,就会把"教育问题"看作教育对人进行的认知改造、道德灌输的智性活动。其实,从我们日常生活经验中就可知道,学生的道德、伦理等思想精神观念的建构与发展,更是和人的现实社会生活密切相关。

要解决这些问题,就需要返回到对教育前提的追问,或经常被问及的"教育的本真是什么的"问题。也可倒过来提问,决定教育的合理性及意义是人的知识发展、德性完善,还是人的全面发展? 这个问题的答案其实是很清楚的。对于前者,理性、理智力是决定人的知识发展、德性完善的关键因素,即人的内在性因素,而后者强调人的全面发展,其意义是要为人与世界交往的可能性及其现实性提供条件。就此,马克思通过对人的感性活动的探讨,阐述感性活动是人的社会存在的实现,指出人的异化产生的原因及其克服路径,分析实现人的类存在目标的可能性以及必要性,肯定教育对人的发展的意义,提出以人的自

---

① 马克思恩格斯选集(第 1 卷)[M]. 北京:人民出版社,2012:152.

由解放为目标的政治哲学核心主张,完成对德性之教阐释教育思路的转换。

一、城邦政治制度对德性之教的诉求

培育人的德性,造就能够开展理性反思、达到道德自觉的城邦公民,以"完成某些善业——所有人类的每一种作为,在他们自己看来,其本意总是在求取某一善果"①。这是古希腊先哲对教育的基本看法。这些看法指出教育和人获得德性与实现良善生活之间的关系,它隐含着这样的假设:人的德性不是先验存在的,但可以通过教育活动加以培育,从而实现产生人的良善行为的目的。因而,我们就要思考古希腊先哲们为什么要把人的德性培育作为教育目的,在他们看来,教育能够培育人的德性,其中的缘由又是什么。

对此,我们很容易认为这是因为古希腊先哲们高度认同人的德性和良善的重要性,以及认定教育是能够使人成为有德性的、良善的人。由此,在很长时期里,人是否可教、人性是否可塑等问题成为主导的教育假设和教育的理想,教育就被当作一种致良善的活动。这样的认识,仅限于从培育人的德性和教育关系的视域,教育变成一种私人性活动,是"闲暇",是人寻求真理、求索智慧的兴趣。如此理解教育,教育就失去了社会本质,和城邦的政治需求无关。事实上,古代希腊城邦时期的思想家对教育的理解,有着强烈的政治需求、政治目的,教育是"政治教育"。尽管主要是讲哲学,但是,哲学、哲学教育是和城邦政治密切关联的,他们以哲学教育的方式改造城邦公民的灵魂,开启通向善治城邦之途。

柏拉图的《理想国》是一部讨论哲学教育的著作。哲学教育的目标是塑造人的灵魂、完善德性、参与政治生活,方法是关注脱离人的感性生活和实际经验的辩证法,这是以思辨推理为基础的思辨科学或思辨形而上学②。著作把学习当作一种塑造灵魂的活动,而人的灵魂存在着理性、激情、欲望三个部分,学习

① 亚里士多德. 政治学[M]. 吴寿彭,译. 北京:商务印书馆,1965:3.
② 黄洋. 希腊城邦的公共空间与政治文化[J]. 历史研究,2001(5):100-107,190.

是整个灵魂的一部分活动。"我们学习时是在动用我们自己的一个部分,愤怒时是在动用我们的另一个部分,要求满足我们的自然欲望时是在动用我们的第三个部分呢,还是,在我们的每一种活动中都是整个灵魂一起起作用的呢?"①其实,灵魂的三个部分是不可能分开的,它是一个整体。因此,教育的基本任务是寻求灵魂的和谐和秩序,这就需要对心灵加以训练,使心灵"温文而又勇敢"②。为此,柏拉图提出的教育要求是十分有意思的,值得我们深思。"除了搞体操训练外,别无用心,怕见文艺之神,结果会怎么样呢? 对于学习科研从来没有尝过一点滋味,对于辩证推理更是一窍不通,他心灵深处可能存在的爱智之火光难道不会变得暗淡微弱吗? 由于心灵没有得到启发和培育,感觉接受能力没有得到磨练,他会变得耳不聪目不明。不是吗?"③

虽然柏拉图没有对灵魂是什么作出明确规定,但是,柏拉图把灵魂和政体联结在一起,从政体的角度阐述灵魂的重要性:"有多少种类型的政体就能有多少种类型的灵魂。"④不论什么样的政体,核心是要建设正义的国家、善的国家,"铸造一个整体的幸福国家"⑤,就需要通过教育达到培养个人品质的目标,"正义的人不许可自己灵魂里的各个部分相互干涉,起别的部分的作用。他应当安排好真正自己的事情,首先达到自己主宰自己,自身内秩序井然,对自己友善。"⑥这样就能使自己的行为是正义的、好的行为,"指导这种和谐状态的知识是智慧"⑦。对此,柏拉图提出理智德性是教育塑造人的最高德性,把理智德性确定为教育目的,就是为了满足城邦政治的需要。只有具备理智德性的人,才能满足正义国家治理的需要。

通过教育培养人的理智德性,为城邦治理提供统治者。那么,需要采用怎

① 柏拉图.理想国[M].郭斌和,张竹明,译.北京:商务印书馆,1986:159.
② 柏拉图.理想国[M].郭斌和,张竹明,译.北京:商务印书馆,1986:122.
③ 柏拉图.理想国[M].郭斌和,张竹明,译.北京:商务印书馆,1986:123.
④ 柏拉图.理想国[M].郭斌和,张竹明,译.北京:商务印书馆,1986:175.
⑤ 柏拉图.理想国[M].郭斌和,张竹明,译.北京:商务印书馆,1986:133.
⑥ 柏拉图.理想国[M].郭斌和,张竹明,译.北京:商务印书馆,1986:172.
⑦ 柏拉图.理想国[M].郭斌和,张竹明,译.北京:商务印书馆,1986:172.

样的方法,通过哪些内容,达到理智德性培育的目标? 柏拉图说是哲学教育。根据城邦治理需要,除了城邦统治者外,还需要卫兵、市民等不同群体,这些群体在城邦治理中发挥着不一样的功能。由于在城邦治理中功能不同,需要对这些群体实施不同的教育,形成不同的教育目标。

这样,我们清楚地看到柏拉图对人的教育问题的认识,是基于治理城邦的需要。建立城邦政治制度,成为社会举办什么样教育的出发点,是回答教育是什么这个基础性问题的前提。可以说,人的教育问题,是一个城邦治理的政治问题。

对于这一点,亚里士多德的认识更加明确。人是政治的动物,城邦生活不仅带来社会生活方式一系列的变化,更重要的是引发思维方式的转变,打开思想视野。因为城邦的诞生,实质上是建立了一个以公众集会广场为中心的新的公共空间,表明人类新的秩序的形成。"适用于所有人的平等法律来代替君主、贵族和强者的绝对权力。城邦因此而呈现为一个具有中心的圆形'宇宙'。"①只是新秩序的建立,需要为建立新秩序提供相应的基础。而这个圆形宇宙构建的社会空间,秩序不再是等级,而是各种从此相互平等力量之间的平衡,统治权、政权、王权不再置于社会等级的最高层,而是置于中心、置于社会集团的中心②。因此,对这个公共空间秩序建立基础的追问、各种力量的制约与平衡以体现秩序运行的正义等城邦治理问题的思考,其实是对建立新秩序基础的政治、伦理的思考,是为城邦政治治理提供支持和合理性辩护、为城邦政治的顺利实施,要培养懂得行使各自职责、发挥各自职能的公民,从而能够有效确保城邦政治秩序、城邦生活有序运作、城邦正义的实现,这就构成了教育工作的政治前提。为此,亚里士多德继续沿着柏拉图的思路,肯定灵魂的重要性。"灵魂是我们已说过的那些能力的本原,并且由它们来定义,即由营养能力、感觉能力、

---

① 让-皮埃尔·韦尔南.希腊思想的起源[M].秦海鹰,译.北京:生活·读书·新知三联书店,1996:5.
② 让-皮埃尔·韦尔南.希腊思想的起源[M].秦海鹰,译.北京:生活·读书·新知三联书店,1996:110-111.

思维能力以及运动能力来定义。"①重视教育塑造灵魂，就是要让灵魂这些能力得到激活，如此，灵魂是作为知识前提的绝对的必然性②，培育人的理智德性，人才能具备参与政治生活的德性要求。因而，人的理智德性的政治生活体现着人的社会地位，成为人的价值的象征与体现。从这个意义上说，未经慎思的生活是不值得过的，这意味着它所追求的生活是理智的生活、沉思的生活，而对人的日常生活重要意义未能重视，必定使教育成为脱离人的日常生活的认知活动。

无疑，对这些问题的思考，反映古希腊思想家重视教育的出发点，事实上是对城邦政治生活的重视。人的生活本质上是政治生活，要建设正义的城邦，需要一批有德性的公民参与政治治理，这需要把教育作为改造城邦公民灵魂的手段，开启通向善治城邦之途。教育，尽管讲改善人的心智，使人有德性、灵魂，但对教育的需求的实质，是服务于城邦政治需要，教育成了城邦政治哲学中的一个议题。城邦治理的需要，就成为决定教育活动合理性、正当性的出发点，包括教育目的、教育方法、教育内容等。

所以，在柏拉图、亚里士多德等古希腊思想家看来，理想的城邦治理是正义的、善的，主张教育目标是养成人能够主导正义和善的行为的能力，具有正义和善的个人品性。如何使人获得正义的知识和善的理念？这正是教育的目标。柏拉图认为善的理念，乃是知识和认识中的真理的原因。真理和知识都是美的，但善的理念比这两者更美③。可以把真理和知识看成是善，但是，真理和知识不是善本身，柏拉图以可见世界和理念世界来加以说明。前者可以用逻各斯辩证的力量获取知识。而后者不靠使用任何感性事物，只能使用理念，从一个理念到另一个理念，并且最后归结到理念④，上升到绝对原理，从而使心灵获得

①　亚里士多德. 亚里士多德全集(第 3 卷)[M]. 苗力田, 等译. 北京: 中国人民大学出版社, 1992: 33-34.

②　王纬. "一神论"还是"多神论"? ——亚里士多德论不动的推动者[J]. 哲学研究, 2020(2): 96-103.

③　柏拉图. 理想国[M]. 郭斌和, 张竹明, 译. 北京: 商务印书馆, 1986: 267.

④　柏拉图. 理想国[M]. 郭斌和, 张竹明, 译. 北京: 商务印书馆, 1986: 270.

一种永远不会丧失能力的东西①，成为有能力管理国家的真正富有的人。这个富有的人，不是指富有黄金，而是富有幸福所必需的那种善的和智慧的生活②。这样，求"善"就成为教育的目的，关键是这个"善"本身就是目的。如此来说，纯粹的知识、某个职业都不是教育目的。如果教育把找到某个职业作为目的，这样的教育活动就被看作满足职业需要的功利主义目的。

因而，我们要探究与追问的问题，是把教育与普遍意义相联系，从本质上想解决什么问题？这个普遍意义又是如何产生的？所以柏拉图设定培养治理城邦首领的哲学教育，是最高教育内容和教育目标。通过教育，改善心智，造就服务城邦政治需要的自由人，这就逐步发展成为古典自由主义教育传统。亚里士多德说人是政治的动物，"政治科学"是最高主宰的科学、最有权威的科学，"正是这门科学规定了城邦需要哪些科学，哪一部分人应该学习哪一部分科学，并学习到什么程度。我们看到那些高贵的能力，如战术、理财术和讲演术都隶属于政治学。"③政治科学的目标和任务是立法规定什么事应该做，什么事不应该做。所以，一个人成为善的人，一个城邦成为获得和保持善的城邦，是非常重要的城邦治理任务。因而，让人获得善，构成古希腊的教育理念，它指导一切技术、一切研究以及一切实践和选择，都以某种善为目标，万物都是向善的④。

由此就引起对教育使人至善的方式方法的探讨，这和希腊人对理性的坚定信仰有关。希腊人一刻也不会怀疑宇宙是有规律的，它是遵循着法则的，因而是可以解释的⑤。这种解释，是用逻辑来表达观点和思想，遂形成了对话、辩论的方法。这个教育方法，看起来是通过教育培养人的文法和修辞的技艺，而这些技艺恰恰是城邦政治活动所必需的。因为只有掌握这些技艺，才能参与公民大会，在公民大会中表达观点。教育是对话与说服技艺，在《理想国》中进一步

---

① 柏拉图.理想国[M].郭斌和，张竹明，译.北京：商务印书馆，1986：278.
② 柏拉图.理想国[M].郭斌和，张竹明，译.北京：商务印书馆，1986：281.
③ 苗力田.亚里士多德选集·伦理学卷[M].北京：中国人民大学出版社，1999：5.
④ 苗力田.亚里士多德选集·伦理学卷[M].北京：中国人民大学出版社，1999：3.
⑤ 基托.希腊人[M].徐卫翔，黄韬，译.上海：上海人民出版社，2006：171.

提升教育层次,不仅是培养演说家,而是要开展哲学家的教育。苏格拉底则提出整全的教育,教育最高目标是理智德性。哲学家对最高知识的追求虽然没有穷尽,却能使得人心灵透过洞穴的阴暗,触摸到一丝光亮①。亚里士多德强调政治科学是最权威的学科,但不主张青年人一开始就学习政治学。政治学的目的不是知识而是实践,这不是青年人本应学习的课程,他们对生活尚无实践经验,还为情感所左右。

为此,让青年人从生活中学习成为基本命题,而生活则有"享乐生活、政治生活和思辨的、静观的生活"等三种生活选择,教会青年人选择哪一种生活至关重要。亚里士多德认为对这三种生活作出选择,实质是对"财富、荣誉和思辨"三类生活作出选择,财富和荣誉都能给人带来快乐,但都依附于他物,只有思辨才是无待外求的、固有的本己的善②。选择哪一类生活,目标是幸福,"幸福是一种合乎完满德性的实现活动"③。这就需要重视幸福和德性的关系。德性有理智德性和伦理德性。理智德性主要由教导而生成,由培养而增长。伦理德性则是由风俗习惯沿袭而来,没有一种伦理德性是自然生成的,德性既非出于本性,也非反本性生成,而是自然地接受了它们,通过习惯而达到完满④。这里,亚里士多德很清楚地肯定德性需要培育、需要"习惯"去改变、去塑造,一切德性都是生成的⑤。比如我们做公正的事情才能成为公正的,进行节制才能成为节制的,表现勇敢才能成为勇敢的⑥。所以,立法者就通过习惯造成善良的公民,使公民变得善良和服从法律。无疑,这是政治学关切的课题。这样,就把政治学研究和德性问题联结起来,政治学的研究就应该以人的德性为对象⑦。这就要进一步考察德性是什么的问题。

① 渠敬东. 现代社会中的人性及教育:以涂尔干社会理论为视角[M]. 上海:上海三联书店,2006:8.
② 苗力田. 亚里士多德选集·伦理学卷[M]. 北京:中国人民大学出版社,1999:9.
③ 苗力田. 亚里士多德选集·伦理学卷[M]. 北京:中国人民大学出版社,1999:26.
④ 苗力田. 亚里士多德选集·伦理学卷[M]. 北京:中国人民大学出版社,1999:30-31.
⑤ 苗力田. 亚里士多德选集·伦理学卷[M]. 北京:中国人民大学出版社,1999:31.
⑥ 苗力田. 亚里士多德选集·伦理学卷[M]. 北京:中国人民大学出版社,1999:31.
⑦ 苗力田. 亚里士多德选集·伦理学卷[M]. 北京:中国人民大学出版社,1999:27.

一切德性,只要某物以它为德性,就不但要使这东西状况良好,并且要给予它优秀的功能①。这样的德性是和人的选择有密切关系的,行为既可以是对善事的行为,也可以是对恶事的行为,做一个善良之人还是邪恶之人,总是取决于我们自己②。可见,在亚里士多德看来,德性要取决于人自己,是一种"实现活动"③。德性不是事物的本原,也不是事物普遍理念的分有,我们现在讨论的是社会政治活动的知识或能力,不讨论理念意义上的善④。从这些基本观点看,重视人的德性、善的塑造,一方面强调德性、善是可以塑造的,而且需要塑造,它不可能是存在于事物的本质、本原之中,不是事物的本质规定属性。另一方面强调德性是行动的、活动的,必须见之于行动。

二、个人主义政治哲学中的德性之教

文艺复兴、宗教改革引起社会政治理念的变革,既不同于古希腊罗马社会对超验政治的追求,又不同于中世纪确立的宗教神权政治,而是实现了国家政治统治权的世俗化、民主化,个人的地位和价值受到重视。因而,文艺复兴以来尤其是进入思想启蒙时期,遵循民主国家需要,造就人懂得运用理性、运用自由权利,成为教育研究与实践的基本议题。

洛克的教育主张是造就自由公民,而人的心灵世界是一块白板。使不成熟的自然人成为自然权利的拥有者,使人能够从精神上、身体上自我支配,以服务于进入社会政治秩序的需要。这需要通过教育培育人性中的优点、压抑人性中的劣点,让理性获得生长,成为能参与政治活动、享有自由的人。这是洛克教育方案的主要观点。对于洛克的教育观点,我们总是理解成洛克经验论教育学说,理解成洛克主张教育者可以向受教育者实施灌输教育,受教育者是被动的

---

① 苗力田.亚里士多德选集·伦理学卷[M].北京:中国人民大学出版社,1999:38.
② 苗力田.亚里士多德选集·伦理学卷[M].北京:中国人民大学出版社,1999:58.
③ 苗力田.亚里士多德选集·伦理学卷[M].北京:中国人民大学出版社,1999:267.
④ 苗力田.亚里士多德选集·伦理学卷[M].北京:中国人民大学出版社,1999:262.

接受者。其实,这可能误读了洛克对教育的理解。在《人类理解论》等著作中,洛克提出个人欲望需要被控制、被压制,才能控制人性发展,避免人的自私心膨胀,导致人的道德能力的下降,就无法建构理想的民主国家。洛克主张从童年时期起就要严加看管,"这种克制的习惯一旦养成,对于他不再处于女仆或家庭教师的监视之下时,仍能保持良好的行为"①,这样就能适应儿童成长需要。因为随着儿童的成长,需要给予儿童更多的自主选择自主决定的机会,"很多事情就必须信任他们,听凭他们自己去处置,因为不可能有那么多精力时时地监视他。所以,最好的、最保险的办法就在于将良好的原则植入他的心灵,让他养成习惯。"②

因此,采取什么样的教育,以引导儿童从小能够自觉克服不合理欲望的膨胀,"一切德行和优点的原则在于克制自己耽于满足欲望的能力"③。这就需要社会建构以尊重人的自由成长为假设的"开明政治"。"任何人放弃其自然自由并受制于公民社会的种种限制的唯一的方法,是同其他人协议联合组成为一个共同体,以谋他们彼此间的舒适、安全和和平的生活。"④然而,在洛克看来,传统社会的父权主义政治权威,"随着时间的推移,由初民时代漫不经心和缺乏预见的天真心理的造成的种种惯例便带有权威和(有些人要使我们相信的)神圣的性质,同时也产生了另一类型的继承者,到了这个时候人民感到他们的财产在这个政府下不像以前那样能获得保障"⑤。这就是说,结成了公民社会,但却受制于另一个人的政治权力。以此主导教育活动,必然会干涉儿童心灵世界的成长,背弃儿童自由成长发展的规律。因此,洛克反对社会教育。反对社会教育,并不是把个人与社会对立起来,使教育陷入纯粹自然状态之中。事实上,洛克要反对的是强权社会,那种漠视个人独立自由存在的"社会公权"。因此,从儿

---

① 约翰·洛克.教育片论[M].熊春文,译.上海:上海人民出版社,2005:103.
② 约翰·洛克.教育片论[M].熊春文,译.上海:上海人民出版社,2005:103.
③ 约翰·洛克.教育片论[M].熊春文,译.上海:上海人民出版社,2005:121.
④ 洛克.政府论(下篇)[M].叶启芳,瞿菊农,译.北京:商务印书馆,1997:59.
⑤ 洛克.政府论(下卷)[M].叶启芳,瞿菊农,译.北京:商务印书馆,1997:58.

童的教育起,就要为儿童创造自由成长的空间,让儿童获得成长的自由,最终成为符合自由社会需要的自由公民。所以,在洛克看来,教育就是要让孩子克服自身欲望膨胀的倾向,把对自身欲望"好"与"坏"的判断,逐步上升到理性的认识,从而养成"好"与"坏"的观念,使人能够管治自己。对此,洛克在《教育漫话》中称教育是私人范围的事。但它对公众事务也极为重要。国家的幸福和繁荣,和儿童接受良好的教育密切相关。因此,要研讨最容易、最简捷的方法,以便达到训练儿童成为有德性、有用、能干人才的目标①。洛克把儿童的教育看作家庭的、私人的私事,转向成是社会公众、国家的"公共大事",对教育认识的转变,使教育成为实实在在的政治教育。

卢梭在《爱弥尔》中也有同样观点。"我们生来是一无所有的,所以需要帮助;我们生来是愚昧的,所以需要判断的能力。我们在出生的时候所没有的东西,我们在长大的时候所需要的东西,全都要由教育赐与我们。"②卢梭把教育分成自然的教育、物的教育和人的教育,每一个人都需要由这三部分教育培养,必须使这三部分教育朝着同样的教育目标,相互之间不能发生矛盾和冲突,这样才能发挥教育作用。要使这三种教育保持协调和一致,避免教育矛盾和冲突,最关键的因素是取决于社会制度。好的社会制度"知道如何才能够最好地使人改变他的天性,如何才能够剥夺他的绝对的存在,而给他以相对的存在,并且把'我'转移到共同体中去,以便使各个人不再把自己看作一个独立的人,而只看作共同体的一部分。"③这段论述表明卢梭看到了社会制度与教育的相关性问题,他主张好的社会制度是使人成为共同体中的人,教育的任务就是帮助人成为共同体中的一员。

但是,十八世纪的欧洲社会,正面临着科学知识发展是否会对社会道德传

---

① 纳坦・塔科夫.为了自由:洛克的教育思想[M].邓文正,译.北京:生活・读书・新知三联书店,2001:154.

② 卢梭.爱弥尔[M].李平沤,译.北京:商务印书馆,1978:7.

③ 卢梭.爱弥尔[M].李平沤,译.北京:商务印书馆,1978:10.

承产生影响的争论,面临着要回答科学技术发展与传统的人文教育能否为现代人的道德确立根本基础的重大时代课题。在卢梭看来,古典时代的完美,其根本并不在于哲学和修辞学的兴盛,而在于人的单纯性,人们天真而有德性,乐于让诸神明察他们的作为,与诸神同栖在茅屋中①。而经历文艺复兴、宗教改革之后,人们在赶跑诸神的同时,恰恰越来越远离自己的天性和守护的神。如何才能解决这些问题?卢梭认为传统的人文教育已经不能为现代社会奠定人性秩序和政治秩序。因而,必须要探究现代人性秩序和政治秩序的建构需要依赖怎样的教育?教育是如何为人性秩序和政治秩序奠基的?对这个重大时代问题的思考,或许在有些人看来是"一个空想家对教育的幻想"②。但是,这的确是一个必须考虑与解决的问题。在《爱弥尔》前言中就阐述了写作缘由:"在所有一切有益人类的事业中,首要的一件,即教育人的事业,却被人忽视了。"③这就迫切需要去研究儿童,提出教育儿童的方法。"我们对儿童是一点也不理解的:对他们的观念错了,所以愈走就愈入歧途。"④为此,卢梭认为要不同于流行的教育观点,提出"最可行的办法",使爱弥尔成为一名自由公民,不被世俗不良风气影响,按照自然要求游历各个民族和各个国家,在观察和经历中感受政治社会、认识政治社会、接纳政治社会,成为能够参与现代社会政治活动的自由公民。

受卢梭影响,康德重视通过教育塑造人的德性。他认为人贵在有"自我"的观念,"人能够具有'自我'的观念,这使人无限地提升到地球上一切其他有生命的存在物之上。"⑤这就使人可以决定并为自己的行动原则立法。那么,如何使人掌握或培养自己?"人类应该将其人性之全部自然禀赋,通过自己的努力逐步从自身中发挥出来。"⑥可见,这是康德对教育作用的肯定。只是康德强调教

---

① 渠敬东,王楠.自由与教育:洛克与卢梭的教育哲学[M].北京:生活·读书·新知三联书店,2012:155-156.
② 卢梭.爱弥尔[M].李平沤,译.北京:商务印书馆,1978:3.
③ 卢梭.爱弥尔[M].李平沤,译.北京:商务印书馆,1978:2.
④ 卢梭.爱弥尔[M].李平沤,译.北京:商务印书馆,1978:2.
⑤ 郑保华.康德文集[M].北京:改革出版社,1997:431.
⑥ 康德.论教育学[M].赵鹏,何兆武,译.上海:上海人民出版社,2005:3.

育目的是培育人的道德自律的意识与能力，使人能够做到自我立法，完全自由地遵循自己的道德信念，成为一个自由的公民，这是康德提出实现人的道德自由的教育构想。因此，在康德看来，教育的作用是促进人性全部自然禀赋的发挥。关于这一点，康德在 1776 年科尼斯堡大学讲授教育学时作了详细阐述。康德指出自由的道德实践是人的存在本质，结合人的成长特点，人的教育就需要经历养育的自然教育和道德的实践教育。前者主要是顺应人的自然成长，给予必要的养护和规训，而后者则是使人成为自由的人的关键。为此，康德对教育总目的及其实现方式提出一个体系性的概念，包括和技能有关的心灵各种能力的一般培养，以及低等知性能力和高等知性能力的心灵各种能力的个别培养。①。

康德追求教育使人自由的目标，这是近代以来人的主体地位意识与观念在教育中的落实。但是，康德把学习者主体认识结构作为讨论学习与教育问题的出发点。在他看来，人的认识结构由感性、知性、理性三部分组成。感性是通过我们被对象所刺激的方式来获得表象的这种能力，这种感性能力，不仅人具有，动物也具有，它只是人产生知识的一般条件。但更重要的条件是知性。"所以直观和概念构成我们一切知识的要素，以至于概念没有以某种方式与之相应的直观、或直观没有概念，都不能产生知识。"②不过，知性也只是提供没有客观实在性的思维形式，需要理性给予这些思维形式进行再加工。"在推论中力图将知性知识的大量杂多性归结为最少数的原则（普遍性条件），并以此来实现它们的最高统一。"③这样，与主观状态相关的知觉为感觉，客观的知觉为知识，知识则或为直观，或为概念。前者直接与对象相关，后者以种种事物所共有之形态间接与对象相关，概念或为经验的概念，或为纯粹的概念，纯粹概念又名为悟性

---

① 康德.论教育学[M].赵鹏,何兆武,译.上海:上海人民出版社,2005:31-32.
② 康德.纯粹理性批判[M].邓晓芒,译.北京:人民出版社,2004:51.
③ 康德.纯粹理性批判[M].邓晓芒,译.北京:人民出版社,2004:265.

概念①。因而,康德认为,启迪人的理智、理性,就可以脱离人的现实生活、感性经验,知识学习、知识教育,就成为知识、理性的概念活动。这就需要把这种概念活动确立为教育的最高目标,实现提升人的德性的教育目的。就此意义上说,面向实际的知识学习、生产技能活动,就不是教育的重要课题。

黑格尔在1809—1815年做了五次中学讲演,阐述他的教育理念,其间他担任纽伦堡中学校长。他强调教育要远离一种从外部强迫的教育政治化,也要区别于洪堡的贵族制教育个人主义,强调人能够自己教育自己,就是个人将自己提高到精神的普遍本质②。要做到这一点,黑格尔讨论了劳动的意义,不过,黑格尔主要是论述劳动对人的自我意识和精神的重要意义,强调劳动是一种"精神的方式"和"理性活动"③。在《精神现象学》中讨论了哲学性或精神性的劳动,受古典政治经济学劳动观的影响,在《法哲学原理》中讨论劳动价值论,把劳动规定为对自然所提供的材料进行加工和造形的活动④。但是,黑格尔对劳动的阐释和把握,根本是在普遍的精神概念下进行的,所以劳动对于他来说既不是特殊意义上的"非生产性劳动",也不是一般意义上的"生产性劳动",而是在绝对本体论意义上的"精神劳动"⑤,"黑格尔唯一知道并承认的劳动是抽象的精神的劳动"。⑥

但对于空想社会主义者傅立叶来说,他主张要把教育和理想社会建设联系起来,他对理想信念的构想,是通过满足人的激情而获得幸福和完美的社会。依据他构想的社会目标,他认为现代社会文明出现了危机,特别是出现了商业的浪费和不道德现象,以及人的欲望、激情受到压抑的问题。为解决这些问题,

① 康德.纯粹理性批判[M].蓝公武,译.北京:商务印书馆,1960:259.
② 卡尔·洛维特.从黑格尔到尼采:19世纪思维中的革命性决裂[M].李秋零,译.北京:生活·读书·新知三联书店,2006:392.
③ 白刚.劳动的张力:从斯密、黑格尔到马克思[J].哲学研究,2018(7):34-40.
④ 王兴赛.从黑格尔的"Handlung"到马克思的"Praxis":19世纪上半叶德国实践哲学的两个主题词及其演替[J].哲学研究,2020(2):31-39,127.
⑤ 白刚.劳动的张力:从斯密、黑格尔到马克思[J].哲学研究,2018(7):34-40.
⑥ 马克思恩格斯文集(第1卷)[M].北京:人民出版社,2009:205.

傅立叶给自己设定了理论使命是"在某种新的科学里面寻求社会幸福"①,这种新科学就是"情欲引力论"②,并以这一理论为基础创建和谐社会。与建设和谐社会相适应,傅立叶提出教育要以人的和谐发展为目标。"教育的目的在于实现体力和智力的全面发展,使人们把全部精力,甚至于娱乐都用在生产劳动上"③。但是,在文明制度下的教育陷入了危机,它把儿童引导到与本性相反的方向,这是与本性和良知相抵触的教育。产生这些现象是因为文明社会不是一个协作的、计划的社会,是不符合宇宙和世界运动规律。文明社会"只知道按照资本即投资的多寡来平分。那就是个算术的问题"④。这需要把握宇宙和世界运行规律,这个规律就是傅立叶的"情欲引力论"。遵循情欲引力论,社会制度有了合理依据。与此相联系,他提出了实施符合人的发展特点要求的教育策略。

和傅立叶观点不同,欧文强调人性是可塑的,可以通过改变环境、给予充分的理性教育,达到改变性格的目标。欧文一再强调"环境决定着人们的语言、宗教、修养、风尚、意识形态和行为性质"⑤。这样,就要改变以往对人的性格形成的错误观点,"每一个人的性格是由他自己形成的这一无比严重的谬误"⑥,相反,"'人是环境的产物',他一生的每一时刻中所处的环境和他的天生品质使他成为什么样的人,他就是什么样的人"⑦。所以,欧文寄希望通过学校教育改造人的性格,造就理想的新人。

可见,思想家重视教育对人的改造作用,但这个改造,重点是改造人的德性,以及传授科学知识以改进人的理性认知能力,由此促进人成为自由的人。只是这一时期对人的自由问题有了新的理解,不再把城邦作为评判自由的标准

① 傅立叶.傅立叶选集(第1卷)[M].赵俊欣,吴模信,徐知勉,等译.北京:商务印书馆,1979:3.
② 傅立叶.傅立叶选集(第1卷)[M].赵俊欣,吴模信,徐知勉,等译.北京:商务印书馆,1979:11.
③ 傅立叶.傅立叶选集(第2卷)[M].赵俊欣,吴模信,徐知勉,等译.北京:商务印书馆,1981:2.
④ 傅立叶.傅立叶选集(第2卷)[M].赵俊欣,吴模信,徐知勉,等译.北京:商务印书馆,1981:1.
⑤ 欧文.欧文选集(第2卷)[M].柯象峰,何光来,秦果显,等译.北京:商务印书馆,1981:47.
⑥ 欧文.欧文选集(第1卷)[M].柯象峰,何光来,秦果显,等译.北京:商务印书馆,1979:69.
⑦ 欧文.欧文选集(第1卷)[M].柯象峰,何光来,秦果显,等译.北京:商务印书馆,1979:345.

和依据,而是强调人的理性、权利。这一点,无论是自由主义还是社群主义,他们在关于人的理性、知识、权利等问题的认识上是达成了共识,分歧就在于把个人作为纯粹的单独的个人来理解人的自由问题,还是从人是社群中的人的视角理解人的自由问题。

无论是自由主义的观点,还是社群主义的主张,对于教育要造就自由的个体、独立的个体,这是他们共同的认识。因此,他们都强调教育任务是追求知识和发展理解力,追求知识必须纯粹是为了知识自身的发展,而不是把获取知识视为工具,用来达到一些其他目的①。因此,他们不希望把教育和职业目的或功利主义目的联系起来,相反,他们更主张教育是和德性修炼相关的实践之学。

毫无疑义,如果离开人的日常职业活动、技术创新、技能培养等问题来讨论教育的目的、教育的意义,就不能完整全面地把握教育的含义。但是,只是把教育看作超越功利的"自由"教育,这样的认识也是有局限的。尤其是近代科学勃发后,科学知识在推进社会变革中的作用更显突出,学校教育更加重视知识的传授,变成了教师教授知识和学生学习知识的知识教育,对教育作这样的理解,显然是有局限的。如何处理知识教育和德性培养关系,建立满足人的自由全面发展的教育体系,这是值得研究的现实课题。

三、受政治哲学规范德性之教的限度

教育对人的知识、道德、情感产生影响,改进人的认知能力,发展人的道德水平,提高人的自由、自主的实践能力。这些教育论断,说明了促进人的心智改善、知识获得、能力增长等教育功能,是多因素综合发展的结果。这就是说,只有人在社会中,才能实现人的德性完善、理性发育、能力提升等人的发展目标,这决定了人的发展不是个人私事的问题,是国家和社会的公共大事,关系到社

---

① 肯尼思·A.斯特赖克,基兰·伊根.伦理学与教育政策[M].刘世清,李云星,译.北京:北京大学出版社,2013:4.

会和国家的利益,这就需要把教育看作一项社会和政治实践。因而,能否真正使人享有受教育权利,建立真正平等公正的高质量教育体系,是和社会制度密切相关的公共大事,并不是如洛克所说是天赋权利,"人类一出生即享有生存权利,因而可以享用肉食和饮料以及自然所供应的以维持他们的生存的其他物品"①。其实,人类倡导的平等、自由、正义等政治哲学期待的核心价值观,是人类历史发展的产物。人具有的权利以及自由、民主、公正、正义等价值观,人的语言、知识、能力、思想观念等"属人的"因素,并不是先验的,不是与生俱来的,而是在特定的社会实践活动中获得建构的。即便是人的思想观念、价值观念发生了冲突和矛盾,都是需要回到每个人、每一个社群的具体场景中给予解决。罗蒂说:"古希腊人性观和后达尔文的、杜威式人性观的差异是封闭性和开放性的差异,是'不变事物的可靠性'与'维特根斯坦式和惠特曼式不可预期的变化的传奇性'的差异。传奇性希望的这一因素,以想象力取代确定性,以好奇取代傲慢的这一愿望,打破了古希腊人在沉思和行动之间的区分。"②罗蒂指出古希腊人性观与杜威人性观的差异,就在于是否关注现实政治实践,因为现实政治实践具有复杂性、多样性特点。现实社会生活又是变化、发展的,以超验世界的一种绝对、普遍理念给予规范与约束,这是不可能的。所以,我们仅仅培养心智完善、懂得拥有自身权利的公民,那是"消极公民"。一旦面对复杂的政治实践时,"消极公民"就会不知所措,陷入更深的迷茫,逃避现实,无法去应对价值冲突,寻求政治共同性的实践。这就需要培育阿伦特所说"积极公民",使他们掌握政治思考力来积极地生活。

在阿伦特看来,人要成为一个真正的人,就要积极投入公共领域参与政治交往活动。关心公共领域、参与公共事务活动的人,才是真正属于人的活动,这也是人存在的条件。她谈到"一个人如果仅仅去过一种私人生活,如果像奴隶

---

① 洛克.政府论(下篇)[M].瞿菊农,叶启芳,译.北京:商务印书馆,1964:18.
② 理查德·罗蒂.后形而上学希望:新实用主义社会、政治和法律哲学[M].张国清,译.上海:上海译文出版社,2003:76.

一样不被允许进入公共领域,如果像野蛮人一样不去建立这样一个领域,那么他就不能算是一个完完全全的人"①。因此,这就需要把培养能够参与政治生活的人作为教育目标,通过教育,培养积极参与公共领域的合格公民。如果我们的教育活动不是定位这个目标,那就意味着教育培养的人缺失参与社会公共生活的意识与能力,无法成为一名具有公共立场的人,如果这样的人群获得扩增,社会就会陷入极权主义的危险。

要把人培养成为积极参与公共领域的合格公民,关键是要解决社会生活中的价值选择难题。这需要人的理性、智力,需要一种政治思考力,更需要在人和社会的实际交往中才能使"思考力"变成现实。即便是人与人之间的对话与交流、沟通,它也不只是一种概念的逻辑游戏,而是一种现实的实践。

从上述讨论可知,思想家们努力通过自由教育为社会造就自由的人,这是值得肯定的。利用学校教育渠道,让年轻人逐步学会独立思考独立判断,这是十分有意义的教育活动。然而,不能遗忘这样的事实,即便学校充分考虑和尊重学生的学习兴趣,鼓励学生进行自主学习、自由抉择、独立探究,但这只能是使学生获得理智的自立,它未必能确保个体成为具有独立意识和能力的社会主体。"实施个人自主往往成为一种口号。事实上,个人自主似乎已经成为那些幻相之一,在这些幻相的名义下,人们正在背叛着那些为尽可能多的人提供自由教育的努力。"②

四、马克思以感性活动阐释德性之教

谈及教育塑造人的德性,使人成为自由的人,这不只是关于人的理智自主自立的问题;而是涉及人的政治思考力。这意味着研究教育与人的德性问题,不仅是一个教育问题,更是一个政治哲学关切的议题。

---

① 汪晖,陈燕谷.文化与公共性[M].北京:生活·读书·新知三联书店,1998:70.
② 肯尼思·A.斯特赖克,基兰·伊根.伦理学与教育政策[M].刘世清,李云星,译.北京:北京大学出版社,2013:91.

回溯政治哲学史，我们可以看到对人的重视，古希腊柏拉图政治哲学思想中围绕建构的"理想国"，着眼于建立正义城邦的需要，分类型地阐述培养治理城邦的哲学王或是守卫城邦士兵的教育理想。近现代洛克建立了以自然法论证人的自由、平等权利为核心的政治哲学思想，提出了教导人成为懂得权利和义务的自由和理性的人，是极其迫切的任务，如此就把教育变成是"管治人的艺术"，学校教育或父母权力远远不能达到政治权力，但它已经在行使管治人民的权力。

虽然不同历史时期政治哲学价值取向存在差异，但是，政治哲学议题的社会性、历史性是共同特征，这也影响着马克思的思想建构。早在《共产党宣言》中，马克思明确提出要打碎旧世界创造新世界的目标，提出实现人的全面解放的目标。当然，马克思提及的人，是现实社会中的个人。因此，要解决人的问题。马克思明确提出解决人的问题要抓住事物根本，这个根本就是人，是生活在现实社会中的人。《晚期海德格尔的三天讨论班纪要》提到，马克思具有一个关于人的理论想法，但这个想法和黑格尔的想法不一样，是对黑格尔关于意识、观念优先观点的颠倒，即提出存在先于意识的优先地位。这个存在，马克思认定是生产过程①。从生产中发现人的存在秘密，由此开启探询和回答人的问题的通道，建构人与社会发展的理想目标。马克思接住了这个历史接力棒，抓住生产这个最常见的人的活动方式，深入分析隐藏在生产、劳动背后的秘密，这就是马克思回答的人的存在秘密。因为马克思把生产设想为：社会之社会性生产——社会生产其自身——与人作为社会存在体的自身生产②。这既是生产产品的生产，也是人生产自身的生产。人在生产中，早期是受制于物的控制，人依赖物才能获得生存。而生产的发展，人的日常生活出现人对人的依赖特征，不自主、不自由的生存处境成为常态。马克思对人的生存特征的这一判断已经被

① F.费迪耶，等.晚期海德格尔的三天讨论班纪要[J].世界哲学，2001(3):52-59.
② F.费迪耶，等.晚期海德格尔的三天讨论班纪要[J].世界哲学，2001(3):52-59.

历史发展证实。

人是被人自身生产出来的。经济、政治、教育等人的活动,变成了一种自身生产的方式,正是这种人与人结合在一起的理智生活、社会生活、经济生活导致了社会政治的产生。人生产什么、怎样生产,这不仅是一个经济问题,而且是一个政治问题,当代新唯物主义思想家肯定,"人民才是政治的物质生命力,不管他们可能感觉或者可能就是如何异化,如何被剥夺的,如果被剥削的,没有人民的同意——无论是承认还是否认,缄默的还是表达的——没有他们给予生命的力量,这个体系都会枯萎和死去"[1]。因此,要建构现代民主国家,就要使人民真正成为政治的物质生命力,就要告诫人民不要以为"一个国家会将民主安装到另一个国家;民主决不会通过枪杆子而得以扩展",要使人民"把自己认作是具有原动力的政治代理人"[2],以此完成"政治生产的前条件"[3]。可见,政治社会的建构,必须重视人民的因素,这关系着政治问题是谁决定的关键问题。斯宾诺莎的观点早就揭示了这一点,斯宾诺莎把政治权力看作人民权力,"由人民的权力所定义……为任何负责国家事务的人所绝对占有。"[4]如果顺着斯宾诺莎的观点,确立了人民掌握原本就是他们自己的权力的民主梦想。因而,我们就必须要追问人民怎样才可以决定自己的命运、决定我们去掌握民主的政治权力?也就是说,我们社会如何利用教育造就追求民主梦想的人民。

尼采批判了当时德国教育存在的问题。他指出如果让人生活在一个沉迷于其历史过往的社会中,这是对个人成长的一种障碍。而当时德国教育就在于引导人走向服从,过着一种虚伪的生活,不会使用自身的"自由意志",为生存创

---

① 克莱顿·克罗齐特,杰弗里·W.罗宾斯.哲学、政治与地球:新唯物主义[M].管月飞,译.芜湖:安徽师范大学出版社,2019:49.
② 克莱顿·克罗齐特,杰弗里·W.罗宾斯.哲学、政治与地球:新唯物主义[M].管月飞,译.芜湖:安徽师范大学出版社,2019:56.
③ 克莱顿·克罗齐特,杰弗里·W.罗宾斯.哲学、政治与地球:新唯物主义[M].管月飞,译.芜湖:安徽师范大学出版社,2019:55.
④ 克莱顿·克罗齐特,杰弗里·W.罗宾斯.哲学、政治与地球:新唯物主义[M].管月飞,译.芜湖:安徽师范大学出版社,2019:59.

造一种意义。尼采指出教育问题根源在于社会政治。他说当时俾斯麦的德国是"德意志愚昧化"的时代，"俾斯麦把德意志精神压缩成民族的东西，强迫德国人服从大政治，给他们堆起一个帝国和政权的巨型怪物，促使德意志民族牺牲古老的德性，为的是给它一种'国会教育'来替代，并使作为一个思想家的民族的德意志民族声名狼藉"①。为此，尼采寻找返回到一种原初的教育的真正需要，即一种在其真实的人性的整体上塑造和教育人的教育②。这意味着尼采对当时德国教育批判，是对流行的人道、人性立场的批判，这显然是对当时社会开展教育活动的理论前提作出批判，由此提出未来教育是返回人性、基于人道的教育实践。

着眼于人性解放的教育理想，在20世纪后期的"批判教育学"理论与实践中得到更加生动、丰富的表达。和尼采观点不同，批判教育学反对社会把教育作为追求经济效率的手段，他们认为学校责任是培养公民，个人自由和天赋能力必须得到最大限度的发展，社会改善一定是个人充分发展的必然结果，学校绝对不是百货公司③。为此，他们批判发达国家教育走向了技术主义、量化主义的误区，主张教育回到人的培养这个主题上来，教师首要职责是把学生培养成具有批判精神的公民④，从而使这个国家真正成为充满批判精神的民主社会，学校变成为公共生活而教育学生的机构⑤。

应该说，20世纪中后期以来，资本主义全球扩张导致金融危机，市场自由化导致个人主义思想，数字化生活场景的拓展，引起生活方式和传统价值观的

---

① 卡尔·洛维特.从黑格尔到尼采:19世纪思维中的革命性决裂[M].李秋零,译.北京:生活·读书·新知三联书店,2006:409-410.
② 卡尔·洛维特.从黑格尔到尼采:19世纪思维中的革命性决裂[M].李秋零,译.北京:生活·读书·新知三联书店,2006:412.
③ 亨利·A.吉罗克斯.跨越边界:文化工作者与教育政治学[M].刘惠珍,张弛,黄宇红,译.上海:华东师范大学出版社,2002:11.
④ 亨利·A.吉罗克斯.跨越边界:文化工作者与教育政治学[M].刘惠珍,张弛,黄宇红,译.上海:华东师范大学出版社,2002:17.
⑤ 亨利·A.吉罗克斯.跨越边界:文化工作者与教育政治学[M].刘惠珍,张弛,黄宇红,译.上海:华东师范大学出版社,2002:21.

分化,人的日常生活风险不断增强。在这样的困境中,以批判教育学为代表,一批教育思想家坚持从教育中找回人的存在理想,避免人被过度物质化观念工作制度所规训,要切实维护人的尊严,使人获得民主权利。就如研究者质疑哈佛大学这样的高等学校,认为这类高校的功利主义思想已经大行其道,"经济动机成为'象牙塔'教育的主题,这导致大学的指导思想失去了根本的教育宗旨及其与社会的联系"①。面对教育问题,联合国教科文组织在 2015 年发表《反思教育:向"全球共同利益"的理念转变?》的报告,报告主题就是针对当前社会变革的背景下,追问教育的宗旨是什么? 我们在 21 世纪需要怎样的教育? 报告指出当前全球各个国家普遍重视人权和人的尊严。但是,各个国家不宽容现象和冲突问题依然层出不穷。新的权力中心正在形成,不平等正在走向深层。面对世界的变化,教育也必须变化。这意味着超越识字和算术,以学习环境和新的学习方法为重点,以促进正义、社会公平和全球团结。教育必须教导人们学会如何在承受压力的地球上生活;教育必须重视文化素养,立足于尊重和尊严平等,有助于将可持续发展的社会、经济和环境等方面结为一体。

对于今天许多人来说,这些观点已经变得越来越具有吸引力。因为民族—国家之间存在着利益的划分,资本—市场导致人的利益差异,如何真正实现如联合国教科文组织报告中倡导的面向全球共同利益的教育? 从而使教育具有维护人权和尊严、消除贫穷、强化可持续性的使命,创造能够为所有人建设更美好的未来,建立以权利平等和社会正义、尊重文化多样性、国际团结和分担责任为基础的现代学校教育。

联合国教科文组织着眼于全球国际政治视域阐述教育主张,要实现这些教育主张,必须要回答这样的问题:面向每一个个体的教育,如何才能塑造社会性的个人? 也就是说,教育的社会功能,要通过受教育者个人素养、能力的变化而得到展现,这是不现实的。但教育自由、自主教育的改革发展,首先是要回答这

---

① 哈瑞·刘易斯.失去灵魂的卓越[M].侯定凯,译.上海:华东师范大学出版社,2007:2.

个问题,这就需要回到马克思所说的人本身,从人本身着眼而不是从全球国际政治着眼来思考教育问题。当然,这样说,不会否定我们树立教育的全球视野、教育的民族视野、教育的国家视野等等的重要性。这是因为所有的教育理想、教育功能的实现,必定要为教育功能的实现找到奠基之处,这就是马克思强调的人本身。

马克思生活的城市和接受的教育,使他传承了古希腊自由主义思想和启蒙的民主政治理想。大学毕业进入社会工作,马克思通过对人的日常物质生产领域的考察,研究人的异化规律,把人看作和自然界、现实社会发生交往关系的客观存在者。这种客观的交往活动,不仅依赖于人的认知、情感、意志等展开活动,而且它必须依赖于现实社会,并把它作为活动的物质基础。这样,人就不会使用抽象的、虚无的方式开展活动。对此,马克思称之为人的感性活动、是感性的存在。关于这个说法,马克思继承费尔巴哈的人本主义观点,但他超越了费尔巴哈的立场。因为马克思把感性的人与现实社会生活融合起来,把人看作感性活动的存在,是现实的人和对象世界的相互交往的过程。这种交往,认识和改造了对象,也认识和改造了人自身,人解决了生存问题,也获得了发展。

这是立足人生活的现实社会,探讨解决人的问题的思想方式。要形成这种思考和解决问题的思想方式,需要思想家长期努力和探询。其实,马克思对人的自由问题的认识,也经历了一个发展变化过程。在他的中学时期关于青年人选择职业的作文中,他提出要为人类利益而奉献自己的崇高理想,这种理想反映出马克思对人类、对人的价值的思考是有理想主义的成分。在博士论文中,他对自由的思考,体现着他与青年黑格尔派思想相一致的人本主义观点。而在《神圣家族》《179 号科伦日报社论》等论著中,马克思逐步批判青年黑格尔派观点,思考影响、制约理性自由、精神自由的本质因素,也开始思考国家是否是一个道德共同体的根本问题。在《黑格尔法哲学批判》《论犹太人问题》《黑格尔法哲学批判导言》等文章中,马克思对人与真实生活分离的观点展开批判,指出在现代国家里"原子化的"个人表面上的"代表",实际上是人们疏远真正的人自身,国家意味着一种无生命的和歪曲的"形式"强加给活人①。进而,马克思指出人是真实的、鲜活的个人,这就是说,人决不可能由国家"建构"出来。相反,宪政、国家源自真实的、鲜活的个体。

继而,为使人成为现实的存在,马克思研究克服人的抽象的、非现实性存在的方案。在《1844年经济学哲学手稿》中把非对象性存在物看作非现实性的、非感性的存在,"非对象性存在物,是一种非现实的、非感性的、只是思想上的即只是想象出来的存在物,是抽象的东西。"②为此,要找到对象性存在,使人和客观存在的对象物进行交往,在交往中认识、体验、感受到对方的客观存在,也在对方客观存在中反思自身、改造自身、发展自身,这使自身的存在成为现实的存在。马克思结合费尔巴哈的观点,用感性活动来阐述人的对象性存在的特征和价值,这种特殊性就体现在马克思对旧唯物主义的批判上。马克思说旧唯物主义是直观唯物主义,主要问题是没有把人看作感性的、对象性存在。"对对象、现实、感性,只是从客体的或者直观的形式去理解,而不是把它们当做感性的人的活动,当做实践去理解,不是从主体方面去理解。"③马克思是从感性活动阐释人的存在特征,强调人是在现实世界建立对象性交往活动中获得存在和发展的,对象性交往活动是人的生存的代名词。因此,解决束缚于人的对象性活动的障碍,包括政治、经济、技术、知识、道德、文化、自然条件等,实现人的自由发展,这既是人的发展目标,也是国家与社会的政治目标。

可见,建构有助于现实的人的自由解放目标实现的国家,建立自由人联合体的社会,这是马克思政治哲学的核心主旨。以感性活动为考察点,对教育与人的自由发展作出规定,这正是马克思政治哲学视域中的德性之教。

(一)感性活动为德性之教规定现实社会基础

为德性之教规定现实社会基础,是马克思以感性活动改造和发展德性之教

---

① 伯尔基.马克思主义的起源[M].伍庆,王文扬,译.上海:华东师范大学出版社,2007:157.
② 马克思恩格斯全集(第3卷)[M].北京:人民出版社,2002:325.
③ 马克思恩格斯选集(第1卷)[M].北京:人民出版社,2012:133.

的创新思路。马克思主张人们是自己的观念、思想的生产者①，这就非常明确地提出我们谈论公民的权利、责任，就是要把道德责任、政治责任和真实的、鲜活的人的感性存在相结合，从现实中研究公民的道德责任、政治权利问题。所以，要实现培养人获得自由和民主权利的公民教育，就要着眼于现实的人，以及要研究教育与社会生产力发展、社会变革之间的辩证关系。

首先，着眼于人的感性活动，把握德性之教对象的现实性。德性之教的对象生活在现实世界中，是在现实社会生活世界中活动的有意识生命体，是"有意识的生命活动"②。这种有意识的生命活动的重要特征，马克思说是按照任何一个种的尺度来进行生产，又能够按照美的尺度来创造，是"能动的类生活"③。当然，人的这种超越自然条件局限的创造性活动，需要人在改造对象世界中实现④。这里，对人的自由生命活动，马克思给予高度肯定，同时，马克思指人的活动必定是在客观现实世界中完成的。也就是说，人既能认识自然、认识世界，也要改造自然、改造世界。当然，人受制于自然和世界的制约，那么，现实的自然与世界就是人的自由自觉的生命活动的前提。因此，教育要培育人的德性，必须要关注人的生命活动，要根据人的生命活动的本质特征，研究德性之教的目的、内容与方式。也就是说，要从现实人的感性活动出发，设计教育内容、组织教育方式，真正从人出发而不是从知识出发、不是从理论出发来谋划教育活动⑤。

其次，着眼于人的感性活动，明确德性之教目标实现的过程性、复杂性特征。因为德性之教对象的现实性，人的思想观念、伦理道德立场的确立与成熟，转变成现实的行为，要受到现实社会发展条件制约。这使德性之教目标的实现，不可能一蹴而就，而可能会面临着德性之教目标、要求和人的德性养成之间

---

① 马克思恩格斯文集(第1卷)[M].北京:人民出版社,2009:524.
② 马克思恩格斯全集(第3卷)[M].北京:人民出版社,2002:273.
③ 马克思恩格斯全集(第3卷)[M].北京:人民出版社,2002:274.
④ 马克思恩格斯全集(第3卷)[M].北京:人民出版社,2002:274.
⑤ 舒志定.马克思为教育设定的人学前提[J].陕西师范大学学报(哲学社会科学版),2019(1):26-34.

不协调、不一致的情况。也就是说,德性之教给予受教育者的德性观念、德性要求,是否能够转化为受教育者的思想意识、品德观念、道德行为,并且融入人的日常生活之中,这不是一个思想意识和观念的问题,而是需要通过人的社会实践加以落实,它是人的实践的结果,是人的感性活动的产物。

马克思对此说得很清楚,他指出人要成为个性自由的个体,这是由工业状况、商业状况、农业状况、交往状况促成的①,是人的实践活动的结果。也就是说,影响人的发展的因素是复杂、客观存在的,它不是理念设计、概念逻辑谋划出来的,更不可能像数学公式那样可以规划、计算出来。而是需要现实社会关系的支撑,是每一个体在社会实践中不断体悟、不断提升认识、不断改造主观世界的过程,这是一个现实的、客观的发展过程②。马克思把它分成三个阶段,即经历人与人依赖关系阶段、以物的依赖性为基础的人的独立性阶段、个人全面发展的自由个性阶段等三个阶段,从第一个阶段向第三个阶段发展,是人的社会实践的结果。"第二个阶段为第三个阶段创造条件。因此,家长制的,古代的(以及封建的)状态随着商业、奢侈、货币、交换价值的发展而没落下去,现代社会则随着这些东西同步发展起来。"③在这段论述中,我们可以看到马克思对人的自由全面发展目标的信心,认定这是社会历史发展和人的实践活动的必然要求。同时也非常清楚地指出,人的发展是受到社会条件制约的,这就隐含着我们开展教育活动的复杂性,以及需要我们对能否顺利达成教育目标的困难做好预判。其中最主要困难就在于教育的公共性和个人利益私人性之间的不协调,甚至是冲突的困难。人的思想认识的发展,需要接受来自国家、社会的教育与启蒙或者是规训。但不可否定的是,社会生产力的发展尚未能够充分满足社会中每个人的需求。之前,个人会立足自身的利益需求,去考虑自己的思想观念,

① 马克思恩格斯文集(第 1 卷)[M].北京:人民出版社,2009:527.
② 李振."教育"如何让"生活"更美好?——重思马克思"社会教育"思想的当代价值[J].陕西师范大学学报(哲学社会科学版),2019(2):112-119.
③ 马克思恩格斯文集(第 8 卷)[M].北京:人民出版社,2009:52.

去选择行为方式,这就会构成社会倡导的德性要求和个人对德性理解与践行之间的冲突。因此要求学校开展德性之教,必须要研究受教育者思想变化的特征、规律,妥善处理信仰、理想等崇高德性教育和个人利益追求之间的关系,确保学校德性之教目标、内容、方式更能切合受教育者的需求。

再次,着眼于人的感性活动,确立德性之教是社会变革的范畴之一。要有效实现德性之教目标,就要从社会建设入手,发展社会生产力,推进社会的文明进步,破解德性之教和人的利益诉求不协调,为德性之教有效方法和路径的确立创造现实社会条件。

对人的自由发展目标实现的方法和路径探索,引发众多思想家的兴趣。比如弗洛姆把人失去自由的原因,归结成是与人的思想认识产生的生活经历有关。"人类的社会历史始于他在与自然世界的一体状态中,开始意识到自己是与周围的自然及人相分离的实体之时。不过,这种意识在相当长的历史时期内是非常朦胧的。人继续与他赖以发生的自然及社会世界保持密切联系;尽管他部分地意识到自己是个独立实体,但他还认为自己是周围世界的一部分。我们可以称这个个人日益从原始纽带中脱颖而出的过程为'个体化'。"①根据这一论述,弗洛姆分析了中世纪造成个体自由缺失的原因,指出这个原因不能仅仅归结为中世纪专制统治的因素。在弗洛姆看来,在中世纪,个体的个人意识尚未养成,也没有养成视他人为个人的意识。"个人自我意识、他人意识及世界意识尚未得到充分发展,尚未意识到三者是独立的实体。"②为此,弗洛姆认为解决个人自由缺失问题,采取的措施是改造个体的心理机制。

很显然,这和马克思是不同的思路。马克思回归到现实人的感性实践,从中开启研究解决人的问题的思路。"全面发展的个人——他们的社会关系作为他们自己的共同的关系,也是服从于他们自己的共同的控制的——不是自然的

---

① 埃里希·弗洛姆. 逃避自由[M]. 刘林海,译. 北京:国际文化出版公司,2007:20.
② 埃里希·弗洛姆. 逃避自由[M]. 刘林海,译. 北京:国际文化出版公司,2007:33.

产物,而是历史的产物。要使这种个性成为可能,能力的发展就要达到一定的程度和全面性,这正是以建立在交换价值基础上的生产为前提的,这种生产才在产生出个人同自己和同别人相异化的普遍性的同时,也产生出个人关系和个人能力的普遍性和全面性。"①这里,强调了"全面发展的个人"的实现,是奠基在现实的社会生产之中,现实社会生产制约着人的思想观念、人的自主独立意识的形成。

因此,马克思主张推进社会变革,消除制约人的生存发展的约束条件,包括落后的物质生产力,以及不利于个人独立发展的社会经济、法律、宗教、政治等制度,为独立的个人的生成创造条件。这也说明培育有德性的公民,既是源自社会政治建设的需要,要为社会培养合格公民,又要不断加强社会建设,实现社会生产力发展、政治法治制度的健全和完善,为自由个人的养成创造必要的社会条件。

基于上述分析,为我们理解德性之教确立两个要求:一是要把德性之教和现实社会条件结合起来。人生活的特定社会历史环境,既是影响人的发展的客观条件,又是人实现自身发展的基础条件。如果离开人的日常生活条件讨论德性之教,就会失去现实基础。二是要重视人的成长发展的阶段特征,妥善把握德性之教的层次性要求。人在和社会、自然环境的交往中满足生活需要,与此相应,不断建构人的认知与价值判断,推进人的思想觉悟与精神修养的变革,推动人迈向自由发展的步伐。

(二)感性活动以历史向度实现对德性之教道德向度的超越

从历史向度理解德性之教,是马克思以感性活动改造和发展德性之教的根本特征。如果说前面部分内容我们讨论了德性之教要植根于现实社会,要研究崇高的德性教育要求和个人利益需求的矛盾,以便解决德性之教的"现实性"问题。而现实性必定是要随着社会实践深化成为历史性问题,这就对我们讨论德

---

① 马克思恩格斯文集(第8卷)[M].北京:人民出版社,2009:56.

性之教提出历史性要求。

事实上，讨论德性之教，必定涉及"德"这个关键词。不论是从进取、自律、节俭等个人品德来说"德"的重要性，还是从维系、调节个人与社会关系的社会公德角度来说"德"的重要性，对于社会治理者来说，都是维系社会治理的重要概念，是政治哲学关注的重要内容。比如康德就提出要建构以维护人的尊严和自由的道德要求为主要内容的政治哲学①。"真正的政治若不先尊重道德，就会寸步难行，而且尽管政治本身是一种困难的艺术，但它与道德的结合却毕竟根本不是艺术。"②康德的这个观点表明，建设美好社会、实现社会良治需要"道德"，既需要提升普通民众的道德修养，也需要对社会治理者提出道德规范要求，包括统治者、官员的道德素养。因而，加强公民的德性修养，为社会塑造有德性的公民，是重要的教育任务和目标，也成为教育传统和教育原则，就如赫尔巴特对"通过教学来进行教育"原则的坚持③。

问题是我们怎样才能使"德"的教育变得更加有效？要解决这个问题，必须明确"德"的本质，把握人们关于"德"的观念形成的社会机制，全面准确地把握"德"的本质以及德性之教的本质。可见，马克思为"德性之教"奠定历史维度，这是极其重要的工作。

一是强调德性之教的历史性，要求确立"德"与"德性之教"是在历史中生成的立场。处于不同历史时期，社会倡导与坚守的道德意识、道德观念，并不完全相同和一致，因为它是和人类实践活动密切相关，不是独立于人的实践活动而先天造就的，也不是一成不变的，更不可能是人的超验产物，也不是上帝创造的，或是思想家虚构的"概念游戏"，它是人在现实的实践活动中逐步创造和发展起来的，是人的感性活动。所以，我们要重视德性之教和社会政治经济文化

① 赵敦华.康德道德—政治哲学的革命意义[J].伦理学研究,2017(4):65-70.
② 康德.康德著作全集(第8卷):1781年之后的论文[M].李秋零,译.北京:中国人民大学出版社,2010:386.
③ 赫尔巴特.普通教育学:教育学讲授纲要[M].李其龙,译.杭州:浙江教育出版社,2002:14.

等因素的相互联系,要研究和处理德性之教与社会经济发展的辩证关系。

二是强调德性之教的历史性,要求以发展的观点推进德性之教。通过教育塑造儿童青少年学生的"德性",但"德性"的要求和内容不是固定不变的,而是与时俱进,不断发展的。马克思通过研究"国民经济学"的劳动问题,批判和质疑社会中的道德问题,以及自由、平等、所有权等问题,同时赋予自由、平等、所有权以新的内涵。就如马克思在《哥达纲领批判》中肯定共产主义社会是对历史文明的创造性传承。马克思说共产主义社会并不是对旧社会的彻底否定,全盘抛弃,而是带上了旧社会痕迹,"我们这里所说的是这样的共产主义社会,它不是在它自身基础上已经发展了的,恰好相反,是刚刚从资本主义社会中产生出来的,因此它在各方面,在经济、道德和精神方面都还带着它脱胎出来的那个旧社会的痕迹。"①在这里,马克思既指出共产主义社会与旧社会的传承关系,说明任何一个时代文明成果的创造,是这个时代以及前面各个时代的人接续创造出来的,这是"感性活动"的产物。而社会的进步与文明,就意味着人的自由权、民主权、生存权等一切政治哲学期待的价值目标也随之产生并被人拥有。可见,理解道德问题,必须要坚持现实的、历史的维度,才能客观、理性地把握道德的社会作用。

三是强调德性之教的历史性,要把个人对正当合理利益需求和个人主义区分开来。道德的产生是和个人维护自身利益密切相关的。卢梭主张以契约方式维护社会秩序,这是对个人利益、权利的认可。如果不能正确看待和保护个人的正当利益,就会变成空洞的道德说教。同时,又要反对过度强调个人利益正当性而导致个人主义、功利主义。马克思在《神圣家族》等著作中就对纯粹的"道德""理性"观点作出反思。他说脱离人的感性活动讨论道德问题,就会沦为"抽象观念",这是不可能到达彼岸世界的。在《德意志意识形态》中就说:"共产主义者根本不进行任何道德说教,施蒂纳却大量地进行道德的说教。共

---

① 马克思恩格斯文集(第3卷)[M].北京:人民出版社,2009:434.

产主义者不向人们提出道德上的要求，例如你们应该彼此互爱呀，不要做利己主义者呀等等；相反，他们清楚地知道，无论利己主义还是自我牺牲，都是一定条件下个人自我实现的一种必要形式。"①可见，马克思不会倡导道德说教。

但这并不是说马克思不重视道德或者反对道德，不是说马克思否定道德及其在社会中的作用。而是指出马克思转变了研究社会问题的思路，从道德的、观念批判转向对经济、资本的批判，更加注重对道德产生社会历史条件的批判，反对脱离实际的道德说教，反对用道德的幻想替人披上一件温情脉脉的面纱。

四是强调德性之教的历史性，要求辩证把握德性之教的目标与方法、形式与内容的统一。为学生确立德性之教的工作目标是容易的，但更应该让学生明确这个目标背后的原因。这是因为德性之教涉及的工作目标、教育内容、教育方式都会随社会条件的变化而变化，不能静止、僵化理解德性之教的目标与内容、方式。

为此，马克思说现代工业发展越来越需要教育，"对未成年劳动者应按不同类别循序渐进地施以智力、体育和技术方面的培训"②。但是，它不是"慈善经济学家"所说的"全面的生产教育"。因为"慈善经济学家"是适应分工需要提出教育假设，"使每个工人熟悉尽可能多的劳动部门，以便他一旦因工厂采用新机器或分工发生变化而被抛出一个部门时，可以尽可能容易地在另一部门中被雇用"③。可见，在慈善经济学家看来，教育作用仅仅是提高工人技能，以适应社会分工需要。其实，慈善经济学家对教育目标的理解，只是从形式上看到教育的作用，实质上是没有回答儿童、少年为什么要接受教育这个本质问题。因此，要组织开展儿童和少年的教育活动，不如先解决维护儿童和少年的权利问题，"儿童和少年的权利必须加以维护"④。

---

① 马克思恩格斯全集(第3卷)[M].北京：人民出版社，1960：275.
② 马克思恩格斯全集(第21卷)[M].北京：人民出版社，2003：270.
③ 马克思.雇佣劳动与资本[M].北京：人民出版社，2018：63.
④ 马克思恩格斯全集(第21卷)[M].北京：人民出版社，2003：269.

（三）感性活动为德性之教拓展实践空间

从一地一国的历史向世界历史的发展,使人类实践活动的空间场域发生重大变革,人的道德实践空间开始超越民族、国家边界,也使人的日常生活面临更加多元、复杂的道德规范、道德标准,这就对研究德性之教提出新要求。要重视研究德性教育如何应对道德实践空间的变化,这是马克思以感性活动改造和发展德性之教的新向度。

从古希腊思想家倡导德性之教以来,德性之教的重点是以一个国家或者是以一个民族共同体为视域,研究一个国家或民族追求、崇尚的"德性"。对"德性"的把握与确认,是基于民族或国家范畴的认识。但是,新技术的发明、新大陆的拓展,社会经济的发展,却推动着世界市场的形成,促进了人与人交往空间的扩大,对人的思想观念、活动空间也产生深刻影响。

针对世界历史发展拓展了人的实践空间问题,阿伦特、哈贝马斯等思想家比较系统地、自觉地探讨了这种变化所隐含的政治哲学课题。阿伦特将人的活动分成劳动、工作和行动三种类型,其中行动被阿伦特看作人在公共领域中的主体间活动:"行动,是唯一不以物或事为中介的,直接在人们之间进行的活动,与之对应的复数性的人之条件,即不是单个的人,而是人们,生活在地球上和栖息于世界的事实。"①阿伦特对"行动"的强调,目标是使人成为自由自觉的主体,反映了阿伦特对人的平等观的坚持。"只有行动是人独一无二的特权;野兽或神都不能行动,因为只有行动才完全依赖他人的持续在场。"②人是否能够发挥独一无二的特权,关键取决于人是否拥有自由平等交往的"公共空间"。

向世界历史发展,为人的生命活动建构更加宽广的实践空间,也使人对自身生活和依存的民族、国家产生新的认识、新的理解。就如哈贝马斯所说:"现代意义上的'国家'是一个法学概念,具体所指是对内对外都代表着主权的国家

---

① 汉娜·阿伦特. 人的境况[M]. 王寅丽,译. 上海:上海人民出版社,2017:1-2.
② 汉娜·阿伦特. 人的境况[M]. 王寅丽,译. 上海:上海人民出版社,2017:14-15.

权力,而空间上则拥有明确的领土范围,即国土,社会层面上指的是所有从属者的结合,即全体国民。国家统治建立在成文法的形式上,而国民是在一定的国土范围内通行的法律秩序的承载者。在政治学术语中,'民族'和'国民'有着同样的外延。但在法律界定之外,'民族'还指具有共同起源,至少具有共同语言、文化和历史的政治共同体。"①哈贝马斯对民族国家概念由来的解释,明确了人与民族国家的关系,拟定了以法学概念和领土为界域划定人的生存空间的基本思路。如此,随着世界历史的发展,必然会冲击人的生存空间,导致人的生存空间变得更加开放。伴随空间的开放,思想价值观念也将发生变化。比如对平等、自由、尊严等价值观念的理解,对公民资格条件的诠释,甚至借助于超越民族、国家的空间,对国家权力的批评,等等。这些价值观对于现代社会来说,极其重要。怎样认同这些价值观念会受到别的国家、民族倡导的价值观念、思想意识的影响。而思想价值观念的变化,直接影响人践行主体的意识、能力和方式,影响人的德性的生成与践行。这就迫切需要研究世界历史发展对德性之教的新要求、新挑战。

一是要把握为德性之教拓展实践空间的必然性。人类社会历史发展,走向世界历史是必然的进程。自新大陆开辟以来,世界各国看到了除本国本民族之外有着更加宽广的生存空间。除了冒险家探索新大陆外,费尔巴哈、康德、黑格尔等思想家也在理论上探索与论证世界历史存在的合理性。黑格尔就认为不同民族不同地区交流构成的世界历史是一个普遍整体的概念,只是他把这个世界历史看作"精神在时间里的发展……""自由概念的发展"。马克思则认为社会生产力的发展,必然会推进世界历史的形成,这是生产力发展的必然产物,在这个意义上说,现实人的生产实践活动产生了世界历史,"整个所谓世界历史不外是人通过人的劳动而诞生的过程"②。正是因为生产力发展,促进了不同民族

---

① 哈贝马斯.包容他者[M].曹卫东,译.上海:上海人民出版社,2002:127.
② 马克思恩格斯文集(第1卷)[M].北京:人民出版社,2009:196.

的交往,因交往而自然形成的不同民族之间的分工消灭得越是彻底,历史也就越是成为世界历史①。在这个意义上说,推进每一个民族走向世界历史是必然的结果,推动世界历史形成的动力是生产力的变革,决定生产力发展的主体是现实的个人。这样,每一个个人的活动,都扩大成为是世界历史性的活动,受世界市场的力量的支配,同时,每一个单个人的解放的程度是与历史完全转变为世界历史的程度一致的②。作为培养人的教育活动,就要主动回应世界历史发展的需要,要确立教育的世界历史意识和视野。

二是要把握实践空间拓展对理解教育主体内涵的新要求。人在世界历史发展中成为什么样的人? 用马克思的话来说,就是"地域性的个人为世界历史性的、经验上普遍的个人所代替"③。超越地域性成为世界历史性的个人,成为"普遍的个人",它的内涵是什么? 是否就如罗尔斯所说是"有理智的公民"?"互相视对方为世代社会合作体制中的自由与平等公民,愿意按照他们认为是最合理的政治正义概念彼此提供平等的合作条件。"④这种"理智公民"能否成为教育塑造的主体? 这是值得研究的议题。

三是要把握实践空间拓展对建构教育目标的新要求。人类命运何处去? 资本扩张推动世界市场形成,为人类打破民族国家和地域限制,使人类普遍交往成为可能,"给社会劳动生产力和一切生产者个人的全面发展以极大的推动"⑤,这是人走向自由发展的重要条件。但不能轻视资本带给社会的问题,"资本来到世间,从头到脚,每个毛孔都滴着血和肮脏的东西"⑥。在当代世界历史发展中,世界交往中的中心主义、单边主义、强权政治等问题,表明资本驱动社会发展问题依然存在,资本仍然是影响世界和平与发展的重要因素,成为

---

① 马克思恩格斯文集(第1卷)[M].北京:人民出版社,2009:541.
② 马克思恩格斯文集(第1卷)[M].北京:人民出版社,2009:541.
③ 马克思恩格斯文集(第1卷)[M].北京:人民出版社,2009:538.
④ 哈佛燕京学社·三联书店.公共理性与现代学术[M].时和兴,译.北京:生活·读书·新知三联书店,2000:6.
⑤ 马克思恩格斯文集(第3卷)[M].北京:人民出版社,2009:465.
⑥ 马克思恩格斯文集(第5卷)[M].北京:人民出版社,2009:871.

影响人的自由全面发展的层层壁垒。

为此需扩展推动德性之教创新发展的视域,它要求开展德性之教时,应研究与遵循世界历史发展规律,从建构普遍交往的高度,尊重和理解世界各国各民族历史的多样性、发展道路的差异性、文化的多元性,以维护个体、民族或国家正当利益为原则,把树立人类命运共同体的情怀纳入教育主题,培育与塑造个体对全人类命运共同体的理性思考与责任担当。

五、马克思为落实德性之教提供路径

根据马克思对感性活动拓展德性之教的思考,为进一步落实德性之教提供新内容、明确新方向,拓展了学校深化德性之教改革的基本要求。

（一）聚焦人的对象性存在,研究德性之教的发生机制

不论对德性之教作出怎样的理解,把人培养成为社会公民,使人能够承担履行社会主体的角色,这一点是能够达成共识的。从自然人到现代社会公民,成为社会主体,它体现在人是否成为有意识的、自主的、能动的、实践的个人,这是评价自然人是否已经成长为社会主体的基本尺度,是作为主体的人所具有的属性。因而,这些"属性"成为社会对教育效果、教育质量、教育目标的一种期待,期待学校通过教育,使受教育者成为具有独立思考能力和自我意识的人。关键是确立理解这些"属性"的思维方式,不能把个人的独立思考、自我意识理解成主客二分的"我思"。就学校的教育活动来说,不能把教育工作理解成是只教给学生一些空洞的、抽象的概念,有如老和尚念经一般,只是机械地反复陈述一些概念。对于这一点,我们都能达成共识。问题是,怎样才能有效地加以解决? 我们可以从马克思对感性活动的论述中找到思路。

对马克思关于感性活动论述的进一步理解,就会使我们改变以自我为中心的我思,从自我和对象世界封闭格局中走出来,在和对象世界交往中实现人的能动性与主动性,避免把人的主观能动性变成是抽象的、知性的概念活动、"形

式"的活动。"因为根据我思的基本建制,它根本没有某物得以进出的窗户。就此而言,我思是一个封闭的区域。"①因此,培育人的主体性,其实,这是遵循人回到现实社会的需要,建构人的成长机制,它表明这是以现实社会发展为前提,研究人的发展条件、特点,提出基于人的现实发展需求的教育方案的合理性与可能性,进而避免把教育变成知识、概念的教与学的活动,变成只是依靠逻辑推演的认知活动,走向了如旧唯物主义倡导的主观的、形式的思想方式。

其实,结合人的日常生活开展教育工作,不是马克思首倡的主张。如施蒂纳已经认识到教育面向普通民众的重要性。他说到了启蒙运动时期,学者和教士掌握着教育权利。只有阅读经典作家和圣经的活动,才被视作真正的教育,只有掌握拉丁语和希腊文的人才能接受教育,普通民众接受教育的机会就被排除了。施蒂纳呼吁教育要真正介入公民生活,要面向受教育者本人,从受教育者本人出发。"人不应当教育给自己一种知识,而是应当达到自我显示。"②然而,怎样才算是教育面向了人的日常生活? 这个问题没有解决。

马克思对人的感性活动的重视,揭示了解决这个问题的思路。马克思提出感性活动的意义,就在于揭示人的生存机制存在的事实,而这个机制就是对象性交往关系的确立,这就要求教育活动必须关注人在对象性交往中生存的事实。一个拥有正常认知能力的人,包括儿童,必定能够与人自身、他人及外部世界建立对象性交往关系。只有建立对象性交往关系,人才能理解自身、理解社会,才能获得生存所需要的物质产品与精神资源,人才能生存与发展。无疑,"交往"是人成长的媒介与路径。而且这个"交往",包含着人与自然、社会、自身的交往活动。既是物质生产层面的,又是精神思想意识层面的。它是综合的、当下现实的活动,也是基于历史和面向未来的活动。

基于这些认识,我们强调给予儿童青少年学生社会化的学习和学习的社会

---

① F. 费迪耶,等. 晚期海德格尔的三天讨论班纪要[J]. 世界哲学,2001(3):52-59.
② 卡尔·洛维特. 从黑格尔到尼采:19 世纪思维中的革命性决裂[M]. 李秋零,译. 北京:生活·读书·新知三联书店,2006:403.

化,组织学生在社会情境中体验、体悟,实现学生与对象世界的互动发展,为学生构建一个学习共同体。那么,学生构建学习共同体的意义是什么?对此,就如知识社会学者卡尔·曼海姆所说是因为"思想对群体生存的依赖"①。这种"依赖"的重要价值在于克服了纯粹逻辑分析的局限,不再使"个体的思想与它的群体情境分离""思想与行动分离"②,使群体对人的思想产生积极的推动作用。"这种集体能动性的倾向,决定他们的问题、概念和思想形式的基本倾向。"③任何情况下,作为人类,我们都不是孤立的个人,都不是通过从我们原始经验中抽取信息构造出我们私人的概念领域。我们获取概念,并通过各种人类行为的一个主要组成部分,即语言学习这一社会过程来学习,并将其应用于解释和理解我们的经验。这种关于个人主义的观点,忽略了这样一种事实:就其本身而言,每一个人的发展都是处于一种既存世界意义共享的背景之中,心智不是一种既定的成果,而是一项主要取决于我们有机会继承共享意义的成就,它可以像肌肉一样伸展并富有弹性④。

诚然,从对象性交往活动来理解与落实德性之教,在教育实践中不容易把握与操作。为此,我们进一步提出人的思考力培养是德性之教的重点任务。评价教育效果、教育质量,关键要看是否支持学生、帮助学生学会了思考、学会了想象。考试(不论是书面或口头考试)是对教育效果、学生学业状况评价的重要举措。要不要通过考试来评价,这不是问题的重点。关键是举行的考试是否达到测试与评价学生思考力、想象力的目标。如果考试能够测试学生独立思考能力,那么,不仅不能取消考试,反而要通过改革来进一步发挥考试在教育评价中的功能。这就需要研究以学生独立思考能力为主题的教育评价的改进,研究教育评价改进的关键点,要把对象性交往关系的实质,作为教育评价改革的依据,

---

① 卡尔·曼海姆.意识形态和乌托邦[M].艾彦,译.北京:华夏出版社,2001:5.
② 卡尔·曼海姆.意识形态和乌托邦[M].艾彦,译.北京:华夏出版社,2001:4.
③ 余平.卡尔·曼海姆的意识形态概念[J].四川大学学报(哲学社会科学版),1991(3):12-17.
④ 肯尼思·A.斯特赖克,基兰·伊根.伦理学与教育政策[M].刘世清,李云星,等译.北京:北京大学出版社,2013:85.

考察学生与现实世界的对象性交往活动的建构问题。

（二）聚焦社会基础的变革，研究德性之教的改革策略

推进德性之教的改革，实现德性之教的目标，要研究与关注德性之教和社会基础的辩证关系。既要发挥教育对人的成长发展的重要作用，又要看到社会环境条件对人的成长的影响作用，所以我们必须考虑两个问题：

一是为青少年学生健康成长营造良好的社会环境。

社会确立教育优先发展的战略地位，实施教育强国、教育强省、教育强市等战略目标，为学校输送一流师资，为学生成长创建一流的社会环境。要为青少年学生健康成长营造良好的社会环境，关键是要求学校、社会、政府、家庭建立多元协同落实立德树人根本任务的工作机制。

遵循创新、协调、绿色、开放、共享的新发展理念，全面落实立德树人根本任务，需要学校、社会、政府提高站位。要"不断提高把握新发展阶段、贯彻新发展理念、构建新发展格局的政治能力、战略目光、专业水平，敢于担当、善于作为"①。主动调整育人理念与人才观念，把立德树人工作融入中国式现代化建设浪潮中，主动对接社会发展需要，打通人才培养链、科技创新链、产业链的联络通道，以劳动教育、社会实践、岗位锻炼等切实可行的方式，为学生走进社会构建无缝对接的桥梁；要研究教师队伍建设新要求，有组织地安排教师去基层、去车间田头第一线，培养一支有理论素养、专业知识扎实，又有实践关怀的高素质教师队伍；要组织力量从实践中开发可供教师、学生学习的材料，成为课堂教学的重要补充；要探索建立政府、企业、家庭、学校多维度协同育人工作机制，充分发挥家庭、学校、社会、政府等各方面的育人优势，为立德树人根本任务的落实汇聚力量。

二是鼓励学生独立思考、质疑、批判，构建开放、自由、文明、向上的教育文化。

社会发展是不均衡动态的变革过程，不同地区、不同家庭的青少年学生，生

---

① 习近平.习近平谈治国理政(第四卷)[M].北京:外文出版社,2022:47.

活的社会环境、社会条件并不完全一样,每一所学校所处的社会发展条件并不一致。要为儿童青少年营造理想的、纯粹的成长环境,这不符合社会发展的事实,也不利于学生的成长。

这就要研究在优化硬件环境有困难的前提下,如何优化教育文化,以鼓励构建开放、自由、文明、向上的教育文化。有如德勒兹在《尼采与哲学》一书中所说,如何培育我们的主动力量去消解被动力量①。德勒兹分析了尼采的主动力量和被动力量之间质的差异,他坚持认为超人直接缘自于他或她对奴隶的被动力量的主动否定能力,即使是这些被动力量在量上超过了主动力量。比如他说在黑格尔的主奴辩证法中,对他者的主动否定,其结果是对自我肯定。而尼采却颠倒了这种情境,主人自我的主动肯定导致了对奴隶被动力量的否定②。德勒兹从尼采的超人与意志中引出所有物体都是相互作用力构成的观点,它启示着我们,关键是我们能否区分主动的、支配的主动力和被动的、被支配的被动力,进而要求我们肯定主动的力,反对压抑生命的被动力。

其实,学校教育也存在同样情况,如果我们只是一味培养学生某一种"力",当学生面对由其他事物构成的"力"时,学生可能会举步不前、束手无策。怎样使学生能区分主动的、支配的力,成为主动性、主动力勃发的存在者,换一种通俗的表述,这就是培养创新人才,这样,对于学校来说,重点任务是要建立适宜的创新人才的培养体系。

建构创新人才培养工作体系,培养创新型人才,建构具有时代特色的立德树人工作体系。一是要求学校确立培养创新型人才的工作目标,树立创新人才为核心的教育教学观念,要把创新元素融入人才培养全过程,谋划培养计划、培养方案,深化课程体系、教学方法的改革,以此变革带动创新型人才培养工作体

---

① 汪民安,陈永国.尼采的幽灵:西方后现代语境中的尼采[M].北京:社会科学文献出版社,2001:172.

② 汪民安,陈永国.尼采的幽灵:西方后现代语境中的尼采[M].北京:社会科学文献出版社,2001:172-173.

制机制的建立。二是要求挖掘学校拥有的创新资源,充分发挥其作用,激发全校教师开展创新型人才培养的积极性、主动性。三是要求研究服务创新型人才培养的教育教学评价改革制度的建立,改变培养只会"考试的人"、只会"考高分的人"的观念,改变以知识学习为中心的教育教学思路,建立适合创新教学、创新人才成长的制度环境和工作平台。

(三)聚焦社会价值取向,研究德性之教的实施原则

学校开展德性之教,造就有德性的公民,就要把个人与社会统一起来。在个人与社会融合中开展"德性之教",使德性之教见之于行动、见之于生活,完成社会与学校、德性理论与德性实践的融合,这是德性之教的方法论。以此方法论规范学校的德性之教,它不是抽象的"德性"知识的教育,不是让受教育者掌握"德"的概念。

一是把个人与社会协同起来进行研究。对此,马克思在《关于费尔巴哈的提纲》第 10 条中说得非常明白:"旧唯物主义的立脚点是市民社会,新唯物主义的立脚点则是人类社会或社会的人类。"①马克思指出旧唯物主义是从市民社会出发来构建人类社会理想形态,但问题是他们没有把市民社会看作人与人的自由联合体,只是看作独立个人的一种特殊形式。这一点黑格尔在《法哲学原理》中有一个说法:"具体的人作为特殊的人本身就是目的;作为各种需要的整体以及自然必然性与任性的混合体来说,他是市民社会的一个原则。但是特殊的人在本质上是同另一些这种特殊性相关的,所以每一个特殊的人都是通过他人的中介,同时也无条件地通过普遍性的形式的中介,而肯定自己并得到满足。这一普遍性的形式是市民社会的另一个原则。"②黑格尔区分"特殊形式"的"独立个人"和"普遍性的形式"的"市民社会"的差异,指出市民社会的本质及意义。事实上,这样理解市民社会,把市民社会变成是"无数个独立个人"的一种形式

---

① 马克思恩格斯选集(第 1 卷)[M].北京:人民出版社,2012:136.
② 黑格尔.法哲学原理[M].范扬,张企泰,译.北京:商务印书馆,1961:197.

的、机械的"集合体"。由此提炼与建构的有关市民社会乃至国家、政府、社会的理想,必定是缺乏现实根基的,会成为空幻的观念集合。

二是要把个人社会活动的具体场景作为研究切入点。追求社会发展的宏伟目标,这是理想,是信仰。把理想与信仰目标融入教育,塑造有理想、有信仰的优秀公民,这是德性之教的核心。马克思提出共产主义理想,培养具有共产主义理想信仰的社会建设者,这是马克思确立的理想信仰教育目标。和空想社会主义思想家构想的信仰教育相比,是有本质差异的,因为马克思发现了社会发展基本规律,把信仰与理想教育确立在客观的社会规律基础上。

因此,开展"德性之教",要求遵循社会发展规律,体现德性之教的历史性。而这种历史性的最现实落脚点,就在于个人在社会活动中的具体场景。正如马克思在《1844年经济学哲学手稿》中抓住人在社会生活中最基础事件与现象展开研究,这个最基础事件,也是关系人的生存的最根本、最现实的物质问题。

三是教师要坚守立德树人的教育信仰。不论社会和教育环境发生怎样的变化,教师要牢固树立立德树人的根本立场,教育根本目的是解决学生如何成人问题。教师要把人的问题置于知识教学、技术创新的首位。要教育学生把人之为人作为学习的首要任务,要让学生明白人的价值、人的意义等等基本问题。这些基本问题关系到人的成长。这就要求每一位教师自身要确立人生观、价值观、世界观,形成关于人的意义、人的价值的正确看法,进而研究如何开展行之有效的教育活动,以塑造学生的成人成才观,进而能够使学生更加主动地应对变革的社会,成为社会建设的时代新人。

因此,面向儿童青少年开展德性之教,必须坚定信仰与理想教育的核心地位,要从历史发展规律高度理解信仰与理想教育,增强信仰理想教育的信心与决心。在遵循社会发展规律前提下,结合社会发展新特征,研究信仰、理想等德性教育的新要求、新内容,不断改进德性教育的形式和方式。

第五章　马克思对教育构成
社会同谋的发现

推进教育理论发展和教育实践变革,我们需要反省已有的教育理论、教育观点,它们是否能够和教育实践相切合,能否从中检视存在的问题,能否找到实现教育理论与实践双重变革的路径。问题是我们要开展怎样的批判,以达到建构新的教育理论的意图?"对现有事物批判若要有效,就必然需要它的肯定性反面图景的推动力。"①这就是说,我们提及"批判",不是对原有教育思想观念、教育制度、教育体系以及教师日常教育教学活动方式的全部否定,而是要求做到否定与建构的辩证统一,就如马克思所说"新思潮的优点又恰恰在于我们不想教条地预期未来,而只是想通过批判旧世界发现新世界"②。那么,马克思是怎样批判旧世界发现新世界的?

青年时期的马克思受到青年黑格尔派影响,在人的自我意识中寻求人的自由。在《莱茵报》工作期间,马克思开始接触现实的社会政治经济问题,他逐渐意识到关注现实社会物质生产生活的必要性,较为重要的著作《1844 年经济学哲学手稿》开始批判国民经济学家理论,从"劳动"中发现人的存在秘密,阐述人的自由发展的理想目标,逐步形成个人存在与社会存在相互统一的存在论思想路线。这样,人的自由发展是一个具有本体论意义上的概念,"平等和自由不仅在以交换价值为基础的交换中受到尊重,而且交换价值的交换是一切平等和自

①　拉埃尔・耶吉,蒂洛・韦舍. 什么是批判[M].北京:北京师范大学出版社,2023:3.
②　马克思恩格斯文集(第10卷)[M].北京:人民出版社,2009:7.

由的生产的、现实的基础。作为纯粹观念,平等和自由仅仅是交换价值的交换的一种理想化的表现;作为在法律的、政治的、社会的关系上发展了的东西,平等和自由不过是另一次方上的这种基础而已"。①这就是说,讨论自由、平等这些概念,马克思是结合人的生存现实进行思考的,不是抽象的认识论思路,这样,人是否获得平等和自由,看起来是一种权利(认识论意义上说是人的"权利"),其实是人的日常生存于世的一种样式。如此看来,马克思对教育问题的分析,作出以人的自由全面发展引领教育发展的基本论断,展示马克思对教育的存在论分析维度,形成马克思阐述教育问题的存在论特征和基本主张。

本章围绕马克思早期政论性文章对四种教育观点的批判,阐明马克思对教育构成社会同谋问题的发现,论述马克思理解教育问题的思路、立场与基本要求,以及对推进教育教学活动的规范化发展产生的重要价值,是学习与研究马克思教育思想的重要课题。对此,我们有所遗忘,未能给予足够重视。

一、马克思对教育成了社会同谋问题的发现

马克思对教育问题的关注,在《评普鲁士最近的书报检查令》中已经提及。这是马克思撰写和发表的第一篇政论性文章。在这篇文章中,马克思虽然只有一处提到了教育,"你们就是从你们所受的新教的教育出发来决定什么是基督教的一般精神"②。马克思这一观点,可以看出马克思是从教育与社会同谋关系的角度思考教育问题。作出这样的判断,是源于马克思写作这篇政论的缘由、主题和任务。

马克思写作这篇政论的主旨,是批判普鲁士书报制度及其缺失新闻自由的问题。在马克思看来,书报检查制度是国家意志、国家精神的产物。但是,基督教国家的国家意志、国家精神,是受基督教精神的制约的。不过,这种"精神"的

---

① 马克思恩格斯全集(第30卷)[M].北京:人民出版社,1995:199.
② 马克思恩格斯全集(第1卷)[M].北京:人民出版社,1995:118.

建构和形成,并非上帝的启示、先验的产物,而是教育的结果。对此,马克思就以现实社会问题为出发点,既表明对建立书报检查制度的立场,认为它是"必要的"①,又强调建立"公正的、自由的书报检查就更加必要了"②。可是,普鲁士政府建立书报检查制度的原则是"凡是政府的命令都是真理""政府的理智是国家的唯一理性"③。显然,普鲁士政府建立书报检查制度的意图,是以书报检查制度的名义,把政府的利益诉求提升为一种管理国家的制度、法律,而不是为了保障公民平等与自由权利。"追究思想的法律不是国家为它的公民颁布的法律,而是一个党派用来对付另一个党派的法律。追究倾向的法律取消了公民在法律面前的平等。这是制度分裂的法律,不是促进统一的法律。"④如此,书报检查制度无疑是管理民众的国家权力、政府权力。普鲁士政府组织实施"基督教的一般精神"的教育,通过教育让民众接受基督精神这个国家精神。

可见,组织实施传递"国家精神"的教育教学活动,是为了维护国家和政府的利益。这样,国家和政府把教育看作实现维护自身利益目标的隐形权力,这就意味着教育和社会权力构成同谋关系。

显然,这里说教育和社会权力构成同谋关系,是指教育具有管理社会、约束社会的影响力、控制力。社会需要教育的目的,是把教育作为管理和控制社会的手段与工具。马克思批评这是"贯穿在我们的一切制度之中"的根本缺陷,它的本质是以"无思想和不道德而追求实利的国家观为基础的"⑤,"警察国家对它的官员抱有的那种虚幻而高傲的观念之上的。公众的智慧和良好愿望被认为甚至连最简单的事情也办不成,而官员们则被认为是无所不能的"⑥。也就是说,教育变成是国家、官员实现控制社会、影响民众目标的重要措施。而且,当

---

① 马克思恩格斯全集(第1卷)[M].北京:人民出版社,1995:107.
② 马克思恩格斯全集(第1卷)[M].北京:人民出版社,1995:107.
③ 马克思恩格斯全集(第1卷)[M].北京:人民出版社,1995:113.
④ 马克思恩格斯全集(第1卷)[M].北京:人民出版社,1995:121.
⑤ 马克思恩格斯全集(第1卷)[M].北京:人民出版社,1995:122.
⑥ 马克思恩格斯全集(第1卷)[M].北京:人民出版社,1995:133.

时的普鲁士政府混淆了政治原则和基督教宗教原则,政府以新教教育传递的基督教精神建立基督教国家,就是因为基督教强调"人的他律","道德的基础是人类精神的自律,而宗教的基础则是人类精神的他律"①。这样,以教育传递"宗教精神",宗教精神成为规范民众思想和行为的"他律",这样,国家不再是政治理性和法的理性的实现,民众的理性和智力也受制于"他律"的约束,进而达到民众服从国家理性、"普遍智慧"的目标②。如此可说教育是消除民众理性和智力的手段和工具,国家通过宗教精神的传递,达到了把教育建构成社会统治同谋关系的意图。

这无疑是马克思阐释与理解教育基本问题的创新思路。马克思早期政论文章中都坚持了这种思路,并运用这种思路批驳了四种教育观点,更进一步阐明了教育构成社会同谋关系的事实。

一是"不完善的东西需要教育"的观点③。为回应第六届莱茵省议会的辩论,马克思写了《关于新闻出版自由和公布省等级会议辩论情况的辩论》,马克思在这篇政论文章中指出,有些议会代表为了维护书报检查制度,反对新闻出版自由,就提出人是"不成熟的",因此需要教育的观点。

马克思认为这个观点是错误的。如果说人是不完善的,那么,政府是不完善的,省议会是不完善的,如果其中一个领域由于这种不完善而不应当存在,那就是说,没有一个领域是有权存在的。"不完善的东西需要教育。但是,难道教育就不是人类的事情,因而不也是不完善的事情吗?难道教育本身就不需要教育吗?"④所以,马克思指出把"不完善"和教育相结合的观点是不适用于作为判断事物的依据。因为这种观点对整个宇宙只持肤浅的看法,怎么能作为我判断和鉴别事物的依据呢?⑤就新闻出版自由来说,"新闻出版是个人表达其精神存

---

① 马克思恩格斯全集(第 1 卷)[M].北京:人民出版社,1995:119.
② 马克思恩格斯全集(第 1 卷)[M].北京:人民出版社,1995:161.
③ 马克思恩格斯全集(第 1 卷)[M].北京:人民出版社,1995:165.
④ 马克思恩格斯全集(第 1 卷)[M].北京:人民出版社,1995:165.
⑤ 马克思恩格斯全集(第 1 卷)[M].北京:人民出版社,1995:166.

在的最普遍的方式。它不知道尊重个人,它只知道尊重理性①。结果是,为了维护书报检查制度的需要,维护个别人的自由,自由变成是个别人的特权。马克思用讽刺的语言说新闻自由不是人的活动产物,那么,能够享有新闻出版权的便只有动物或神了,"我们应当——辩论人没有勇气说出这一点——设想政府以及辩论人本人具有神的灵感"②。马克思用轻松、诙谐的语言揭示了"不完善的东西需要教育"观点的实质,就是因为政府为了满足个别人特权的政治需要。

二是"国家是真正的教育机关"的观点。马克思在《科隆日报》第 179 号社论中引用了这样的观点:"'因为我们这些国家不仅是法的组织,同时还是真正的教育机关,只是它们照管的范围要比教育青年的机关更大一些'等等,所以,'整个公共教育'是以'基督教为基础'的。"③推进教育发展,要发挥国家的作用,这一点是不能否定的。然而,马克思指出如果是以基督教为基础建立起来的"国家",这样的国家不是在发展教育,而是控制教育,"你们就不应该根据基督教,而应该根据国家的本性、国家本身的实质,也就是说,不是根据基督教社会的本质,而是根据人类社会的本质来判定各种国家制度的合理性"④。这就导致国家不是一个"合乎人性的国家"⑤,没有把国家看作相互教育的自由人的联合体,而是看作被指定接受上面的教育并从狭隘的教室走进更广阔的教室的一群成年人⑥。在此前提下,国家不可能是真正的教育机关。

实际上,国家是教育机关,它应该承担起教育年轻人的职责。国家要尽到这个职责,前提是这个国家必须是合乎理性的公共存在,它教育自己成员的办法是:"使他们成为国家的成员;把个人的目的变成普遍的目的,把粗野的本能变成合乎道德的意向,把天然的独立性变成精神的自由;使个人以整体的生活

---

① 马克思恩格斯全集(第 1 卷)[M].北京:人民出版社,1995:196.
② 马克思恩格斯全集(第 1 卷)[M].北京:人民出版社,1995:168.
③ 马克思恩格斯全集(第 1 卷)[M].北京:人民出版社,1995:217.
④ 马克思恩格斯全集(第 1 卷)[M].北京:人民出版社,1995:226.
⑤ 马克思恩格斯全集(第 1 卷)[M].北京:人民出版社,1995:225.
⑥ 马克思恩格斯全集(第 1 卷)[M].北京:人民出版社,1995:217.

为乐事,整体则以个人的信念为乐事。"①解决这个问题的重要前提,是需要用人的眼光来观察国家,要从理性的经验出发,而不是从神学出发来阐明国家的自然规律②,建成一个理性的国家,实现法律的、伦理的、政治的自由。

三是教育是"以出生的纯粹偶然性为基础"的观点。这是历史法学派代表胡果在《作为实在法、特别是私法的哲学的自然法教科书》中提出关于教育的观点。马克思引用了胡果论述教育的一段话,教育"是以出生的纯粹偶然性为基础的","而且父母双亡的孩子也得受教育"③。人是教育的对象,开展教育活动,要考虑人的因素。但是,胡果强调要以"出生的纯粹偶然性"结成的关系范围内开展教育的观点,其中有两点认识误区是非常清楚的:其一,对现实、历史的虚无化立场。在胡果看来,"原始民族具有非凡的才智","原始状态是一幅幅描绘人类真实状态的纯朴的尼德兰图画"④,企图回到纯粹依靠理性和概念勾画出来的"尼德兰图画",实质是在回避现实,不尊重历史发展的事实。其二"出生的纯粹偶然性"必定是有特定时空的限制但对纯粹偶然性的强调,这就意味着历史学派对事物、教育的理解,把特定时空事物当成了普遍性,甚至把"出生的纯粹偶然性"变成是阐释狭隘的民族主义、种族主义的理论基础,这显然是和18世纪倡导理性、真理的启蒙思潮背道而驰,走向了启蒙的反面。马克思批判胡果"亵渎了在正义的、有道德的和政治的人看来是神圣的一切,可是,他破坏这些神圣的事物,只是为了把它们作为历史上的圣人遗物来加以崇敬"⑤。

马克思这一论述,深刻地揭示历史法学派对"历史"的虚伪态度、非历史的态度,揭示历史法学派真实的政治意图是恢复旧时的制度,"能够在种种天花乱坠的现代词句后面重新看出我们的旧制度的启蒙思想家的那种龌龊而陈旧的

---

① 马克思恩格斯全集(第1卷)[M].北京:人民出版社,1995:217.
② 马克思恩格斯全集(第1卷)[M].北京:人民出版社,1995:227.
③ 马克思恩格斯全集(第1卷)[M].北京:人民出版社,1995:237.
④ 马克思恩格斯全集(第1卷)[M].北京:人民出版社,1995:229.
⑤ 马克思恩格斯全集(第1卷)[M].北京:人民出版社,1995:231.

怪想"①。

四是"智力作为需要等级代表制的特殊要素"的观点。虽然这个观点没有明确提到教育，但是智力和教育是密切相关的，比如医生、律师等有学问的知识界成员，除了极个别的人是通过自学成才的，其余的人都是接受教育的结果。在这个意义上说，把智力作为"省议会的组成"条件②，"等级会议代表一定要具有作为人的共同属性的智力"③，必定要涉及教育与智力问题。

其实，要担当代表的职责，代表是需要具有一定智力的。所以，强调代表要有智力或有智力的人才能成为代表，在一定意义上说，这样的认识也是无可厚非的。如果没有一定智力的人成为代表，能否表达代表的意见和要求，这是一个问题。因为土地、利益、愿望都不会说话，会说话的只是人，土地、利益、愿望都要通过人表达要求，这是可以理解的。但问题不在于是否由人来表达愿望和要求，而是表达什么样的愿望和要求、为谁表达愿望和要求。"为自己的家园而奋斗的讲求功利的智力，跟不顾自己的家园为正义事业而斗争的自由的智力当然是不同的。服务于某个特定目的、某种特定事物的智力同支配一切事物和只为自己服务的智力是有根本区别的。"④正因为如此，"人民不得不把具有自由思想的作品看作是违法的，因而他们就习惯于把违法的东西当作自由的东西，把自由当作非法，而把合法的东西当作不自由的东西。书报检查制度就这样扼杀着国家精神"⑤。

无疑，马克思在大学毕业步入社会之初，针对普鲁士政府颁布的书报检查制，开展新闻出版自由的辩论，以及针对历史法学派、普鲁士等级委员会等观点，撰写一系列政论性文章，对教育与社会权力同谋关系的多种观点展开思考，一方面肯定教育的意义及价值，另一方面探索从社会角度研究教育问题的新思路。

---

① 马克思恩格斯全集(第1卷)[M].北京:人民出版社,1995:238.
② 马克思恩格斯全集(第1卷)[M].北京:人民出版社,1995:338.
③ 马克思恩格斯全集(第1卷)[M].北京:人民出版社,1995:339.
④ 马克思恩格斯全集(第1卷)[M].北京:人民出版社,1995:339.
⑤ 马克思恩格斯全集(第1卷)[M].北京:人民出版社,1995:183.

二、马克思评析教育构成社会同谋问题思路

从上文的简要介绍可以看出，尽管马克思没有对教育问题开展专题研究，但在《莱茵报》工作中，因接触了社会民众关于教育的不同主张，尤其是掌握一定利益的议会成员对教育的看法，马克思给予回应和辩驳。不过，这一时期马克思深受青年黑格尔主义思想的影响，因此在回应中，马克思对教育与国家精神、教育与人的自由等问题的思考，还是像黑格尔那样是思辨的思考，是探索"思辨结构的秘密"。

但是，《莱茵报》的工作使马克思接触了现实社会的纠纷与矛盾。森林法、婚姻法、财产权、所有权等问题接踵而来，纯粹依靠人的自我意识变革，是不能解决这些问题的。"通过对物理世界的审视，人能够察觉到自身作为物的一部分"①，"物"是人存在的真实基础，人对"物"的依赖，这是客观的、事实的存在。马克思坦承地说这是"第一次遇到要对所谓物质利益发表意见的难事"②。构成"难事"的原因，是马克思从中发现所谓理性自由的国家是受制于少数人利益的支配。因此，一个现实问题就是人的理性自由精神和现实社会利益有着怎样的关联？是否存在可以不受现实利益支配的自由精神？对此，在即将离开《莱茵报》时，马克思写了《摩泽尔记者的辩护》一文，给予了新的答案。"一旦证明这些关系必然会产生某个事物，那就不难确定，这一事物在何种外在条件下必定会现实地产生，在何种外在条件下即使已经有了需要，它也不可能产生。人们在确定这种情况时，几乎可以像化学家确定某些具有亲和力的物质在何种外在条件下必定会合成化合物那样，做到准确无误。"③这意味着要解释社会现象，就需要回到现实社会生活中寻找根源。这也意味着马克思研究社会问题的思路发生转向，从关注主观的领域、抽象的理性思辨，转向到对事物产生的现实社

---

① 让·伊波利特.马克思与黑格尔研究［M］.齐阔,译.北京:中央编译出版社,2024:125.
② 马克思恩格斯全集(第31卷)［M］.北京:人民出版社,1998:411.
③ 马克思恩格斯全集(第1卷)［M］.北京:人民出版社,1995:363-364.

会生活领域的关注。

正因如此,马克思在《共产党宣言》中首先分析社会发展变化的基本特征,论证社会发展中的矛盾及其实现社会变革的规律,进而提出未来自由人联合体建立的必然性。在此条件下,提出实行面向所有儿童的公共的免费教育。这无疑是马克思对教育影响社会发展逻辑的揭示,没有对社会的批判,就不可能构建理想的社会,就不可能为教育发展提供现实的社会条件和社会基础。所以,马克思强调要重视儿童教育,"父母或雇主令未成年人劳动而不同时使其受教育,是决不能允许的"①。强调儿童教育要与工厂劳动结合,学校教育要注意培养人的劳动技能,规定教育的三项主要任务:"第一:智育。第二:体育,即体育学校和军事训练所教的内容。第三:技术培训,这种培训要以生产各个过程的一般原理为内容,并同时使儿童和少年学会各种行业基本工具的实际运用与操作。对未成年劳动者应按不同类别循序渐进地施以智力、体育和技术方面的培训。"②可见,马克思关于教育的论断和主张,是马克思在批判旧世界的基础上提出的,把社会变革与教育发展密切地联结在一起,对教育与社会同谋关系的错误观点给予澄清,逐步形成了阐释教育与社会关系问题的理解思路。

其一,对教育问题形成社会根源的批判。

"教育是满足人的不完善的需要"的观点是否合理? 对此的辨析,马克思认为要转换认识教育问题的思路,转换到对产生教育问题的社会基础的批判。马克思发表在《莱茵报》的政论文章中已经强调"不应该同整个国家理性和国家伦理联系起来来解决每一个涉及物质的课题"③,这就需要回到构成国家、社会最基础的问题,也就是人的现实日常生产生活问题。这一思路在马克思后期著作中得到充分显现。《资本论》中就说:"工人终生不外就是劳动力,因此他的全部可供支配的时间,按照自然和法律都是劳动时间,也就是说,应当用于资本的自

---

① 马克思恩格斯全集(第21卷)[M].北京:人民出版社,2003:270.
② 马克思恩格斯全集(第21卷)[M].北京:人民出版社,2003:270.
③ 马克思恩格斯全集(第1卷)[M].北京:人民出版社,1995:290.

行增殖。至于个人受教育的时间，发展智力的时间，履行社会职能的时间，进行社交活动的时间，自由运用体力和智力的时间，以至于星期日的休息时间，——这全都是废话！"①工人的日常生活，被"资本的自行增殖"制度控制，要使工人能够自由支配自己，包括恢复受教育的时间、发展智力的时间等，只有通过变革"资本的自行增殖"制度，才能真正有受教育的时间，而不是去分析人是否完善的问题。如果做不到这一点，全都是废话。

所以，要使教育获得发展和进步，必须要完成对社会的改造，这是前提。"如果说工厂立法作为从资本那里争取来的最初的微小让步，只是把初等教育同工厂劳动结合起来，那么毫无疑问，工人阶级在不可避免地夺取政权之后，将使理论的和实践的工艺教育在工人学校中占据应有的位置。同样毫无疑问，生产的资本主义形式和与之相适应的工人的经济关系，是同这种变革酵母及其目的——消灭旧分工——直接矛盾的。"②只有完成了对社会的变革，才能为教育发展创造现实基础，这是促进教育发展的现实选择，而且是能够做到的，"工厂法"是一个很好的例子。

其二，对国家和社会的教育职责问题的批判。

国家是教育机关，承担公共教育责任。马克思通过对教育问题产生社会根源的批判，客观评判了国家和社会的教育职责及其发挥教育作用问题。

一方面，马克思论证教育与劳动力价值、创造社会文明（物质文明、精神文明）之间的关系。马克思指出机器发明、人的知识技能改善，会影响社会生产效率。就此来说，人通过接受教育，改变知识与技能，提高生活生产能力，这是十分重要的。"为改变一般人的本性，使它获得一定劳动部门的技能和技巧，成为发达的和专门的劳动力，就要有一定的教育或训练。"③

另一方面，马克思指出不能据此断言"接受教育"和工资增长之间存在着正

---

① 马克思恩格斯全集（第44卷）[M].北京：人民出版社，2001：306.
② 马克思恩格斯全集（第44卷）[M].北京：人民出版社，2001：561-562.
③ 马克思恩格斯全集（第44卷）[M].北京：人民出版社，2001：200.

比关系,不能把贫困人群受教育的不足,归结成是造成社会贫困的原因。也就是说,影响工资收入的机制、制度,不是取决于教育制度,"产业工人的教育已广为普及,这就使得几乎所有师傅和老板的劳动和技艺的价值日益降低,因为教育的广为普及,使拥有这种专门知识的人数增加了"①。教育的普及推广,为社会增加了熟悉和掌握专门知识的人群,工厂要选择掌握知识技术的人群,有了更多可挑选的机会,这有可能因为掌握知识技术人数的增加,加剧了就业竞争,增加就业难度,结果是受过教育的人未必能够增加工资,可能反而使工资下降。究竟是什么因素导致工人工资下降,甚至出现贫困问题? 不需要讨论,就很清楚了,是否接受教育、接受教育的程度,不是影响工资收入分配的决定性因素,也不能把受教育之后是否能够增加工资收入,作为需要或不需要接受教育的依据。明确了这一点,我们就不会以增加收入、找到好工作等功利性、工具性目标作为决定是否接受教育的依据,就会摆脱工具论教育观念的束缚,树立教育满足人自身发展需要的正确认识。

其三,对科学与教育关系问题的批判。

马克思在《莱茵报》工作期间,遇到了智力是构成议会代表要素问题的争论。技术推进工业革命,手工工业向现代科学技术工业发展,重视智力、科学的作用等方面,已经达成社会共识。关键是怎样把握科学、技术的社会本质,以及如何正确认识人接受科学知识、技术的教育问题。

马克思在《资本论》中肯定了机器、科学技术的广泛应用,推动了社会生产的变化。这说明科学技术是影响社会变革的重要因素。因此,我们需要什么样的教育、怎样开展教育,以便使社会民众掌握科学知识。马克思强调要正确把握科学的本质。"综合技术学校和农业学校是这种变革过程在大工业基础上自然发展起来的一个要素;职业学校是另一个要素,在这种学校里,工人的子女受

---

① 马克思恩格斯全集(第46卷)[M].北京:人民出版社,2003:437.

到一些有关工艺学和各种生产工具的实际操作的教育。"①在这里,马克思肯定了大工业发展和建设综合技术学校、农业学校之间的关系。从字面上看,建立综合技术学校和农业学校,是大工业发展需要一支掌握知识技术的工人队伍的必要要求。但是,工人子女只学习"有关工艺学和各种生产工具的实际操作"②,这样的学习,只是为了满足能够承担生产流水线上某一项工种的需要。

事实上,马克思在这一段论述中讲了两个问题:前面一句是讲工业发展与教育的关系问题。工业是人处理和自然界的关系。工业发展,表明人改造利用自然界的能力获得进步,要进一步发展工业,就需要知识、技术,这就需要发展教育,但哪些人能受教育、受什么样的教育,这在后一句中讲清楚了。后一句就讲人与人的关系问题。在工厂制度下,对工人子女的教育,不是为了工人子女个体发展的需要,而是为了使工人子女能够胜任工厂生产流水线上某一项工作。这样,把两方面联系起来,就能看到马克思对工业、科学、教育之间关系的基本观点。

在马克思看来,现代工业的发展,是科学技术进步的产物。要推进现代工业发展,就需要受教育的人。但是,面向人的教育,尤其是为工人子女提供教育,被缩小成是"工艺学和实际操作"的教育,这无法使科学和教育变成是满足人的全面发展需要的重要资源和条件。原因就是工业制度(马克思称作是私有制度)和科学实现了结盟,社会受到了私有制和科学理性的双重统治。一方面工业快速发展,另一方面工人及其子女受到越来越狭隘和单一的教育,其产生的结果是,"人跟自然界的关系变得非常片面,只剩下一种狭隘的利用关系,一种谋生的关系、挣钱的关系,满足的是人的片面的动物性欲望,就是拥有欲"③。因此,要做好学校教育工作,要重视传授科学知识,要追踪最新的科学与技术成果,把它转化成学校课程设置与教学内容;更要研究人与人、人与社会的相互关

---

① 马克思恩格斯全集(第44卷)[M].北京:人民出版社,2001:561.
② 马克思恩格斯全集(第44卷)[M].北京:人民出版社,2001:561.
③ 邓晓芒.哲学史方法论十四讲[M].重庆:重庆大学出版社,2014:311.

系,突出以人的发展为本位的教育观,实现科学进步与社会关系变革的协调发展。

其四,对教育与人的发展问题的批判。

针对胡果主张教育要以出生的纯粹偶然性为基础的观点,马克思肯定教育对人的生存、发展的影响,但这种影响不是取决于"出生的偶然性",而是人的现实社会生活。

马克思通过对生产、商品、手工工场、机器生产、流通、交换等现代社会生产力、生产方式的批判考察,提出一个创新论断就是主张人是现实劳动与实践的产物。人的劳动,既是人与自然界的交往活动,从自然界中寻找劳动对象、劳动资料,又要受到人与人之间就劳动问题结成的各种交往关系,包括所有制问题。因此,考量一个人是否实现全面发展,需要回到日常生活生产实践中看人的"感性活动",同时要考量社会为个人生产生活实践提供的条件,是否适合个人自主活动的开展。所以,未来教育是回归到服务于人的生存和发展为目标的教育,不再是承担某一生产工种的局部个人,"用那种把不同社会职能当作互相交替的活动方式的全面发展的个人,来代替只是承担一种社会局部职能的局部个人"[1]。

马克思作出这个论断的重大意义,既是确立了人能够实现全面发展目标的信心,生产劳动和社会实践是人的全面发展目标实现路径和评判依据;又指出人的成长是一个社会历史文化过程,要抛弃历史虚无主义理解人的问题的观点,也要抛弃人的成长的生物遗传决定论、环境决定论观点。这种理解思路,跟历史法学学派主张教育是"以出生的纯粹偶然性为基础"的观点不同,跟契约主义思想家从自由、权利角度论证人的全面发展观点也是有原则差异的,和哈贝马斯通过对话和共识实现人与人自由交往的构想也不一样。马克思非常鲜明地提出立足于人的社会生产劳动与实践角度理解人的发展问题的论断,表明马

---

[1]　马克思恩格斯全集(第44卷)[M].北京:人民出版社,2001:561.

克思为理解人的全面发展问题确立了社会尺度。

三、剖析教育与社会同谋问题所彰显的主张

上面主要是对马克思早期政论文章中回应和辩驳四种教育观点展开讨论，指出马克思作出了教育和社会构成同谋关系的论断，进而论述马克思质疑教育与社会同谋关系的基本思路，分析了马克思青年时期确立的理解教育思路，随着对社会问题更深入的分析与批判，成为论述教育问题的思想方式。这就需要阐释这种论述教育问题思想方式的理论贡献。

（一）确立教育发展的历史观

马克思对历史法学派的批判，实质是否定历史法学派对待教育的历史虚无义倾向，以及抱着德意志民族优越论的狭隘民族主义、种族主义的思想倾向，逐步形成了研究教育问题要确立历史观的重要论断，这是马克思对教育理论研究的重要贡献。

对此，马克思是在不断扬弃黑格尔历史观的基础上完成的。在黑格尔看来"'历史哲学'只不过是历史的思想的考察"①。因此，考察世界历史的演进，需要依赖理性，以不断消解个人"意志"和"自由"之间的矛盾，从而展现由个人活动构成的世界历史的合理性。黑格尔关于历史考察的观点，虽然研究对象是客观历史发展现实，但是，理性构成他研究思路的核心主张。这样，历史的研究，变成只是对客观现实存在的历史事实及其发展规律进行理性解释，对现实人的活动构成的历史，变成是抽象的精神观念运动。

对黑格尔的观点，马克思作出了批判，认为要把现实个人作为理解历史的出发点，而不是抽象的精神、观念（如东方社会发展归结是道德）创造历史，而是人的物质生产活动创造了历史。"人们为了能够'创造历史'，必须能够生活。

①　黑格尔. 历史哲学［M］. 王造时，译. 北京：商务印书馆，1963：46.

但是为了生活,首先就需要吃喝住穿以及其他一些东西。"①这段论述阐明了一个重要真理:历史是人创造的。人对历史的创造,开始于人解决吃喝住穿等最基本生存问题,在此基础上,创造了人类社会的政治、文化、宗教、道德等人类文明。"历史不过是追求着自己目的的人的活动而已。"②社会历史是人的实践活动产物,理解历史,就不能脱离人的实践。如果离开人的实践讨论历史,"这种历史还不是作为一个当作前提的主体的人的现实历史"③。可见,马克思断言社会历史是现实的人的实践活动产物。这样,现实个人存在和社会存在、历史存在获得了统一。离开社会历史谈论人的存在、社会存在,是对人和社会的认识作出虚无的理解。同样,离开人的实践活动谈论社会历史,历史成为抽象的存在。

因而需要解决历史观的问题,为理解教育问题确立历史观,把人类教育活动与创造社会历史相结合,把个人接受教育的"私事(私人性)"和创造人类社会历史的"公事(公共性)"融合并存。既能够使教育活动和个人日常生活需求结合,又能够使教育深深扎根于现实人的社会历史创造实践中,如此才能坚持和维护教育的公共性立场。

(二)奠定教育发展的社会基础观

人是否完善、人是否有智力,这不能成为人是否需要教育的理由,否则就会出现遗传决定论、环境决定论等错误认识。人是否受教育,是和人的社会实践活动密切相联的。人的物质生产实践活动,既要受到人认识自然、掌握自然能力的制约,又要受到生产生活方式及社会关系的制约。如果是处于生产力不发达的社会中,或是处在阶级对立的社会里,要实施面向所有儿童的平等的国民教育,这是不可能的。就如马克思在《哥达纲领批判》中对拉萨尔观点的批驳,指出"由国家实行普遍的和平等的国民教育。实行普遍的义务教育。实行免费

---

① 马克思恩格斯选集(第1卷)[M].北京:人民出版社,2012:158.
② 马克思恩格斯文集(第1卷)[M].北京:人民出版社,2009:295.
③ 马克思恩格斯全集(第3卷)[M].北京:人民出版社,2002:316.

教育"观点是错误的。"是不是以为在现代社会中教育对一切阶级都可以是平等的呢？或者是要求用强制的方式使上层阶级也降到国民学校这种很低的教育水平，即降到仅仅适合于雇佣工人甚至农民的经济状况的教育水平呢？"①事实上，上层阶层不会主动降低教育水平，只要社会存在着发展阶段的不均衡、存在着阶层的差异，就不能凭空抽象地谈论平等的教育或教育的平等问题。因为平等的教育目标的实现，不是由个人主观选择来决定的，而是取决于社会经济结构。虽然有些国家通过教育立法，确定国民学校的经费、教员资格、教学科目等等，也有国家组织视察员监督教育法律执行情况②，但不能把这些做法等同于平等的国民教育的实现，"这同指定国家为人民的教育者完全是两回事"③。所以，怎样发展教育、发展怎样的教育，都要受到现实社会的制约。现实社会是教育发展的客观基础，脱离现实社会基础，谋划教育发展理想与目标，就变成了逻辑的、概念的想象。

（三）阐明教育发展的性质观

对"国家是教育机关"这个观点的批判，马克思提出理解教育发展性质问题的基本思路。马克思认为人类创造历史的活动，既需要物质生产活动，又需要人类自身的生产活动、社会关系的生产活动和思想观念精神的生产活动，"宗教、家庭、国家、法、道德、科学、艺术等等，都不过是生产的一些特殊的方式，……正像社会本身生产作为人的人一样，社会也是由人生产的。"④马克思说得很清楚，人的生产就是整个人类社会的生产和再生产，它内含着物质生产、人的繁衍生产、精神生产（如宗教、法、道德、科学、艺术等）、社会关系的生产（国家、社会）。

所以，要理解人类社会需要教育的原因，或者说人类开展教育教学活动，对

---

① 马克思恩格斯选集(第3卷)[M].北京:人民出版社,2012:375.
② 马克思恩格斯选集(第3卷)[M].北京:人民出版社,2012:376.
③ 马克思恩格斯选集(第3卷)[M].北京:人民出版社,2012:376.
④ 马克思恩格斯全集(第3卷)[M].北京:人民出版社,2002:300-301.

人类社会存在与发展产生怎样的价值与意义,这是对教育性质问题作出判断的基本依据。马克思明确了这个问题的理解思路,这就是要把教育和人类社会所有生产活动结合起来进行理解,这包括教育与物质生产的结合,也包括教育和人的自然繁衍、精神生产以及社会关系生产的结合,由此就形成了理解教育性质、教育意义问题的思路,这就是要从人的存在、社会存在的高度关切教育问题,教育要适应人的存在与发展的需要,自然科学(技术)知识是不可能解决人的存在与发展问题的。"凡是科学里寻找他的人生意义、他的行动指南、寻找存在本身的人,都不能不大失所望。"[1]雅斯贝斯提出的方案是回到哲学,"因对腐朽的哲学感到失望而走向实际的科学,又从科学重新返回真正的哲学"[2]。诚然,不论雅斯贝尔斯如何理解科学、如何理解哲学,他提出要为教育研究找到存在知识,而科学知识是"事实知识",不是"存在知识",科学知识不能给生活提供任何目标,不能回答关于它自己的意义问题,这是确定无疑的[3]。如此来说,社会对教育的需要,不只是为了满足学生学会识字读书的需要,教育功能也不只是为了提高社会物质生产能力,不能把教育看作提升生产物质财富效率的工具。

对此,马克思为明确教育性质提供清晰思路:教育既要满足人掌握职业技能的需要,以便人能够从事物质生产,又要满足人的精神生活的需要,同时也要满足社会关系发展的需要,所以,教育的性质不是取决于某一个个体或某一个群体(如某一民族)需要。它不应该是私人产品、私人财产,也不应该是可以由市场交易完成的某种"产品"。它应该取决于社会的、国家的发展需要,这是教育最高、最本质的利益归属,体现了公共性是教育基本属性的立场。

---

① 卡尔·雅斯贝斯. 生存哲学[M]. 王玖兴,译. 上海:上海译文出版社,2005:7.
② 卡尔·雅斯贝斯. 生存哲学[M]. 王玖兴,译. 上海:上海译文出版社,2005:7.
③ 卡尔·雅斯贝斯. 生存哲学[M]. 王玖兴,译. 上海:上海译文出版社,2005:7.

四、马克思论述教育与社会同谋问题的价值

马克思对教育构成社会同谋关系的评述,以及为教育发展确立的历史观、社会基础观、性质观,对我们提出了立足现实社会讨论教育问题的基本要求,也为理解和把握教育问题提供启发。

(一)有助于深刻把握教育目标的内涵

确立教育目标,是开展教育工作的首要任务。要完成这项任务,必定是从理解与把握"人"这个问题入手。理解人是研制教育目标的关键。这就需要重视马克思对人的问题的基本观点。马克思说"关于人的科学本身是人自己的实践活动的产物"①。人的实践活动,包含着物质生产实践和科学文化实践,每一次的实践活动,是人的本质力量得到确证和展现。这样,人的实践活动这个经验现实,使感性直观与主体性在现实的人身上获得了真正的统一,"别人的感觉和精神也成为我自己的占有"②,人的感官便成了"社会的器官","以全部感觉在对象世界中肯定自己"③。由此指明人只有在现实的社会实践活动中,才能成为人,人要成为怎样的人,是和他的社会实践方式密切相关联的。"他们是什么样的,这同他们的生产是一致的——既和他们生产什么一致,又和他们怎样生产一致。"④因而,每一个个体怎样成长、发展,会受到他们进行生产的物质条件的制约。

因此,对教育的理解,以及开展教育工作,就要关注人的本质力量展现和生成这个问题,教育的使命和任务是提高人从事物质生产和科学文化的实践能力,不能把人这个教育对象看作只是接受知识的对象,要充分考虑在实践场景中占有自己,成为自主活动的人。在科学技术对社会变革产生越来越重要影响

---

① 马克思恩格斯全集(第3卷)[M].北京:人民出版社,2002:359.
② 马克思恩格斯全集(第3卷)[M].北京:人民出版社,2002:304.
③ 马克思恩格斯全集(第3卷)[M].北京:人民出版社,2002:305.
④ 马克思恩格斯选集(第1卷)[M].北京:人民出版社,2012:147.

的当代社会,这种占有自己成为自主活动的人,重点是提升人的实践创新能力。

这就是说,培养学生的创新创造能力,实质是考察学生能否在实践活动中展现本质力量。遵循这一点,学校的核心工作是建构学生与外部世界的交往关系,研究学生如何和外部社会环境建立和保持交往关系,尤其是要深入研究学校如何能够有效地实现跨界融合。如此理解培养人的教育问题,既有别于人本主义的观点,也有别于把人看作理性人的科学主义观点,这样的认识思路,是学校与社会融合协同发展的重要理论依据。

(二)有助于全面理解教育的根本任务

我们要全面落实立德树人根本任务,前提是明确立德树人根本任务落实成效的评价要求。简单地说,对接受学校教育的学生,如何评价这些经过学校教育的学生已经符合了立德树人的要求。马克思在对"智力作为代表制特殊要素"以及关于科学、技术与人的关系等问题的辩驳中,指出人的意义不是为自己家园而是要为正义事业奋斗,这隐含着马克思回答人的意义的重要思路,而且随着马克思研究社会问题的深入,形成了理解人的意义问题的两个维度。

其一,马克思是从人是社会存在的维度明确人的意义。马克思说"动物不能从事交换""动物不能把自己同类的不同属性汇集起来"[1],动物发生的"所作所为",是源自本能的、自然的需要。对动物来说,外部世界只是满足动物维系生命的需要,维系生命是自然的、本能的需要。人则不一样,人与外部世界的关系,是对象性的交往关系,不仅满足人维系生命的自然性需要,而且人能够组成各种共同体,从家庭、市民社会到国家,这样,从自然性存在的人,变成是社会性的存在,"在其现实性上,它是一切社会关系的总和"[2]。这就是说,每一个人都要明确,看起来每一个在社会中独立、自主地"做事",是个人的行为,其实是社会性的活动,每一个人是在为他人、为社会"做事",是他人、社会的共同存在。

---

[1] 马克思恩格斯全集(第3卷)[M].北京:人民出版社,2002:356.
[2] 马克思恩格斯选集(第1卷)[M].北京:人民出版社,2012:135.

这就是"做事"产生的意义。每一个人都要培养这种意识和能力，这需要发挥教育的作用。

其二，马克思是从对象性交往关系的维度明确人的意义。在马克思批驳把智力作等级代表制要素的观点时，虽然马克思还没有形成明确人是对象性交往关系的观点，但是，马克思已经指出智力不可能是评判等级代表的关键要素。构成等级代表的要素，不是智力本身，也不是代表制本身，而是为代表制建立起来的社会交往关系。正是这种交往关系，使智力变成了代表的属性，智力成为当选代表的要素。其实，为智力成为代表要素创造的社会交往关系，是人的实践产物。

虽然这一阶段马克思对交往关系的阐述还不是十分明确，但是，随着马克思离开《莱茵报》之后对现实物质生产的深入考察，对这个观点的认识逐步得到明晰。比如《1844年经济学哲学手稿》中就指出人的对象性交往关系是指人与自然的交往关系和人与社会的交往关系。人与自然的交往关系，是人与物的关系，而人与社会之间保持交往关系，似乎使交往关系的内涵复杂多元了，如异化、贫困、不公平等社会问题的出现，就是交往关系复杂性的体现。在《资本论》手稿等著作中，马克思进一步追究这些问题形成的根本原因。马克思认为是商品的"等价交换"，"等价交换"得以成立的重要条件是投入商品中的劳动时间，不同劳动者在不同环境条件下从事不同商品的生产，却可以通过"劳动时间"给予"平等"的换算（等价交换），它体现和遵循的原则是科学理性定量化标准。如果"等价交换"成为日常生活的常态，将对人的思想观念产生重要影响，形成科学理性精确地看待和宰制一切的思想观念，结果引起马克思对拜物教及人的异化的批判，导致胡塞尔惊呼现代欧洲科学危机。因此，不论是马克思还是尼采、胡塞尔等现代、后现代思想家，渴望摆脱人的物化，摆脱被科技理性、工具理性的奴役，寻求人的意义，获得人的自由，这正是当前教育帮助人获得存在意义需要重视的思路。

（三）有助于推动在共同体中育人的创新发展

马克思对教育历史性与教育社会基础的论述，为我们防御和化解教育与社会问题，避免教育活动遭受历史虚无主义、个人主义的侵袭，提供了思想武器。其中马克思消灭异化劳动建立自由人联合体的构想，值得我们重视。"每个人的自由发展是一切人的自由发展的条件"的联合体①，明确了个人与共同体的关系。只有在共同体中才可能有个人自由。因此，一项极其重要的工作是帮助学生确立共同体意识，把个人活动融合到共同体之中，使个人得到充分和自由的发展。

但是，互联网虚拟空间的出现，全球文化多元化的并存，可供学生个人交往的空间发生了变化，它已经不是经典物理学意义上的空间。这些新空间的出现，增加了出现个人自我中心主义思想、个人主义思想的风险，使学校面临着防御历史虚无主义、个人主义的新任务。

如何防御？弗雷德里克·杰姆逊指出马克思的《资本论》不仅讨论商品等价交换问题，而且它"显示为一个创造性心智行动，一个非凡的文化发明"②。杰姆逊指出，商品等价交换是客观的自然过程，但它隐含着对"价值一般形式或者货币"的"形而上学"思考，也即形成了抽象的历史。"在这个含义上，在贯穿于全部系列的不同人类行为的文明全部复杂的发展中，抽象是'文明'的前提条件，抽象的历史因此会被要求赞同那些人类行为特有的不同历史。"③杰姆逊给我们分析了抽象的历史观出现的必然性，但并没有指出规避历史抽象化或虚无化的出路。

因此，学校要帮助学生回归到相应的、现实的共同体，在共同体中学会学

① 马克思恩格斯选集(第1卷)[M].北京：人民出版社，2012：422.
② 弗雷德里克·杰姆逊.晚期马克思主义：阿多诺，或辩证法的韧性[M].李永红，译.南京：南京大学出版社，2008：162.
③ 弗雷德里克·杰姆逊.晚期马克思主义：阿多诺，或辩证法的韧性[M].李永红，译.南京：南京大学出版社，2008：162.

习、学会交往、学会创造,成为独立、自主的个人。前提是要为学生建构理想的共同体,这需要坚守马克思的历史观,从历史发展的高度理解自由人联合体的实质与建设要求,依照自由人联合体的根本特征和原则,根据一定阶段学生思想特点,建设好班级、社团等等学生身边的共同体,帮助学生在这些共同体中成长。

上文四个部分,阐述了马克思早期政论文章对四种教育观点的辩驳,发现马克思论述教育问题的基本思路以及教育主张。对这些问题展开讨论,启示我们在理解教育问题时,要把握教育的历史观、社会基础观与性质观,为我们深入阐述教育与人、科学、社会等关系问题明确了方向,尤其是为人工智能时代教育规范发展奠定了思想基础,彰显着马克思论述教育问题的思想贡献及当代价值。

第六章　马克思关于教育面向生产劳动的四重意蕴

　　前面论述马克思主张教育研究要回归到现实的人,而劳动解答了人的存在秘密,找到了人的存在发展通道。因此,马克思在完成传统教育研究思想方式变革之后,必然要选择教育发展路径,这条有效路径,就是马克思提出教育与生产劳动相结合的论断。

　　对这个论断,我们并不陌生。不陌生,并不意味着我们对它已经熟知与理解。比如有观点认为,推行教育与生产劳动结合,是为了解决教育和社会生活分离的问题。因为学校教育重视理论知识学习,组织安排学生参加生产劳动,使学生熟悉社会生活,解决理论学习与社会生活实际联系不够紧密的问题。也有观点主张,教育与生产劳动相结合,是因为教育发展受社会经济发展制约,教育要为经济发展服务。因此,提出教育与生产劳动相结合,是强调教育与社会经济发展相适应。类似这样的认知与理解思路,是否把握了马克思提出生产劳动和教育结合的缘由、含义及实施要求? 要回答这个问题,极其重要的思想任务是从马克思研究生产劳动的缘由及其取得的成果入手,厘清马克思研究"生产劳动"发现了什么? 与亚当·斯密、黑格尔等思想家关注劳动问题相比较,又存在怎样的本质差异?

　　马克思对劳动问题的看法,和亚当·斯密为代表的国民经济学家的观点是不一样的,也不同于黑格尔的观点。这种差异体现在马克思通过对劳动的经济学批判,发现人的存在秘密,进而把劳动提升到研究人的存在问题的哲学命题。也就是说,马克思是从生产劳动中发现了研究人的问题的存在论思路,形成以人的存在为前提讨论教育与生产劳动结合的思路。这一点在《给临时中央委员会代表的关于若干问题的指示》第 4 点"男女少年和儿童的劳动"中作了清楚表述。首先,对人的存在来说,马克思肯定生产劳动具有普遍意义、处于基础性地位。只要每个人要生存,就不可能脱离生产劳动。儿童、青少年也不例外。"在合理的社会制度下,每个儿童从 9 岁起都应当成为生产劳动者,就像任何身体健全的成年人一样,必须无例外地服从那普遍的自然规律,即:为了吃饭,必须劳动,不仅要用脑劳动,而且也要用双手劳动。"①其次,对儿童青少年到现代工厂做工的现象,马克思肯定这是现代工业社会进步的表现。"现代工业使男女儿童和少年参加社会生产这个伟大事业,是一种进步的、健康的、合理的趋势。"当然,马克思指出关键问题是我们安排儿童参加哪些生产劳动。所以,在重视劳动的同时,马克思提出还要重视对儿童青少年的教育问题:"父母或雇主令未成年人劳动而不同时使其受教育,是决不能允许的。"②再次,结合生产劳动的需要,马克思指出教育主要任务:"我们把教育理解为以下三件事:第一:智育。第二:体育,即体育学校和军事训练所教的内容。第三:技术培训,这种培训要以生产各个过程的一般原理为内容,并同时使儿童和少年学会各种行业基本工具的实际运用与操作。对未成年劳动者应按不同类别循序渐进地施以智力、体育和技术方面的培训。"③

可见,马克思对儿童青少年参加社会生产劳动的肯定,以及提出的三项教育任务,是基于马克思肯定劳动对人的存在所起的决定作用为前提。劳动唤醒人的存在意识,劳动为人成为主体的人拓展了通道。因此,我们理解马克思关于教育任务的论述,不能仅仅理解成教育是为了培养人成为担任某种职业某项工作的人。而是如何通过教育面向劳动,在教育与劳动融合中,让学生在劳动中感知自身的存在,建构自身与劳动对象、与外部世界的交往关系,从而把自身

---

① 马克思恩格斯全集(第 21 卷)[M].北京:人民出版社,2003:269.
② 马克思恩格斯全集(第 21 卷)[M].北京:人民出版社,2003:270.
③ 马克思恩格斯全集(第 21 卷)[M].北京:人民出版社,2003:270.

培养成具有社会主体意识的社会的人,包括掌握生产技能成为某一职业的劳动者。这是马克思关于教育面向生产劳动提出的四方面要求,是我们推进教育与生产劳动结合工作时需要重视的问题,也是深化教育与生产劳动相结合研究的创新思路。

一、阐明人的存在作为教育研究前提

开展教育研究工作,明确什么样的思想方式指导教育研究工作,这是前提。从苏格拉底、柏拉图到当代思想家,无论是具有宗教情结的思想家,还是坚持科学精神的思想家,形而上思想方式是这些思想家研究教育问题的共同之处。比如柏拉图是离开人的现实社会生活,为现实的人构建善、真理等抽象理念世界,以对话、辩论的方式,训练人的逻辑能力,使人具有接受抽象理念的能力,达到最高的人格理想。实现人的最有意义存在方式,柏拉图把它看作是人的神性[1]。看起来这是把真善美列为人的存在意义之追求,其实这一切只能是虚幻的,脱离了人的现实生活的需要。就如尼采批评柏拉图是撒谎者:"是一个讲话含而不露、模棱两可和诱人上当的作者"[2],"摆弄机巧和诈术"[3]。尼采否定柏拉图,是对柏拉图谋划哲学王的思想方式的批判与否定,是对柏拉图以理性、逻辑、治理城邦政治需要等建构的教育想象的反思。这是值得重视的观点。

的确,像柏拉图那样理解与认识教育问题的思想方式,在中世纪宗教教育中表现得尤其典型。上帝与天国是超越时间和空间的永恒真理,是决定人的存在的本质因素。教育人认同上帝与天国,这是教育使命也是人活着的全部使命、意义及其价值。直至文艺复兴和启蒙运动颠覆了人受神统治的格局,找回人的地位,把人作为主体来看待,试图摆脱本体论、形而上学方面的预设前提。但出现了把自然人确定是认识活动的本性与价值之源的观点,逐渐形成以理

---

① 朗佩特.施特劳斯与尼采[M].田立年,贺志刚,等译.上海:上海三联书店,2005:13.
② 朗佩特.施特劳斯与尼采[M].田立年,贺志刚,等译.上海:上海三联书店,2005:16.
③ 朗佩特.施特劳斯与尼采[M].田立年,贺志刚,等译.上海:上海三联书店,2005:17.

性、智力作为教育前提的认识论—实证主义思想方式，就如赫尔巴特以心理学为理论基础的教育研究、20世纪杜威以儿童活动为本位的经验教育理论等。尤其是杜威的儿童教育研究，试图以社会民主建构目标为指引，研究教育如何把儿童培养成为民主社会的合格公民，创造一个同心同德的社群。但杜威的假设是"只要一个人采取了民主的态度，并真诚地向差别很大的个人和群体的经验和需求敞开其心灵和内心，那么，让生活得以进行的那种归属感、那种休戚相关的感觉就将得到深化"①。的确，杜威呼吁并践行儿童为中心的理念，只是通过社会民主价值理想引领儿童发展，培养能够做出自由的、独立道德判断和自愿合作的自律的公民。这样的教育理想与教育实践，表明杜威坚持教育的社会取向，主张教育要服从民主社会发展的需要。问题是如何理解社会。现实的人是社会最关键的要素，社会不可能是一个抽象的概念。因而，从社会出发，就变成是从现实的人出发。那么，如何理解现实的人？这不仅是解决教育以社会为中心，还是以人为中心的问题，而且是确定把人的存在作为教育研究视域。从人的存在原则高度理解教育，阐释教育的本质及其意义，建构研究教育的新的思想方式，回答人的存在的本质及其决定存在的因素，避免出现加达默尔所说的"我们深深地陷入了主观主义的困境中"②。

这需要我们重读马克思著作，去发现和领悟马克思对此作出的重要贡献。马克思从研究国民经济学劳动创造财富观点入手，研究劳动对人及社会的意义，认为劳动创造财富具有经济学意义。但是劳动所具有的更为重要的意义，是成为人与世界建构交往关系的中介。通俗地说，自然的人依赖劳动实现和世界的交往，从而使独立个体的人融入世界之中，人的存在也成为现实的存在。在这个意义上说，人要变成现实的存在，就是使人和世界的关系变成现实的关

---

①　斯蒂文·洛克菲勒.杜威：宗教信仰与民主人本主义[M].赵秀福，译.北京：北京大学出版社，2010：249.

②　汉斯-格奥尔格·加达默尔.真理与方法：哲学诠释学的基本特征(下卷)[M].洪汉鼎，译.上海：上海译文出版社，1999：588.

系。不是那种在意识中抽象的、逻辑的、思辨的表达①,而是在实践中激发人的自身力量,改造自然界,建构社会环境,实现人的存在与社会存在的统一。"人只有凭借现实的、感性的对象才能表现自己的生命。"②在这个意义上说,人不仅仅是自然存在物,而且是人的自然存在物③。这是马克思研究劳动问题的重大贡献,即阐述劳动是人的本质力量的展开过程,发现了劳动异化问题的根源。这也是对人的存在之谜的揭示,建立了一条从存在论思考人的问题的哲学之路。坚持这一点,我们才能把人理解成是生活在现实世界中的活生生的个人,而且这些个人不受超越现实世界之外的力量的制约。如此,人才能主导自己,才能成为主体。因而,人是这样现实存在的人,是感性、生命力、各种欲望等因素混合成的"存在物"。

基于这一认识,马克思批判了费尔巴哈关于感性的人的观点。尽管费尔巴哈在解决人的问题上迈出一大步。但是,费尔巴哈没有做到的一点,是他不理解感性的人的本质。"没有把人的活动本身理解为对象性的活动"④,"仅把理论的活动看做是真正人的活动"⑤。这样,费尔巴哈就把人理解成是孤立存在的"原子的人"。

马克思克服了费尔巴哈的局限,也超越了黑格尔的思想。黑格尔提出了自然、历史、精神世界是辩证、矛盾运动过程的思想,但是,黑格尔没有指出人的存在的本质,以及决定人的存在和发展的根源。马克思是从人与自然、人与世界相互联系和矛盾转化中来理解人的存在问题,"正是在改造对象世界中,人才真正地证明自己是类存在物。这种生产是人的能动的类生产。通过这种生产,自然界才表现为他的作品和他的现实"⑥。这就是马克思对一个真实的人的存在

---

① 马克思恩格斯全集(第3卷)[M].北京:人民出版社,2002:316.
② 马克思恩格斯全集(第3卷)[M].北京:人民出版社,2002:324.
③ 马克思恩格斯全集(第3卷)[M].北京:人民出版社,2002:326.
④ 马克思恩格斯选集(第1卷)[M].北京:人民出版社,2012:133.
⑤ 马克思恩格斯选集(第1卷)[M].北京:人民出版社,2012:133.
⑥ 马克思恩格斯全集(第3卷)[M].北京:人民出版社,2002:274.

状态的描述。人通过生产劳动,对自然和世界进行改造活动,这是人的生命活动。当然,在一定条件下,人生命活动的动机、需求和目的发生变化,人从事生产劳动,不是出于自觉自愿的需要,只是为了满足人最基本生理需要的现象。对此,马克思称之为"异化劳动"。不论人出于怎样的目的开展生产劳动,必须要肯定这也是人发生的客观的、现实的活动,这种客观的、现实的人的活动,正是人的存在本身。正是在这些客观的活动中,人的存在得到维持、得到展示。因此,关于人的存在问题,它不是主观的、抽象的精神问题。尽管宗教的神秘教义、世俗的道德教诲、艺术的审美想象以及科学的认知改进,都会对人认识世界与自然产生影响,但是,不论是认识世界、认识自然,还是改造世界、改造自然,不可能纯粹是一个抽象的理性或幻想行为,而是和自然、世界建立务实的、客观的交往活动,正是这种交往活动,构成了人的存在的现实条件,生产劳动的意义就在此。

所以,马克思在《资本论》第一卷第一版序言中写道:"我要在本书研究的,是资本主义生产方式以及和它相适应的生产关系和交换关系"[①],"本书的最终目的就是揭示现代社会的经济运动规律"[②]。生产方式就是指劳动者与生产资料的结合方式以及所体现的生产力,它会随着人类历史实践的发展而形成不同类型,可以是私人的,也可以是个体合股的或者是集体的、国家的,这就反映着人的存在的社会特性。任何一个个人,都不可能脱离社会历史条件而变成一个"独立的个体存在"。相反,个人存在也是社会存在的具体体现。在研究生产劳动的马克思看来,这就是他提出的生产关系概念,这是马克思的重大发现。马克思在《雇佣劳动与资本》一文中写道:"黑人就是黑人。只有在一定的关系下,他才成为奴隶。纺纱机是纺棉花的机器。只有在一定的关系下,它才成为资本。脱离了这种关系,它也就不是资本了。……人们在生产中不仅仅影响自然

---

① 马克思恩格斯全集(第44卷)[M].北京:人民出版社,2001:8.
② 马克思恩格斯全集(第44卷)[M].北京:人民出版社,2001:10.

界,而且也相互影响。他们只有以一定的方式共同活动和互相交换其活动,才能进行生产。为了进行生产,人们相互之间便发生一定的联系和关系;只有在这些社会联系和社会关系的范围内,才会有他们对自然界的影响,才会有生产。……生产关系总合起来就构成所谓社会关系,构成所谓社会,并且是构成一个处于一定历史发展阶段上的社会,具有独特的特征的社会。"①一个物只有在一定关系条件下,才成为一种生产力,否则纯粹只是一个物。所以,在马克思理论结构里,生产关系是一个比较原始或基本的概念。正是对生产力和生产关系的矛盾关系认识的加深,马克思提出人的本质并不是单个人所固有的抽象物,在现实性上,它是一切社会关系的总和。很清楚,在马克思看来,人的存在就是由社会关系构成的社会存在。由此也可明白马克思在《给临时中央委员会代表的关于若干问题的指示》中对男女少年和儿童劳动的肯定,就是因为人必须依赖生产劳动而存在,参加生产劳动的任务和目标,不只是为了创造财富,而是要让儿童在劳动中建构各种交往关系,实现从个体自然人的存在,走向人的社会存在。

如此一来,我们强调教育面向生产劳动,是因为生产劳动揭穿了人是怎样存在的秘密,使这个看似明确又不明确、抽象又不抽象的人的存在概念找到了现实的、客观的基础,也为教育与生产劳动结合找到最基本、最源初的原因。这就要求我们明确教育活动的前提是关怀人的存在,要从人的存在入手,解决为什么需要教育、如何开展教育等教育基本问题。就此来说,强调教育面向生产劳动,就是把人的存在确立为开展教育研究、组织实施教育活动的前提,在教育研究和教育活动中,真正落实人的中心地位,从而使教育教学活动不再成为无"人"的教育教学活动,学生的学习活动,也不再只是为了分数、为了考试的知识学习活动。要做到这些,迫切需要我们以存在论的思想方式去理解教育教学工作,对人的教育教学活动展开存在论的研究。

---

① 马克思恩格斯文集(第 1 卷)[M].北京:人民出版社,2009:723-724.

对教育的存在论研究,前提是确认教育对象是真实的、鲜活的、具体的个人。生产劳动对于人的意义,就在于使我们能够坚定地信仰每一个个体都是生活在现实社会中的真实个人。教育面向生产劳动,其实是使教育面向现实的人和现实的社会生活,现实的人的存在成为教育研究的前提。这就要关注对人的需要的研究,把研究人的需要作为切入点,研究如何有效实施教育活动,使教育能够满足人对生活的需要,又能够引导人对更高需要的追求。就如马克思所说劳动力价值就源于劳动者生活需要。劳动者的生活需要在特定社会历史时期有存在的合理性、必然性,必须要关注劳动者的生活需要,"劳动力价值的最低限度或最小限度,是劳动力的承担者即人每天得不到就不能更新他的生命过程的那个商品量的价值,也就是维持身体所必不可少的生活资料的价值。"①这正是我们强调教育关注人的生活需要的缘由,由此要求我们形成面向人的生活需要研究教育问题的思考方式。

诚然,这里主张教育要走进人的生活,是强调不能用抽象的、形而上的思想方式为教育确定一个抽象的本体性存在,使教育变成一种神秘的、抽象的精神和思想观念的臆想活动。教育发展历史已经证明,如永恒主义、要素主义等教育思潮主张的"经典阅读",其实,这些观点的局限性是明显的。这种局限,不是否定阅读经典、传播经典的重要性,也不是否定阅读的重要性,而是它把儿童青少年生活的现实社会这个根基抽掉了。

对教育的存在论研究,就要明确教育根本任务是实现人的存在与社会存在的融合。强调教育关怀人的生活需要,而不是关怀抽象的概念或者抽象的上帝,是因为人的生活在本质上说是社会生活。因而,如何使自然人的个体存在成为社会的人,实现个人存在与社会存在的融合,这是教育的根本任务。正是对教育任务作如此规定:一方面马克思肯定资本主义企业重视儿童劳动的积极作用。另一方面,马克思又批判了使用童工问题,但"批判"不是对儿童参加生

---

① 马克思恩格斯全集(第42卷)[M].北京:人民出版社,2016:162.

产劳动重要意义的否定,而是批判把儿童当作生产某种产品的工具,指出这种做法的实质,是工厂企业不把儿童当作人的存在,而是把儿童当作劳动商品,使儿童丧失存在的真实性、独立性。因而,马克思指出要实现儿童从自然人的存在向社会存在的回归。马克思指出法律、国家意识形态、道德等取决于社会生产方式,个体也是由社会决定的,人的本质并不是单个人所固有的抽象物,而是一切社会关系的总和。这就容易理解马克思提出人的自由发展目标,不同于马克思之前思想家对人的自由发展问题的阐述,是因为马克思把个人发展与社会发展联合起来,"在那里,每个人的自由发展是一切人的自由发展的条件"①。

同时,我们要注意到,人的存在、社会的存在,是一个创造性的发展过程。马克思肯定人类社会历史是人通过生产劳动创造出来的,创造性构成生产劳动的重要特征。如果没有创造性的生产劳动,就不可能推进人类社会历史的不断变革。马克思在《1844 年经济学哲学手稿》中明确断言人的生产劳动,不仅改造对象世界,而且改善人的本质力量,人创造了自己。《资本论》通过分析生产劳动创造的使用价值和交换价值,指出人的生产劳动具有增值的可能性。可见,对生产劳动的重视,更需要重视生产劳动蕴含的创造性特征,要充分发挥创造性生产劳动的价值,才能推进人类社会高质量发展。但创造性劳动的主体是人,培养人的创造性能力,修炼人的创造性素养,这应该成为教育的价值取向。因此,对教育的存在论研究,就要坚持培养人的创造性确立是教育的价值取向。

二、规范人的教育需求合理性的边界

结合前面的讨论,我们可以看到,对教育的需求,是源于维持人的日常生活需要。其实,从人类早期教育活动看,教育就是为了满足人的生存的需要,只不过那时教育活动主要限制在家庭范围,是非正规、非专业的教育活动②。但是,

---

① 马克思恩格斯文集(第 2 卷)[M].北京:人民出版社,2009:53.
② 沃尔夫冈·布列钦卡.教育知识的哲学[M].杨明全,宋时春,译.上海:华东师范大学出版社,2006:8.

人们需要教育的意图是非常明确的,那就是使年轻一代掌握全面生产的知识和能力,以解决人的生存问题。

这样,解决人的生存问题,就决定着教育的合理性。其实,这样的理解,也只是对教育合理性问题作出直观的、经验的解释,是粗陋的理解。不过,它提供了理解教育合理性的重要思路,即教育合理性是和人解决生产、生存问题的需要密切相关联的。它意味着怎样生产、如何生活是决定教育合理性问题的基本内容。也就是说,满足人生产生活需要的教育活动,就获得了合理性。然而,从人的生产、生活的需要讨论教育合理性问题,就会把人经过教育之后能否找到工作、能否担负起社会生产职责,评价为教育是否成功的依据。反过来说,就会把人的就业失败、生活失败的原因归结为教育的问题,这就出现对教育合理性的错误理解。"由于缺乏教育,工人不懂得'商业的自然规律',即不懂得那些必然使他们陷于赤贫的规律。"①所以说"赤贫是工人自己造成的贫穷"②。为此,他们提出解决赤贫的方法是通过发展"博爱"的"慈善事业"。

结合日常生活经验看,这样的观点是容易被接受的。但是,马克思在《评一个普鲁士人的〈普鲁士国王和社会改革〉一文》中批判了这种观点。马克思认为贫困是缺少教育或者是"慈善事业""博爱理论"不充分发展所导致的结果。因而,提出要通过发展慈善事业帮助贫困人群接受教育来解决贫困问题,这是错误的观点。这种错误观点没有把握贫困产生的根源,反而掩盖贫困问题的实质,它的意图是为维护英国当局政治统治的需要,使"赤贫在政治的英国获得的普遍意义"③,赤贫被"合法化"。如果不能认清这种错误观点,就会搞乱对社会问题的判断,引导社会变革方向发生偏离。

在批判基础上,马克思进一步指出贫困问题的根源是国家。只是越强盛的

① 马克思恩格斯全集(第3卷)[M].北京:人民出版社,2002:380.
② 马克思恩格斯全集(第3卷)[M].北京:人民出版社,2002:382.
③ 马克思恩格斯全集(第3卷)[M].北京:人民出版社,2002:383.

国家,就越不认为自身是贫困问题的真正根源,越没有能力发现社会缺陷的根源①。为此,马克思提出要解决这些问题,国家必须消灭自身②。消灭国家,不是不要国家,而是要消灭仅仅依靠发展慈善事业来解决贫困问题的"国家"。因为贫困问题出现的主要原因,不是国家没有制定慈善政策、采取慈善措施。所以,要解决贫困问题,国家要有慈善的观念、慈善的政策,这都不是最根本的办法。事实上,研究解决贫困问题的出路,必须要考察产生贫困问题的根源。这个根源,它必定是和社会生产劳动方式、生产劳动制度密切相关,必定是不合理的生产劳动方式、不合理的生产劳动制度制造出来的。

不仅贫困问题如此,而且国家、政府、社会也是被构建出来的,不可能是凭空自然形成的,更不可能由上帝之类的超越物创造出来。因此,社会贫困问题的形成,绝不是因为贫困人群接受教育不足的问题。那么到底是什么原因造成了社会贫困?要回答这个问题,需要回到现实的社会生活中理解贫困问题,它是"无产者的物质状况"问题③,是贫困人群与非贫困人群的实际利益差异,"这个革命的开始和进行将是为了利益,而不是为了原则,只有利益能够发展成为原则,就是说,革命将不是政治革命,而是社会革命。"④这就是马克思、恩格斯从当时英国、德国等欧洲发达工业国家中揭示的社会发展现状、问题及变革要求。诚然,对于马克思来说,更重要使命是"改造世界",引领基层民众(无产阶级)去完成改造世界的使命。当然,要完成这种改造世界的使命,不仅要发展生产力,而且要完成社会重建,"是人的真正的共同体,是人的本质"的实现⑤。这就是马克思对贫困问题作出的思想贡献。

因此,不能把贫困问题简单地归结成是经济的问题。虽然从形式上看或从日常经验来说,贫困的确是和经济相关的问题。但是,造成贫困的原因,不只是

---

① 马克思恩格斯全集(第3卷)[M].北京:人民出版社,2002:387.
② 马克思恩格斯全集(第3卷)[M].北京:人民出版社,2002:387.
③ 马克思恩格斯全集(第3卷)[M].北京:人民出版社,2002:411.
④ 马克思恩格斯全集(第3卷)[M].北京:人民出版社,2002:411-412.
⑤ 马克思恩格斯全集(第3卷)[M].北京:人民出版社,2002:395.

一个经济问题,解决贫困问题的出路,也不能只是通过经济的手段,它还涉及社会变革、国家改造,也就是马克思所说要具有能够有利于生产发展的社会关系,如果存在着不适应生产发展的社会关系,就会阻碍生产发展,就会造成贫困。理清了贫困问题不完全是一个经济问题的思路,那么,工人(贫困人群)是否拥有技能也不是决定贫困的根本原因。因此,就不能把贫困原因简单地归结为教育不足、慈善救济不充分,而是工人的社会生存境遇,工人的存在处境。"工人的存在被归结为其他任何商品的存在条件。工人成了商品,如果他能找到买主,那就是他的幸运了。工人的生活取决于需求,而需求取决于富人和资本家的兴致。"①处在这样的社会生产关系中,贫困是必然的。也就是说,导致工人贫困的原因是社会生产关系,而不是工人未受过教育、生产物质财富的能力不足。马克思在《资本论》中说得很清楚:"劳动力占有者和货币占有者在市场上相遇,彼此作为身份平等的商品占有者发生关系,所不同的只是一个是买者,一个是卖者,因此,双方是在法律上平等的人。"②看似平等的人,但为什么劳动者要把自己的劳动力当做自己的财产,从而当做自己的商品③。把劳动力只是作为商品,使劳动力增值的因素,不完全取决于劳动力本身。

从马克思反对把贫困问题归结为经济原因的立场看,马克思不是不承认贫困是现实存在的客观事实,不是不承认贫困是和经济发展、社会物质财富不富裕密切相关的事实,而是马克思对人的存在与社会存在命运的关注。他要解决人发展不充分不自由问题,而不只是经济贫困问题。所以,马克思从社会历史发展高度肯定物质生产意义,强调物质生产是决定人类历史产生的重要前提,"我们开始要谈的前提不是任意提出的,不是教条……这是一些现实的个人,是他们的活动和他们的物质生活条件,包括他们已有的和由他们自己的活动创造

---

① 马克思恩格斯文集(第1卷)[M].北京:人民出版社,2009:115-116.
② 马克思恩格斯文集(第5卷)[M].北京:人民出版社,2009:195.
③ 马克思恩格斯文集(第5卷)[M].北京:人民出版社,2009:195.

出来的物质生活条件。"①这段话既说明人类历史发展和物质生产生活密切相关，又显示马克思对人的生存问题的关心和重视，而且是把人的生存问题和历史发展前提相提并论，这正体现出马克思对人的生存问题的重视。

正是对人的日常物质生产生活问题的重视，马克思形成了从现实生产劳动、社会实践的视角揭示社会问题的的思想方式。马克思就此指出在资本主义社会条件下，尽管他们倡导民主、自由、权利等口号，但是，在现实社会生活中是做不到的，是矛盾的。比如个人拥有受教育的时间，发展智力的时间，履行社会职能的时间，进行社交活动的时间，自由运用体力和智力的时间，以至于星期日的休息时间。这全都是废话！②平等地剥削劳动力，是资本的首要的人权③。事实上，资本社会保证了资本家每天剥削 11～13 岁的儿童 10 小时的特权，并且取消了儿童在其他工厂本来可以受到的义务教育。这一次的借口是："细巧的织物需要灵巧的手指，而这只有年幼时进工厂才能做到。"④

三、人的全面生产意识与能力的培养

贫困问题产生的根源，不是不充分的教育，也不是不完善的慈善工作。但也不能因为教育不是产生贫困的根源而否定教育的重要性，因为教育能够提升人的生产劳动技能，是已被社会生产发展证明的事实，体现了教育的重要性。当然，强调教育对人的技能提升的作用，需要作出全面准确的理解，这就是要全面把握马克思所说智育、体育、技术培训三件事。

的确，马克思提出教育三件事的论断，是教育适应社会变革与现代工业产生发展需要的必然要求。面向劳动者开展教育或训练，改善劳动者的劳动能力，使其获得从事一定劳动部门工作的技能和技巧，成为发达的和专门的劳动

① 马克思恩格斯文集（第 1 卷）［M］.北京：人民出版社，2009：516-519.
② 马克思恩格斯全集（第 42 卷）［M］.北京：人民出版社，2016：263.
③ 马克思恩格斯全集（第 42 卷）［M］.北京：人民出版社，2016：294.
④ 马克思恩格斯全集（第 42 卷）［M］.北京：人民出版社，2016：295.

力①，让劳动者能够适应工业社会分工的需要。但是，我们理解教育三件事，要以教育关怀人的存在为前提，正确把握教育培养人的职业技能的工具性目标，避免因教育具有工具性目标而导致教育异化。也就是说，教育或培训能有助于儿童、青少年学生掌握生产劳动技能，更好地适应就业工作的需要，这可以看作教育的工具性目标，即把教育看作培养从事某种职业的人。正是教育的工具性目标，使受教育者掌握不同的职业技能，去找到不同的工作，不同的工作和生产岗位会产生不同的报酬。在日常生活中，根据劳动的复杂程度，劳动力教育费用是不一样的。承担复杂劳动的劳动力，要比普通劳动力需要较高的教育费用②。

重视教育的工具性目标，主要任务是通过教育让劳动者增加技能，让劳动者更容易获得就业机会、找到工作，同时有助于提升劳动生产率。因为劳动力在它被使用的专业中，必须具有在该专业占统治地位的平均熟练程度、技巧和速度③。所以，提高人的素质，有助于找到工作；为了找到工作，不得不参加培训，掌握技能。一方面肯定教育培训的重要性，另一方面就容易出现为找到工作而参加培训的现象，结果是把教育与培训作为找工作的手段，找工作变成目的，而那些对找工作、获得就业帮助不大的教育或培训项目，就会被轻视，出现教育或培训中的功利主义现象。

所以，马克思一再强调教育要有助于人的发展，要以"活的个人"为前提。"劳动力只是作为活的个人的能力而存在。因此，劳动力的生产要以活的个人的存在为前提。"④当活的个人把劳动力只能作为商品的条件下，劳动力是否能够增加价值，决定因素不是劳动者。即便通过开展教育活动，劳动者知识、能力都得到改善，依然不能解决劳动力成为商品的困境。处在这样生存处境的劳动

---

① 马克思恩格斯全集（第42卷）［M］.北京：人民出版社，2016：161.
② 马克思恩格斯全集（第42卷）［M］.北京：人民出版社，2016：190.
③ 马克思恩格斯全集（第42卷）［M］.北京：人民出版社，2016：189.
④ 马克思恩格斯文集（第5卷）［M］.北京：人民出版社，2009：198.

者,决定不了自身付出的劳动价值,决定不了能获得多少报酬,因为劳动者已经成为一件商品。只是,和其他商品有一个区别,这就是"劳动力的价值规定包含着一个历史的和道德的要素。但是,在一定的国家,在一定的时期,必要生活资料的平均范围是一定的。"①虽然马克思也肯定劳动力价值和一个国家的文化水平有一定关系,劳动力的价值及接受教育是否能使劳动力增值,决定因素不是劳动者是否接受了教育或训练。因为这些都用于资本的自行增殖②。这就需要我们进一步研究,在什么样的状态下,全部产品或至少大部分产品采取商品的形式。我们发现,这种情况只有在一种十分特殊的生产方式即资本主义生产方式的基础上才会发生③。因此,要解决劳动者被当作劳动力商品的问题,关键是消除产生这个问题的"生产方式"。显然,这个问题就不是一个简单的经济学问题,按马克思所说,这"不属于商品分析的范围"④,那意味着这个问题的解决,不仅需要发展经济,创造更丰富的物质财富,而且要变革社会生产关系,要重建国家和社会,这才是问题解决的关键。

所以,通过教育提升人的生产劳动技能,满足人从事物质生产劳动的需要,这样理解马克思论及教育面向生产劳动的观点,其实是没有完整理解马克思的观点。马克思不仅重视物质生产劳动,还提出了人口再生产、社会关系生产、精神生产的问题。马克思在《1844 年经济学哲学手稿》提及人的全面生产问题:"动物的生产是片面的,而人的生产是全面的;动物只是在直接的肉体需要的支配下生产,而人甚至不受肉体需要的影响也进行生产,并且只有不受这种需要的影响才进行真正的生产;动物只生产自身,而人再生产整个自然界;动物的产品直接属于它的肉体,而人则自由地面对自己的产品。"⑤这里是从全面生产和片面生产的角度区分人与动物的差异。显然,马克思区分全面生产和片面生

---

① 马克思恩格斯文集(第 5 卷)[M].北京:人民出版社,2009:199.
② 马克思恩格斯文集(第 5 卷)[M].北京:人民出版社,2009:306.
③ 马克思恩格斯文集(第 5 卷)[M].北京:人民出版社,2009:197.
④ 马克思恩格斯文集(第 5 卷)[M].北京:人民出版社,2009:197.
⑤ 马克思恩格斯文集(第 1 卷)[M].北京:人民出版社,2009:162-163.

产,不是指生产某类物品或生活需求内容上的数量差异,而是生产性质的差异。体现人的生命活动的性质,因为人是自由有意识的活动,生活本身仅仅表现为生活的手段①。人的自由有意识的生命活动,既反映在物质生产领域,也体现宗教、家庭、国家、法、道德、科学、艺术等等,都不过是生产的一些特殊的方式②。社会生产就是由物质生产、人口生产(家庭)、精神生产(宗教、道德、法、科学、艺术等)、社会关系生产(社会、国家)组成的全面生产。这些生产相互交织、相互制约,既构成社会发展的动力,也是人的生存的基本特征。也就是说,描述与讨论人的生存问题,包括解决贫困问题,是一项社会系统工程,需要通过对社会生产各个方面的整体变革,才能有效地找到解决问题的答案。可见,马克思对生产问题的探索,已经从对经济学的研究走向对人的生存问题的哲学思考,这样,生产不是一个经济学概念和命题,而是一个哲学命题,是探索人的生存问题的哲学命题。

因此,要正确把握教育的工具性目标,避免把教育的工具性目标变成功利化目标,一方面强调教育能够增强和提高人的劳动能力,核心目标是培养人的全面生产意识和能力;另一方面强调及时矫正对教育工具性目标的理解思路,要把对物质生产的经济学思考转换到对人的生存问题的哲学思考。通过物质生产创造财富,满足个人日常生活需要,这是对人的日常生存的最简单最通俗的理解。对它的认识,不能拘泥于此,要逐步认识到人对自由生存的追求,使人的日常生活变得有意义,这是人应该确立的生存目标。只有这样,人才能把自己和动物生存区分开来,做到马克思所说"能够从自身产生出他的内在丰富性"③,使人的活动真正成为自身的"生命表现"④,成为"社会的活动和社会享受"⑤。事实上,人的日常生产生活,正是人和自然界与世界建立交往关系中占

---

① 马克思恩格斯文集(第1卷)[M].北京:人民出版社,2009:162.
② 马克思恩格斯文集(第1卷)[M].北京:人民出版社,2009:186.
③ 马克思恩格斯全集(第3卷)[M].北京:人民出版社,2002:303.
④ 马克思恩格斯全集(第3卷)[M].北京:人民出版社,2002:302.
⑤ 马克思恩格斯全集(第3卷)[M].北京:人民出版社,2002:301.

有自身本质的过程,只是在特定的社会关系条件下,人成为局部的人及其工具①。"把工人变成畸形物,它压抑工人的多种多样的生产志趣和生产才能,人为地培植工人片面的技巧。"②如此理解生产,就是把生产变成哲学命题,生产劳动的过程,就是生产劳动者的生命活动、生命表现。由此,必然要求学校把提升人的全面生产意识和能力作为教育任务和目标,教育不仅是为了满足人的生存需要,更是要通过教育使人避免在自己的对象中丧失自身,成为人自己的本质力量的现实③。

这样,对学校教育的评判,考察的重点不仅要关注学生是否达到了读书识字等"技术层面"的要求,而且要研究这些技术层面的知识教育,以避免出现功利化问题。这不仅要依赖受教育者提升思想、道德觉悟,自觉提升自身素养,成为合格的社会公民,而且要重视社会改造,为防范教育功利化发展提供制度保证,使个人存在与社会存在的融合发展具备条件。正是据此思考,西方有学者指出我们要对科学发现和技术应用是经济增长和社会公正原因的观点保持疑虑④,因为仅仅理性永远不足以勾画自由的道路⑤。所以,要建立能够让人人享受美好生活的社会,应该具有政治民主、市场经济和公民社会⑥。这三个要素之间存在着密切的、错综复杂的关系,仅仅依赖其中一个因素,是无法实现人的自由美好生活的。这也说明防范社会生活出现功利化现象需要系统治理,多管齐下,它是复杂的社会问题。

四、理念型教育向实践型教育的转向

基于以上分析,强调教育面向生产劳动的合理性是满足人的生存需要,要

---

① 马克思恩格斯全集(第44卷)[M].北京:人民出版社,2001:393.
② 马克思恩格斯全集(第44卷)[M].北京:人民出版社,2001:417.
③ 马克思恩格斯文集(第1卷)[M].北京:人民出版社,2009:190.
④ 拉尔夫·达仁道夫.现代社会冲突[M].林荣远,译.北京:中国社会科学出版社,2000:131.
⑤ 拉尔夫·达仁道夫.现代社会冲突[M].林荣远,译.北京:中国社会科学出版社,2000:132.
⑥ 拉尔夫·达仁道夫.现代社会冲突[M].林荣远,译.北京:中国社会科学出版社,2000:95.

求从把握人的生存本质角度来理解教育是什么、做什么。最基本的一点是要思考教育如何回应人在生活生产过程中出现片面化现象,避免把人训练成只会做某一项工作的局部人、只是满足某一种功利性目的拼命赚钱的工具人,"我们已经看到,大工业从技术上消灭了那种使一个完整的人终生固定从事某种局部操作的工场手工业分工。而同时,大工业的资本主义形式又更可怕地再生产了这种分工:在真正的工厂中,是由于把工人转化为局部机器的有自我意识的附件;在其他各处,一部分是由于间或地使用机器和机器劳动,一部分是由于采用妇女劳动、儿童劳动和非熟练劳动作为分工的新基础。"①这种分工的出现,机器劳动的广泛存在,是随着生产力的发展而产生的,也会随着生产力发展出现新的变革。尤为重要的是,适应分工变化、劳动生产技术手段的变化,会形成与分工和新技术要求相一致的社会交往关系,使人逐步成为机器的主体,逐步使人拥有自主自由的生活状态。所以,马克思预判,随着工业生产方式的变革,必定会产生适应社会发展需要的未来教育新形态。就如马克思所说:"工厂制度中萌发出了未来教育的幼芽,未来教育对所有已满一定年龄的儿童来说,就是生产劳动同智育和体育相结合,它不仅是提高社会生产的一种方法,而且是造就全面发展的人的惟一方法。"②马克思认为当时工厂教育已经蕴含着未来教育形态的萌芽,而这种未来教育的形态,正是奠基在生产劳动和教育相融合的基础上。可以说,教育面向生产劳动,不仅仅是教育活动方式变化,更加重要的是教育观念的变化,我们认为是从传统理念型教育转向了实践型教育。

这里提出理念型教育,是指从理性思路认识人的发展问题。人的成长、发展归结为人的理智力的变化,甚至把人的成长发展看作观念的革命、思维的革命,或者如哈贝马斯所说是共建理想的沟通情境,以实现沟通能力变革。其实,这些观点不符合人的日常生活事实。人日常的生产生活,的确不能离开人的理

---

① 马克思恩格斯全集(第44卷)[M].北京:人民出版社,2001:557.
② 马克思恩格斯全集(第44卷)[M].北京:人民出版社,2001:556-557.

性,但是,人是以一个完整的、整体的人参与日常生产生活,包括人的自然性、精神性、社会性等因素都会影响到人的生产生活,也会在人的生产生活中体现出来。

对此,马克思有深刻的理解,并用"感性活动"来表示人是如何融入世界之中的,而且这种融入,对人的存在意义重大:"人的思维是否具有客观的真理性,这不是一个理论的问题,而是一个实践的问题。人应该在实践中证明自己思维的真理性,即自己思维的现实性和力量,自己思维的此岸性。"①所以,人的思维是否具有真理性,真理性是否真实和有效,这需要在实践中加以证实。当然,强调在实践中检验思维的真理性,更是为了强调思维的价值在于对世界的改造。"哲学家们只是用不同的方式解释世界,问题在于改变世界"②。可以说,不论是哲学家还是普通人,都是生活在自然、社会所构成的交往关系之中,这种交往关系是真实的、客观的、变化的,人的思想观念也是来自这种交往关系。就如马克思所说,某种智力上和身体上的畸形化,甚至同整个社会分工也是分不开的。社会分工提高了生产效率和专业化水平,但它加深了劳动部门的这种社会分裂,它以自己特有的分工才从生命的根源上侵袭着个人,所以工场手工业时期也首先给工业病理学提供了材料和刺激力。③

所以,这里提出实践型教育替代理念型教育,是对马克思构想的未来教育形态根本特征的揭示。这里用实践型教育来表达:一是因为马克思把人的存在确定为研究教育问题的前提。本书第一章较详细地阐述了马克思把人的存在作为教育研究前提,指出马克思对教育问题的思考,完成了对传统教育研究的形而上思想方式的变革。二是因为实践是马克思思想体系中首要的、基本的观点,是马克思建构思想体系的核心概念。人的自由发展是马克思毕生奋斗的理想,实现人的发展的道路,它必定是实践的而不是理念的,需要从经义之学的理

---

① 马克思恩格斯文集(第1卷)[M].北京:人民出版社,2009:500.
② 马克思恩格斯文集(第1卷)[M].北京:人民出版社,2009:502.
③ 马克思恩格斯全集(第42卷)[M].北京:人民出版社,2016:373.

念型教育转向参与生产劳动融入社会的实践型教育。这是基于社会发展规律作出的科学判断。

诚然，这里提出转向实践型教育，不只是说教育面向实践、面向生产劳动，更是强调教育活动的开展，要遵循人的生产劳动的特点和规律。人是在生产劳动等一系列社会实践中获得成长，社会生产实践、社会变化，是受到各种主观、客观因素制约的客观发展过程，这决定了以造就全面发展的人为目标的教育活动，也要受到各种社会因素的规范和制约，受到社会发展规律的规范与约束。马克思在《资本论》第一版序言中就写道："问题本身并不在于资本主义生产的自然规律所引起的社会对抗的发展程度的高低。问题在于这些规律本身，在于这些以铁的必然性发生作用并且正在实现的趋势。工业较发达的国家向工业较不发达的国家所显示的，只是后者未来的景象。"①因此，马克思说撰写《资本论》这本书的最终目的是要揭示现代社会经济运动规律，这既是马克思确定的研究目标，也是马克思的思想贡献。

为了解决这个问题，马克思从分析商品入手，指出商品与人类生产劳动的相互关联，提出抽象劳动、一般劳动、必要劳动、剩余劳动、异化劳动等跟生产劳动相关联的概念。从分工、劳动、财富、贫困、工资等围绕人的日常生活中的各种现象、各种事件，马克思指出要透过这些表面现象去发现内在的本质关系，在劳动与资本分离的社会制度中，人变成单纯制造剩余价值的机器，人为地荒废了智力。马克思写道："关于对妇女劳动和儿童劳动进行资本主义剥削所造成的精神摧残，恩格斯在他所著的《英国工人阶级状况》中以及其他著作中已经作了详尽阐述，因此我在这里只是提一下。把未成年人变成单纯制造剩余价值的机器，就人为地造成了智力的荒废，——这和自然的无知完全不同，后者把智力闲置起来，并没有损害它的发展能力、它的自然肥力本身——这种智力的荒废甚至使英国议会最后不得不宣布，在一切受工厂法约束的工业中，受初等教育

---

① 马克思恩格斯全集(第42卷)[M].北京:人民出版社,2016:15.

是'在生产上'使用14岁以下儿童的法定条件。工厂法关于所谓教育的条款措辞草率;由于缺少行政机构,这种义务教育大部分仍然徒有其名。"①工厂生产使人成为制造剩余价值的工具,要改变人的这种处境,使儿童真正接受义务教育,这需要对社会的改造。"在这种学校里,工人的子女受到一些有关工艺和各种生产工具的实际操作的教育。如果说工厂立法作为从资本那里争取来的最初的微小让步,只是把初等教育同工厂劳动结合起来,那么毫无疑问,工人阶级在不可避免地夺取政权之后,将使理论的和实践的工艺教育在工人学校中占据应有的位置。"②马克思既肯定了跟资本斗争来争取权利的可能性,又强调教育和生产劳动是不能分离的,这是有它的合理性的。

这种合理性,源于马克思对社会发展规律的探索和思考。尽管资本主义社会中,工人的生产劳动变成了制造剩余价值,但是,生产劳动创造社会财富、为社会发展奠定物质基础,不能否定这一点。工人成了制造剩余价值的工具,原因不是生产劳动,而是组织生产劳动的社会生产关系,所以,对资本社会的变革,"夺取政权",并不会改变社会历史是由生产劳动创造的事实和规律。因此,不论是在什么样的社会,教育和生产劳动的结合,是站在社会发展规律的高度思考教育问题,它可以更深刻地找准教育问题产生的社会原因。如此思考教育问题,对教育进行改革和完善,就不会只限于对教育活动本身进行"形式"的变革,而是着眼于对教育活动存在的社会基础进行改革,是对教育活动进行"本质的深层结构"的变革。

诚然,推动实践型教育发展,面向生产劳动、社会实践组织教育活动,既满足更多儿童青少年接受教育的需要,又因社会生产的快速发展,不断提高对劳动者受教育程度的要求,出现教育供给与需求不平衡,导致社会出现激烈的教育竞争,形成复杂的教育矛盾。马克思在《资本论》中提及:"资本主义生产方式

---

① 马克思恩格斯全集(第42卷)[M].北京:人民出版社,2016:412.
② 马克思恩格斯全集(第42卷)[M].北京:人民出版社,2016:506.

越是使教学方法等等面向实践,随着科学和国民教育的进步,基础教育、商业知识和语言知识等等,就会越来越迅速地、容易地、普遍地、便宜地再生产出来。由于国民教育的普及,就可以从那些以前受不到教育并且习惯于较差的生活方式的阶级中招收这种工人。而且,这种普及增加了这种工人的供给,因而加强了竞争。"①社会生产的发展,推动了教育的进步,而教育的普及和发展,为社会生产提供了更加丰富的"受过教育的工人",这样就会出现受教育能提高劳动能力但劳动力贬值的矛盾,"他们的劳动能力提高了,但是他们的工资下降了"②。如此就容易引发对读书无用论的共鸣,进而怀疑教育面向生产劳动的合理性问题。

　　要破解这对矛盾:首先是不能否定教育面向生产劳动的合理性,造成劳动力技能提升但贬值的原因不是教育。其次是要思考什么是合理的教育,要坚守怎样的教育立场? 尤其是面向儿童青少年的公共义务教育,我们的教育目的、教育内容、教育方式的选择,是坚持教育促进人的发展导向,还是教育服务市场需要的市场导向。就此来说,教育面向生产劳动或者说教育与生产劳动相结合,并不是把生产劳动作为教育前提,教育的前提是现实的人,实现人的自由发展是教育目的。这样,要解决因劳动力技能提高、素质提升而劳动力贬值的矛盾问题,治本之策不在学校,而在于社会关系,也就是要创造公平民主的社会体制机制。

　　顺此看来,对当前教育也是富有启示的。教育要坚持以人民为中心,满足人民群众对高质量教育的需要,但在教育实践中出现了类似应试教育这样的问题,它的问题是,学校教育看起来是面向全体学生,其实它是满足学生、家长个体化的需要,这是隐含着极端的个人主义立场的教育活动。事实上,在应试教育驱动下,取得高分、取得考试成功是学生对学校教育的需求与目标。而教育

---

① 　马克思恩格斯全集(第46卷)[M].北京:人民出版社,2003:335.
② 　马克思恩格斯全集(第46卷)[M].北京:人民出版社,2003:335.

需要培养学生集体意识、理想主义等"公共性观念",则面临着被弱化的挑战。这就需要再回顾马克思极力调和社会和个人、整体和个体之间的矛盾或对立,他重视人的社会性本质属性,主张消除个人和社会对立的问题,努力把未来社会建设成为每一个人能够自由发展的联合体、共同体。这种着眼在社会中寻找解决人的问题的思路和方法论,也是解决教育竞争、教育矛盾的方法论。

上述四方面是结合马克思的《给临时中央委员会代表的关于若干问题的指示》第4点"男女少年和儿童的劳动"展开讨论,阐述了马克思重视儿童青少年劳动问题的思想根源,确立了从人的存在理解儿童劳动与教育相结合问题的根本思想方式,开启教育的存在论研究方向,这个方向具有革命性意义,回答了人是如何存在的基础性命题。而这个命题的提出,对教育是至关重要的,具有决定意义。因为它揭穿了教育的本质,确定了教育的意义和价值的前提:敞开人的存在方向,为人自由发展目标的实现夯实基础。正是有了这些思想准备,才能发挥教育的工具性目标价值,才能为理念型教育变成适应未来生活的实践型教育奠定基础。

第七章 马克思对教育正义理论 建构思路的变革

前面论及马克思从人的存在来思考教育问题,主张国家实施面向儿童的公共教育,以实现人的自由发展目标。在推进公共教育发展过程中,制约教育发展的社会基础面临资本控制、社会发展不平衡等问题,包括社会为学校教育提供的资源、创造的条件存在显著差异,进而造成教育的不公平、不均衡发展。这就提出了教育正义的问题,即社会如何构建正义的教育环境。要回答这个问题,就要明确我们追求怎样的教育正义。对教育正义的理解,取决于我们阐释教育正义的思想方式。那么,我们需要怎样理解教育正义的思想方式?重读马克思的正义理论,为我们阐释教育正义提供重要思想资源。

与诸多思想家关心正义问题一样,马克思同样关心正义问题。而且马克思对传统正义理解思路给予了批判,认为以往对正义问题的理解,是从"自然法"或"自然正当"的理论,从"人权"或"法权"视角对正义作出阐释,正义被看作国家、个人自由、私有财产权等内容,而没有看到制约正义问题的社会历史条件。结合对这些问题的批判,马克思坚持人类社会发展的历史视野,阐述经济基础制约人的日常生活,分析资本对阶级形成的作用,提出现实社会(现实的政治、经济、历史、文化以及不同的群体)是讨论正义问题的前提,消除人的异化,实现人的自由发展,是正义的价值尺度。

可见,如何理解正义及教育正义,前提是确立判断正义的视角,这取决于人们理解与阐释"正义"的思想方式。权利、道德、法律是较常见的判断正义的视角,就如罗尔斯是从道德立场阐释正义理论。如此,我们寻求理解教育正义的思想方式,是一项极其紧迫的课题。我们认为马克思是以批判资本主义生产关系和私有财产制度为前提,从现实社会视角阐述社会正义与人的权利,结合现实社会论证"正义""权利"等"思想观念"的内涵,使这些"观念"不再是抽象的道德概念或者法律符号。这是马克思对正义问题的理论贡献,也理应是当前阐释教育正义问题的思想方式。

因此,重读马克思正义理论,目的是准确把握马克思处理正义问题的思想方式,并以这种思想方式指导我们对教育正义的阐释,为今天讨论和坚持教育正义提供方向。

一、对教育正义理论思路的变革

面对论述教育正义的各种理论,我们如何取舍并用于指导教育实践,这需要学习与研究马克思论述教育正义的理论主张。虽然马克思没有撰写专题文章来阐述教育正义论题,但是马克思潜心研究社会发展规律,关注人类生存命运,确立人的全面发展理想,为教育正义理论创立思想前提,这也使马克思教育正义理论和其他教育正义理论有了清晰的边界。因此,我们要重视对马克思教育正义思想和理论贡献的阐释及应用,这是研究马克思教育思想及其当代价值的基本议题。其中一项重要任务就是要阐述马克思对教育正义理论建构思路的转换,这种转换主要体现在教育正义理论前提的建构、教育正义评判依据的确立、教育正义实现路径的谋划三个方面。正是实现了这三方面转换,为辨析马克思教育正义理论与其他教育正义理论的差异提供思路,展示马克思教育正义理论的价值,为我们加强教育正义理论建设提供思想资源,为创新教育正义实践提供理论保障。

(一)教育正义理论前提的变革

马克思在历史唯物主义视野中阐述正义与教育正义,把社会现实作为建构教育正义理论的前提。[①] 这一建构教育正义理论前提的确立,就和其他教育正

---

① 舒志定.马克思正义批判语境中的教育正义[J].教育研究.2015(7):4-10,63.

义理论有了本质差异,展示了马克思教育正义理论的优势与贡献。对此,我们通过与柏拉图、亚里士多德的教育正义理论作简要比较,给予进一步的阐明。

论及正义,柏拉图认定这是国家(城邦)和个人(心灵)的一种德性,问题是国家和个人为什么需要这种德性? 这个问题切中了柏拉图建构正义理论的关键之处,也暴露了他正义理论的弱点。因为柏拉图只是想证明正义是个人灵魂或城邦处于最好的状态①,"只要每个人在恰当的时候干合适他性格的工作"②。问题在于人是如何知道使自己的灵魂处于恰当状态,从而只做自己的事而不兼做别人的事? 柏拉图的答案是要求我们遵循"善"的理念。因为"善"的理念存在于人的感性世界之外,它是城邦正当性存在的依据。也就是说,城邦是按"善"的理念构建完成的,是"善"的影子。

依"善"的理念建构与治理城邦,需要有一批懂得践行"善行"的城邦公民,包括负责治理城邦的哲学王(统治者)、军人以及生产者。有了这批"公民",才能逐步推动城邦的"善"治,以实现"理想国"的目标。无疑,懂得"善行"的公民是保证城邦成为正义城邦的关键因素。由此提出了怎样产生这批"公民"的问题。解决的方法是教育,依靠教育培育能够履行治理城邦职责的公民。正是在此意义上,柏拉图论证他的教育正义理想。我们简要地描述柏拉图的论证思路:把城邦治理成为正义的城邦,需要教育来培养公民。教育培养的公民,能够把城邦治理成为正义的城邦,这是正义的教育。也就是说,柏拉图对教育正义的理解,取决于教育活动是否为正义城邦培养正义的公民。以此作为指导教育活动的原则,并明确教育的目标和任务是培育一批正义的公民,他们就是掌握认识与执行"善"的理念的知识或智慧的公民。这样,柏拉图把城邦正义思想作为他建构教育正义思想的前提。问题在于,柏拉图是从超越感性世界中寻找"善"的理念,并把这种"善"作为正义城邦建构的前提。如此,"整个自然的统一是受神圣智力引导的单一系统"③,整个宇宙变成一个由天然纽带联成的和谐

---

① 柏拉图.理想国[M].郭斌和,张竹和,译.北京:商务印书馆,1986:77.
② 柏拉图.理想国[M].郭斌和,张竹和,译.北京:商务印书馆,1986:60.
③ 程志敏.智慧与幸福:论柏拉图的《厄庇诺米斯》[M].崔嵬,等译.北京:华夏出版社,2013:54.

系统,如何使人们去获得这些知识,这是教育任务。因此,教育的课程主要包括
数理论、几何学的科学,以及辩证法的不断练习,这些课程是"居住于政治共同
体中的人类获取幸福的唯一方式"①,学习掌握这些课程的人才是明智的人。无
疑,这样理解教育问题具有鲜明的"观念主义"思路,结果是"可见之物"的现实
世界并不重要,关键是如何从可见之物上升到不可见物,可见之物也只是在作
为对不可见事物研究的促进因素时才被认为是有用的②。

　　不同于柏拉图的正义理论,尽管亚里士多德也主张要把城邦建成"善"的共
同体,但是,他提出分配问题是影响城邦治理的关键因素,主张建立合理的分配
机制。因为"城邦简而言之就是其人数足以生活的公民组合体"③。这就要研
究建设公民组合体(共同体)需要建立理性的分配方式,以保证城邦运行合理、
有序。所以,亚里士多德提出分配性正义和矫正的正义等两种正义理论(或者
说是两种正义形式)。分配性正义,是"按照所说的比例关系对公物的分配"④。
亚里士多德把比例关系作为分配原则和依据的正义观,而确定比例的依据,可
以"按照各自提供物品所有的比例"⑤。其实,这是根据每个人创造社会财富的
多少来确定分配比例,它不可能人人"均等"。因为人的能力、资源分配存在着
差异。因此,亚里士多德又提出矫正的正义,它强调在人与人、人与社会交往中
做到均等与公正,亚里士多德将其称为算术比例。

　　由此看来,亚里士多德对正义问题的思考,已经结合了人的日常生活,有别
于柏拉图是在超感性世界中讨论正义问题。由于这一点,亚里士多德正义理论
受到罗尔斯的肯定。罗尔斯提出平等自由和机会公平、差别等两条正义原则⑥,
其实是对亚里士多德正义理论的一种现代阐释。这表明两位思想家共同关注

---

① 程志敏.智慧与幸福:论柏拉图的《厄庇诺米斯》[M].崔嵬,等译.北京:华夏出版社,2013:52.
② 程志敏.智慧与幸福:论柏拉图的《厄庇诺米斯》[M].崔嵬,等译.北京:华夏出版社,2013:57.
③ 亚里士多德.政治学[M].颜一,秦典华,译.北京:中国人民大学出版社,2003:73.
④ 苗力田.亚里士多德全集(第八卷)[M].北京:中国人民大学出版社,1992:101.
⑤ 苗力田.亚里士多德全集(第八卷)[M].北京:中国人民大学出版社,1992:101.
⑥ 约翰·罗尔斯.正义论[M].何怀宏,何包钢,廖申白,译.北京:中国社会科学出版社,1988:62.

人的平等、权利和资源分配问题,也意味着亚里士多德阐释正义的思路,依旧是当代思想家研究正义问题需要面对的议题。

上述简要介绍古希腊两位重要思想家对正义及教育正义的看法和观点。我们发现,这两位思想家对教育正义理论出发点的认识并不相同。但是,这两位思想家都从实现城邦(政治共同体)正义的角度理解教育正义的重要性,把是否培养公民具有建设正义城邦的品质与能力,确定为评判教育正义与否的依据。换言之,以实现城邦(国家)正义为目标的教育活动,是正义的教育。问题是用一种抽象思维去确证城邦(国家)正义建立的前提与基础。柏拉图将其看作超越现实社会生活的"公共善",亚里士多德认为它是抽象的比例关系,这都是影响国家正义的决定因素。这样的理解思路,使"正义"变成远离人的现实生活的一种主观的想象和幻想。在阶级社会它就被统治阶级利用,作为统治阶级宣传意识形态、实施阶级统治的重要工具。因此,要解决对正义和教育正义出现的认识问题,需要转换理解正义的思想方式。在此意义上,马克思正义理论出场显得十分重要与必要。

第一,对以"善""理念"等"先验"观念为前提的"普遍"正义观的批判。马克思指出,对正义内涵与性质的规定,要受到特定社会生产、生活方式的制约,不可能超越现实社会发展历史和现实社会发展要求。在《〈政治经济学批判〉序言》中做了这样说明:"物质生活的生产方式制约着整个社会生活、政治生活和精神生活的过程。不是人们的意识决定人们的存在,相反,是人们的社会存在决定人们的意识。"①正义、公正等思想观念体系,是社会意识的组成部分,它的形成与发展,决定因素是社会物质生产方式。这样,马克思提供了从现实社会基础理解社会正义产生和发展的思路,改变了从"纯粹思维"或抽象概念理解与解释社会正义的思想方法,找到正义、教育正义得以实现的社会基础。

第二,对以人的权利为前提的正义理论的批判。从亚里士多德到罗尔斯的

---

① 马克思恩格斯选集(第2卷)[M].北京:人民出版社,2012:2.

正义理论,尊重人的权利作为正义理论建构的前提,这是对人的关心的重要体现,使正义问题更具人性色彩。要理解和运用这些正义理论,关键是怎样理解"人"?马克思说得很清楚,这个人必须是生活在现实社会中的"感性的人"。因为讲到人权,它是人之权利,"人"是"权"的主体,"权"需要寄托于"人"这个主体。通俗地说,没有人就谈不上人权。然而,问题并不在于"权"是什么,有什么样的"权",而是要追问"权"的主体是谁?是人吗?是哪些人的人权问题?这个问题不清楚,就无法谈论人权,因为没有明确到底是在谈论谁的权利这个至关重要的问题。我们以为正是在此意义上,马克思反对从人权视角谈论教育正义的观点,原因很简单,马克思对这个"权"的主体(人)做了解构。

在简要介绍马克思观点之前,我们已知道"天赋人权"的说法,这是关于人权的一个著名的启蒙口号。一批欧洲启蒙思想家坚信人是自然之子,人的权利如生命权、财产权等,也是自然而然就存在,且是不可剥夺的权利。洛克在《政府论》中提出的观点,是极为典型的观点。他认为自然状态下的人是他自己人身和财产的绝对主人。"为了正确地了解政治权力,并追溯它的起源,我们必须考究人类原来自然地处在什么状态。那是一种完备无缺的自由状态,他们在自然法的范围内,按照他们认为合适的办法,决定他们的行动和处理他们的财产和人身,而毋需得到任何人的许可或听命于任何人的意志。"①这种观点听起来非常引人注目和激动人心。也正因为这样,它对英国资产阶级革命、法国大革命产生的影响是不容轻视的。

然而,历史发展的事实是,如果脱离现实生活,赞美人的自然权利、赞美人的自由与平等权利,只能变成一种"美文学"的感叹。对此,马克思看得非常清楚,他说所有关于人的权利、正义的言说,都会受到对立阶级经济利益的制约。在"德法年鉴"时期,马克思就批评了把人的出生和社会地位相联系的观点,强调权利是社会的产物:"出生只是赋予人以个人的存在,首先把他设定为自然的

---

① 洛克.政府论(下篇)[M].叶启芳,瞿菊农,译.北京:商务印书馆,1964:5.

个体;而国家的规定,如立法权等等,却是社会产物。"①

　　第三,对以财产权为前提的正义理论的批判。肯定与保障财产权是阐述正义问题的重要线索。这一点曾受到马克思的认可。在大学毕业不久,特别是马克思在《莱茵报》工作时期,他支持这种观点,肯定"法典就是人民自由的圣经"②的观点。不过,随着马克思对资本主义社会研究工作的进一步深入,他发现财产所有权隐含着复杂问题。比如在资本主义社会,资本家获得财产、财富,是对工人剩余价值的占有。所以,在资本主义社会,生产什么、生产多少,受到资本家追逐利润目的的制约。利润的获得,便是资本家财富和财产的增值。这种通过占有工人剩余价值创造财富的社会,看起来工人创造了财富,社会财富获得快速增长。但是,生产和财富的目的发生了变化,不是为了让每一个生产者过上美好生活,而是让生产者为财富不断地、无节制地去"生产",甚至出现童工现象与其他非人道的问题。这说明已经和生产财富的"本质"相违背,造成生产的"异化"、生产者(劳动者)的"异化"。显然,通过"异化"手段占有财产,决定了人的财产权的非正义性。就此来说,以个人财产权为前提论述社会正义问题,看起来是和个人相关,事实上它是一个社会问题,尤其是在资本主义生产条件下,财产、财富是由工人创造的,但工人并不拥有。这就是说,不能离开现实社会空谈人的财产权。

　　第四,对以资源合理分配为前提的正义理论的批判。看起来"分配正义"有一定的历史进步性与存在的合理性。然而问题在于,"分配"的依据与标准是什么? 如果按资本进行社会资源分配,那么仍然回到前面的问题,资本所有权的性质是什么? 如果把劳动作为社会资源分配的主导依据和标准,要保证劳动分配的正义性,需要保证劳动是自由劳动而不是奴役的、压迫的劳动。如果是这种劳动,试图运用如罗尔斯所说的补偿原则以达到分配正义,这是不可能解决正义问题的。因为造成自由劳动消失的根源不是"差别""差异",而是社会生

---

① 　马克思恩格斯全集(第3卷)[M].北京:人民出版社,2002:131.
② 　马克思恩格斯全集(第1卷)[M].北京:人民出版社,1995:176.

产方式与社会制度。

上述简要分析,让我们清楚地看到马克思坚持把现实社会中的现实个人作为阐释教育正义的前提,反对把教育正义的实现,仅仅当作实现国家正义的手段和途径,也反对从抽象的人权角度讨论教育资源的分配问题。

(二)教育正义评判依据的变革

上面简要反思了马克思对不同正义理论形成前提的批判,提出马克思坚持把现实社会中的现实个人作为阐释教育正义的前提。要完整理解与把握马克思对正义理论前提的设定,需要我们进一步阐释马克思对教育正义评判依据的确认。因为立足不同前提建构的理论,会形成不同的理论评判依据。比如追求以抽象理念为前提的正义理论,就把是否建构正义的城邦作为评判的依据,最终建构起以实现"理想国"目标的目的正义论。而欧洲社会从宗教生活回归到世俗生活,随着人的地位的苏醒与人的价值的突出,论述正义理论前提和目标,逐渐聚焦在人身上,形成了以尊重与保护私有财产权利为前提的自然权利正义论,评判正义的依据是非歧视的平等对待法则。为此,需要探讨马克思对教育正义评判依据的变革。

近代以来形成的各种正义理论,虽然观点有异,但是关于财富的公正分配及强调人人享受自由与平等权利,是各正义理论派别关心的共同议题。比如卢梭为了能让社会遵循每一个人的自然权利,实行正义的分配,但要照顾到每一个人在力量上和才智上不平等的现实,倡导建立社会的契约制度,以契约制度来保障人人平等,建立平等的制度,为社会公开保护私有权利确立基础。卢梭说:"基本公约并没有摧毁自然的平等,反而是以道德的与法律的平等来代替自然所造成的人与人之间的身体上的不平等;从而,人们尽可以在力量上和才智上不平等,但是由于约定并且根据权利,他们却是人人平等的"①。这种想法与托马斯·莫尔的观点是不谋而合的。既批判私有制、私有财产是社会产生万恶

---

① 卢梭.社会契约论[M].何兆武,译.北京:商务印书馆,1980:34.

之源，又主张要保护人的私有财产，肯定私有财产是人的一项自然权利。

当然，这是一个重要问题，它引起了罗尔斯的兴趣，罗尔斯把它称为分配正义理论。而要实现分配正义，必须要有一个适合分配正义的理想社会。罗尔斯预设的理想社会，是一个拥有最广泛的、平等的基本自由权利体系的"组织良好的社会"，"它是一个这样的社会，在那里：（1）每个人都接受，也知道别人接受同样的正义原则；（2）基本的社会制度普遍地满足，也普遍为人所知地满足这些原则"①。那么，这样的社会是否已经建立？罗尔斯承认现存的各种社会形态，很少是在这个意义上组织良好的，原因是对"何为正义，何为不正义通常都纷争不已。人们在应当用哪个原则来确定他们联合体的基本条款上意见分歧"②。米勒对罗尔斯的分配正义理论也提出不同看法。米勒主张把道德作为正义评判的依据，认为这是分配正义的实质。但是，如何界定"道德"内涵？这直接关系到评判依据的客观性、准确性与科学性，这是问题的关键。按照康德的观点，善良意志是人行动的判断标准，遵循善良意志而行动，这是合乎道德的行为，这样的行为就是遵循道德律令的行为。

到这里，提出这样一个问题，即决定分配正义的依据是什么？是某种抽象的道德律令，还是先验的人性或所谓人的自然权利？事实上，这些都不能成为评判正义的依据。因为决定理想社会的根本因素不是"道义关怀"，如果借助道德批判或激进的人道主义批判来建构一个理想社会，这注定是早期空想社会主义思想家尝试的概念游戏。即便像英国空想社会主义思想家罗伯特·欧文那样开展工厂实验，历史发展的事实也证明了它的"理想社会"的破产。可见，如何使社会分配趋于正义，的确需要有一种道德的或人道主义的价值理想的支持，从而使弱势群体得到分享社会财富的机会与权利。但是，这不可能是分配正义的决定因素。因为我们认为正义问题的最终解决，取决于现实社会的政

---

① 约翰·罗尔斯.正义论［M］.何怀宏,何包钢,廖申白,译.北京:中国社会科学出版社,1988:3.
② 约翰·罗尔斯.正义论［M］.何怀宏,何包钢,廖申白,译.北京:中国社会科学出版社,1988:3.

治、经济、文化等因素。这一点,马克思的态度是明确的,认为分配是由生产来决定的。"分配的结构完全决定于生产的结构……就对象说,能分配的只是生产的成果,就形式说,参与生产的一定方式决定分配的特殊形式,决定参与分配的形式。"①而生产的结构、生产的形式则与所有制有关。这样,分配问题就涉及现实社会的制度安排问题。在《1844 年经济学哲学手稿》《法兰西内战》《资本论》等著作中都提到所有制与正义的关系问题。如《资本论》中所说:"从资本主义生产方式产生的资本主义占有方式,从而资本主义的私有制,是对个人的、以自己劳动为基础的私有制的第一个否定。但资本主义生产由于自然过程的必然性,造成了对自身的否定。这是否定的否定。这种否定不是重新建立私有制,而是在资本主义时代的成就的基础上,也就是说,在协作和对土地及靠劳动本身生产的生产资料的共同占有的基础上,重新建立个人所有制。"②

　　正是因为马克思把私有制与正义问题结合起来进行思考,一方面马克思不回避财产问题、权利问题以及公平分配问题,另一方面马克思把解决问题的方案聚焦到决定私有制更为基本的因素——劳动,通过分析劳动揭示所有制问题的本质,进而论证决定分配正义的本质要素。"一切商品(包括劳动)的价值(实际交换价值),决定于它们的生产费用,换句话说,决定于制造它们所需要的劳动时间。"③这样,马克思通过分析劳动这个非常普通的社会生产现象,解开了私有制的秘密。《共产党宣言》中这样写道:"雇佣工人靠自己的劳动所占有的东西,只够勉强维持他的生命的再生产……在这种占有下,工人仅仅为增殖资本而活着,只有在统治阶级的利益需要他活着的时候才能活着。"④工人为什么活着、为谁活着? 很清楚,工人是为增殖资本而活着,是为统治阶级的利益而活着,这就是工人存在的事实。

---

①　马克思恩格斯选集(第 2 卷)[M].北京:人民出版社,2012:695.
②　马克思恩格斯文集(第 5 卷)[M].北京:人民出版社,2009:874.
③　马克思恩格斯全集(第 30 卷)[M].北京:人民出版社,1995:84-85.
④　马克思恩格斯选集(第 1 卷)[M].北京:人民出版社,2012:415.

要消除这种现象,只是通过减少工人劳动时间或者给工人增加薪水,改变不了工人处于不正义的社会存在的事实。对此,一些思想家,如斯密试图为社会正义寻求道德标准(道德依据),希望在道德感召下,让资本家放弃对工人劳动的侵占。事实上,这不可能保障工人等弱势群体的权益,反而因为在"道德"旗帜下,让资本家的所有权变得"正义"了。马克思清楚地看到了这一点,所以提出通过消灭私有制存在的条件而重建所有制:"消灭这种生产关系的同时,也就消灭了阶级对立的存在条件,消灭了阶级本身的存在条件,从而消灭了它自己这个阶级的统治。"①这样,能够为社会建构一个"每个人的自由发展是一切人的自由发展的条件"②。

论述到这里,我们清楚地看到马克思评判社会正义是否达成的依据是消灭异化劳动,建立自由人联合体,实现人的解放。只有人的解放,才能使个人的权利得到维护,而这恰恰是社会正义的关键。对此,我们认为马克思把实现人的自由发展作为评判正义的依据,批判"对绝大多数人来说是把人训练成机器"③的教育就是不正义的教育。

有此依据,要建设正义的教育,马克思指出要按自由人联合体原则指导教育实践,具体影响到宏观的教育政策制定、教育资源配置,以及微观层面的教育内容、教育方式的组织等。基于这种考虑,马克思提出教育要实现人的全面发展,而它的有效途径是使教育和生产劳动结合。对此,我们把它作为讨论马克思对教育正义理论构建思路转换的第三个问题,即实现教育正义的条件确认。

(三)实现教育正义条件的变革

上文从教育正义理论形成前提及评判正义依据两个方面,阐述了马克思为教育正义理论划定认识框架。但还需要进一步阐明在教育实践中怎样才能实现教育正义。应该肯定,思想家不仅提出教育正义构想,而且积极推进实现和

---

① 马克思恩格斯选集(第1卷)[M].北京:人民出版社,2012:422.
② 马克思恩格斯选集(第1卷)[M].北京:人民出版社,2012:422.
③ 马克思恩格斯选集(第1卷)[M].北京:人民出版社,2012:417.

维护教育正义的实践。由于对我们要追求"什么样的教育正义"有着不同的认识和不同的理论立场,对实现教育正义的具体思路与策略也有一定差异。

对于古希腊思想家来说,是否实现教育正义,取决于是否按照培养正义公民的目的建构教育制度、设置教育活动等。提出培养正义公民的教育目的的依据,是认定每个人应该从事与自身天性相结合的工作,取决于每个人灵魂中每一个部分是否各尽其职,致使灵魂和谐一致。

这种观点得到洛克的认同。洛克指出现代人总是不断地激发他的生活愿望、需求与欲望,结果总有不少愿望与需求是得不到满足的,进而产生焦虑、不满、烦躁不安、孤独空虚等,"一切德行和优点的原则在于克制自己耽于满足欲望的能力,欲望即理性未曾占据支配地位的地方"①。这就希望通过教育使人具有理性行为,进而能够拥有自由。因此,教育的重要任务是使儿童学会对欲望的克制,能够按照理性原则去行事,这是未来能力和幸福的基础所在②。

哈贝马斯坚持理性人的假设,认为正义的首要问题不是利益分配问题,而是通过社会化形成的个体身份的脆弱性以及人们相互承认的认同需要③。如果这个判断是合理的话,那么,哈贝马斯对怎样实现正义问题的思考,重点关注两个问题:一是要体现对个体的尊重,强调个人的不可侵犯性;二是强调建构交往共同体。只有在平等的共同体中才能使个体的平等权利受到尊重。

从哈贝马斯关注的两个问题看,他把正义实现问题转换成如何建设共同体的问题。只是他试图运用语用学的方法,分析通过商谈与对话的方式建构共同体的可能性。因而,他提出能否实现正义的关键因素,取决于能否建构对话交流的理想语境。对哈贝马斯的观点,既要肯定他为正义实现开启了一条"协商"路径,又要指出他的问题是对正义实现过于幻想与理想。事实上,凡涉及"正义"问题,必定和社会及个人的权利、利益密切相关。当利益冲突时,采用"对话

---

① 约翰·洛克.教育片论[M].熊春文,译.上海:上海人民出版社,2005:121.
② 约翰·洛克.教育片论[M].熊春文,译.上海:上海人民出版社,2005:125.
③ 慈继伟.正义的两面[M].北京:生活·读书·新知三联书店,2001:87.

与协商"的理性办法,是难以起到实质性效果的。

罗尔斯对此提出疑问。他指出正义实现取决于程序的正义,因而制度建设是关键。这一点在《正义论》开篇中就说得很清楚:"正义是社会制度的首要价值,正像真理是思想体系的首要价值一样。"①罗尔斯强调任何人都应该拥有基于正义的不可侵犯的权利,即使是借着所谓社会整体利益的名义,也不可剥夺个人的权利。所以,即便是法律、制度,不管看起来如何富有效率和条理,但如果不符合正义价值目标,也必须加以改造和废除。

概述上述观点,可以得到这样的结论:实现教育正义,取决于教育资源与教育权利分配的程序,确立公正、正义的程序,以保证社会实施的教育是正义的教育。而有利于建设能够实现教育正义的教育制度,又有赖于建构教育制度的人的内在良善,即基于正义的动机、具有正义的品德。这样讨论教育正义的思路,我们认为这是一种理想主义的遐想。因为这种正义立场的确立,取决于两个条件:一是它需要考虑社会条件的制约,二是取决于利益主体的主观条件。如果在研究建立正义程序和交往共识条件时把传统、道德、宗教等社会文化价值因素排除在社会政治制度设计、选择和建构过程之外,就会使"正义程序"建设缺失现实社会政治经济文化资源的支持。事实上,在社会历史发展中,已经表明社会是否坚持正义原则与立场,与特定社会发展阶段密切相联。也正是在此意义上,马克思高度评价资产阶级革命和资本主义社会的历史性贡献。但是,这并不影响马克思对资本主义社会的不正义展开批判。马克思指出资本主义社会走向不正义,引起了工人阶级的反抗。为解决这个问题,资本家给工人一点恩惠,比如提高工资或者减少工作时间等,甚至在议会席留置工人代表席位,试图以这些做法来体现资本家的"良善"。虽然在某一时间段,工人阶级的日常生活处境能够得到一些改变,但是,为了这些改变,所采取的解决方法不是"治本"之策,只是"治表"的技术或方法层面的措施,这不可能消除"不正义"问题产生

---

① 约翰·罗尔斯.正义论[M].何怀宏,何包钢,廖申白,译.北京:中国社会科学出版社,1988:1.

的根源。也就是说,我们要创造正义的教育,需要建构正义教育制度,必须要研究正义教育制度存在与发展的资源和条件问题。应该肯定,这是马克思对如何实现教育正义问题做出的贡献,这种贡献在于马克思阐述了如何实现教育正义问题的原则,为教育正义设立思想的高度。

首先,要凸现并坚守教育正义实现的主体性立场。这里讲坚守教育正义的主体性立场,要求明确谁是践行教育正义的主体? 马克思在《政治冷淡主义》一文中就批判了所谓社会科学博士们的观点。好的制度建构,是需要立足现实社会运动。可是,这批社会科学博士们对自由、自治和无政府状态的迷恋与幻想观点是不可行的,是"政治冷淡主义","工人更不应该要求靠勒索工人阶级来编制预算的国家去负责对工人子弟进行初等教育,就像在美利坚合众国那样,因为初等教育还不是完全的教育。男女工人即使不会读、不会写、不会算,也要比上国立学校教师的课好些。即使无知和每天 16 小时的劳动使工人阶级变得麻木不仁,也比违反永恒原则要好得多!"[1]在这篇文章最后部分,马克思说目的是捍卫资产阶级的自由,永恒原则将使他们不得不放弃世间的享乐和资产阶级社会的特权。[2]

在《哥达纲领批判》一文中,马克思更是触及问题的症结:"首先要满足政府以及依附于它的各个方面的要求,因为政府是维持社会秩序的社会机关;其次要满足各种私有者的要求,因为各种私有财产是社会的基础。"[3]这是说,要解决社会中存在的各类问题,首要任务是要分清并明确这是基于谁的教育正义的立场。如果不是自由主义者标榜的普遍的、绝对的正义,那么可以通过市场手段,调节教育资源配置,保障每一个受教育者的教育权利,以实现教育正义。问题是,如果市场主体遭受利益的支配,就会影响市场主体行为的正当性。这样,就难以实现教育正义。比如受私欲、利益、财产等个人主义价值观的影响,就会对

---

① 马克思恩格斯选集(第3卷)[M].北京:人民出版社,2012:278-279.
② 马克思恩格斯选集(第3卷)[M].北京:人民出版社,2012:283-284.
③ 马克思恩格斯选集(第3卷)[M].北京:人民出版社,2012:359.

教育服务社会公众的公共立场产生影响。也不能像社群主义者那样,宣称美德是实践教育正义的前提,他们提出教育正义建设的解决思路,只是为教育正义实现建立道德基础。这类观点存在的主要问题,就在于把美德作为教育资源分配依据,只是对人性美好的一种理想与假设,如果对缺乏美德行为缺少必要的惩治制度,那么,依赖美德是无法推进教育正义目标的实现的。

其次,要明确并坚持教育正义实现的现实性立场。这里讲教育正义实现的现实性立场,是强调教育正义是教育主体现实的、生动的教育活动,是针对具体社会政治、经济、文化等条件来谈论教育正义。实现教育正义是在现实社会条件基础上完成的,如果不考虑这一点,只是笼统讲国家是实现教育正义的主体,这只是把国家看作一个抽象主体。对此,马克思在《哥达纲领批判》中就指出,把教育看作由国家实行普遍的和平等的国民教育。实行普遍的义务教育,实行免费教育。这些说法,看起来是非常合理的。学校办学经费、教员资格、教学科目设置等,都需要国家管理教育。但是,马克思说这"完全要不得"①。因为这样的说法,"满是民主的喧嚣",②实质是彻头彻尾暴露对国家的忠顺信仰。

因此,我们可以得到这样的基本观点:马克思对国家实行普遍和平等的国民教育观点的批判,不是说马克思主张国家消亡论,而是马克思拒绝对国家做出抽象化认识,反对把国家看作一个巨大的精神枷锁,成为人们的一种精神、观念的偶像。马克思的立场是非常明确与坚决的:不能"从这些家伙的独断的玄想和曲解出发。而从他们的实际生活状况、他们的职业和分工出发,是很容易说明这些幻想、玄想和曲解的"。③

再次,要明确并坚信人的全面发展是实现教育正义的最终目的。人是教育的目的。不管对教育正义作怎样的界定,促进人的自由全面发展,是评价教育正义的基本维度。我们坚持教育正义的目的是人的发展。因此,我们推进教育

①　马克思恩格斯选集(第3卷)[M].北京:人民出版社,2012:376.
②　马克思恩格斯选集(第3卷)[M].北京:人民出版社,2012:376.
③　马克思恩格斯选集(第1卷)[M].北京:人民出版社,2012:182-183.

正义的实现,关键是要合理把握教育促进人自由全面发展的基本内涵。

马克思重视人的发展问题,关注人的存在及人在现实社会历史发展中的作用、命运和前途。这就意味着教育促进人的发展,必须把握人的发展的出发点。这里讲把握人的发展的出发点,就是指我们怎样看待教育对象。是把教育对象看作一个原子式个人,还是看作纯粹理智的人?因为,对人的不同看法,会影响到对教育目标与功能的定位。如果是前者,教育任务是塑造一个原子式个人。如果是后者,教育任务是培育人的理性,发展人的认知能力,造成日常生活中所说的"书呆子",或者是培养只会考试的机器。与此不同,马克思提出人的本质是社会关系的总和,人既是现实社会关系的制造者,又是社会关系的产物,其目标是使人成为社会主体,这样,培育社会主体就是教育的任务。

同时要把握人的发展方式和发展向度。人的本质是社会关系的总和。在不同历史时期、不同社会条件下,社会关系是有区别的,这决定了个体的人是具体的、特定社会历史的存在。但是,马克思并不满足具体的个人的发展,他提出人是类的存在。所谓类存在,是强调人是自为地存在着的存在物,它的本质特征是自觉自由。因此,人的存在,必定从自然存在走向类存在,也就是指人的自由本质的充分发展,达到自由自觉的存在。这样形成马克思关于个体发展和类发展两个向度的人的发展观。

如此,我们对教育正义的理解,从人的权利观向人的发展观转变。这种转变,要求我们在推进教育正义进程中,务必研究教育如何满足人的全面发展的需要。从人发展需要的高度,研究教育理念、配置教育资源、设计教育课程等,由此建构有助于人的发展的教育政策、教育管理制度,这是正义的教育。

以人的发展观来理解教育正义,教育是否正义,取决于教育是否有利于人的发展目标的实现。因此,关心教育正义,实质是关心教育与人的发展问题。如果日常学校教育教学活动出现人的异化,这无疑是日常教育活动中不正义教育行为的体现。基于这样考虑,怎样推进教育正义,马克思关心的重点,不是放在课程或教学内容的改进上,也不急于从具体采用什么样的教学方法入手,而是思考如何避免人的异化。为什么会提出这个问题？看起来这个问题和人的教育不是同一个问题。但仔细辨析，解决人的异化问题则是关键。因为只有明确了人的异化的原因，以及明确了消除人的异化的对策，人才能成为真正的人，才能成为健全的人、全面发展的人。在此背景下，人的教育才有可能是正义的教育。否则，处于异化的社会中，人随时会被自觉或不自觉地"异化"，这不可能是正义的教育。

那么，人的异化是如何造成的？马克思从黑格尔那里重新体会了人的异化。只是与黑格尔不同，他把人的异化问题放置于劳动中，而劳动是感性见之于客观的对象性活动，是人与世界原初关联的呈现。所以，对异化的克服，其实是回到人与世界原初关联之中。正是在此意义上，马克思在《1844 年经济学哲学手稿》中断言历史是人的真正的自然史。"历史本身是自然史的即自然界生成为人这一过程的一个现实部分"，"思维本身的要素，思想的生命表现的要素，即语言，是感性的自然界。"①诚然，这里所述自然史，显然不是客观自然界变化的历史，而是人与自然相互交融活动的历史。正是基于这样的理解，马克思指出把教育与生产劳动融合，是实现人的全面发展的一条途径。这里，可以转换成这样的观点：遵循教育与生产劳动相结合的原则来组织学校教育，造就人的全面发展，是实现教育正义的现实要求。

二、马克思正义批判立场的展现

马克思完成了对教育正义理论建构思路的变革。那么，马克思是否建构了教育正义理论？马克思的教育正义主张是什么？这需要对一些思想家关于马克思是否有正义思想的争论展开讨论与反思。

早在 20 世纪六七十年代，马克思是否有正义理论，引发了国外学者的激烈争论。艾伦·伍德教授主张马克思"不仅根本没有打算论证资本主义不正义，

---

① 马克思恩格斯全集(第 3 卷)[M].北京：人民出版社,2002：308.

甚至没有明确声称资本主义是不平或不平等的,或资本主义侵犯了任何人的权利"。①。而威廉·麦克布莱德则充分肯定马克思正义观。他说柏拉图正义概念是令人关注的,但基本上是错误的;罗尔斯的正义概念让人着迷并令人钦佩,但它不合时宜而且抽象深奥,只有卡尔·马克思才是最易于理解的理论家②。

有关马克思是否有正义思想,为何形成两种截然对立的观点? 伍德把正义看作一个法权概念或法定的概念,是一个与法律和依法享有的权利相联系的概念③,这是伍德对马克思正义立场的误读。其实,马克思不是不谈正义问题,而是不同意从近代自由主义法权观角度解释"正义",因为"权利决不能超出社会的经济结构以及由经济结构制约的社会的文化发展"④。所以,马克思坚持把批判现实社会制度作为理解正义问题的前提,以此展开正义问题的批判立场。

一是雇佣劳动工资分配的不正义。工资分配是否正义? 工人与资本家签订劳动协议(工资协议),资本家支付工人工资,工人得到协议规定的所得,是"公正"的"劳动力交易",体现着"分配正义"。但是,马克思指出这种"分配正义"只是一种表象。因为,工资分配是否合乎"分配正义"的要求,不是取决于工资交易是否是一种"平等"交换,而是取决于交易双方是否得到他们应该得到的财富份额,并且保证交易双方确实得到了应得份额。

对此,马克思研究后指出,工人收入与工人付出劳动是不相等的。工人工资是资本家占有剩余价值之后再分配,工人得到资本家支付的工资收入,仅够维持再生产的需要,这不可能是平等分配。事实上,工人不仅没有得到应得部分,反而生活在"异化"处境中。马克思写得很明白:"很明显,工人在劳动中耗费的力量越多,他亲手创造出来反对自身的、异己的对象世界的力量就越强大,他自身、他的内部世界就越贫乏,归他所有的东西就越少。宗教方面的情况也

---

① 李惠斌,李义天.马克思与正义理论[M].北京:中国人民大学出版社,2010:3.
② 李惠斌,李义天.马克思与正义理论[M].北京:中国人民大学出版社,2010:326.
③ 李惠斌,李义天.马克思与正义理论[M].北京:中国人民大学出版社,2010:5.
④ 马克思恩格斯选集(第3卷)[M].北京:人民出版社,2012:364.

是如此。人奉献给上帝的越多,他留给自身的就越少。工人把自己的生命投入对象;但现在这个生命已不再属于他而属于对象了。因此,这种活动越多,工人就越丧失对象。凡是成为他的劳动的产品的东西,就不再是他自身的东西。因此,这个产品越多,他自身的东西就越少。"①产品是由工人生产完成的,但是,工人没有权利去分配生产创造的产品。相反,工人生产产品越多,工人能够得到的收入就越少。

针对这类现象,马克思称其为工人受自己生产的产品的统治,产生的严重结果是工人被异化了。"劳动为富人生产了奇迹般的东西,但是为工人生产了赤贫。劳动生产了宫殿,但是给工人生产了棚舍。劳动生产了美,但是使工人变成畸形。"②工人的劳动没有使自己变得幸福与自由,却使自己生活在"异化"处境中。工人在"异化"的社会中,得到的"工资",不可能是"正义"分配的结果。但是,问题是这种"不正义"的分配,恰恰通过"工资""公平"分配形式得到了体现。

二是劳动的不正义。工资分配的不正义,根源是"劳动"的不正义。工人从事生产劳动,看起来是工人"自主自由"的决定,社会"维护"着工人的"劳动权"。其实,工人并没有获得真正的"劳动权",因为工人参加劳动是被动的,甚至是强迫的,它与动物谋食并无本质差异,仅仅是为了解决最基本生存需要。马克思称其为"劳动的异己性","劳动的异己性完全表现在:只要肉体的强制或其他强制——停止,人们就会像逃避瘟疫那样逃避劳动。外在的劳动,人在其中使自己外化的劳动,是一种自我牺牲、自我折磨的劳动。最后,对工人来说,劳动的外在性表现在:这种劳动不是他自己的,而是别人的;劳动不属于他;他在劳动中也不属于他自己,而是属于别人。"③这种非自愿、非自觉"劳动"的结果,是不可能尊重和维护劳动者的劳动权,劳动者是不可能获得主体地位的。

①　马克思恩格斯选集(第1卷)[M].北京:人民出版社,2012:51-52.
②　马克思恩格斯选集(第1卷)[M].北京:人民出版社,2012:53.
③　马克思恩格斯选集(第1卷)[M].北京:人民出版社,2012:54.

不仅工人是这样,而且医生、律师、诗人、学者等知识阶层的权利也得不到保障。对此,马克思生动地阐释了这个问题:"资产阶级抹去了一切向来受人尊崇和令人敬畏的职业的神圣光环。它把医生、律师、教士、诗人和学者变成了它出钱招雇的雇佣劳动者。"①

正是因为不正义的"劳动",引发了工人的反抗。工人采取损坏机器、罢工等抗议形式,目的就是改变自身的处境,维护人的生存尊严和权利。虽然工人改变自身处境的能力是极其有限的,但是,马克思支持工人使用一切现实的斗争手段②,因为这反映了工人抗议自身生存处境的自觉性。

三是社会共同体的不正义。社会共同体应该保障每一个人获得相应的权利及其生存、发展的机会。可是,私有制的存在,无法使现实社会共同体发挥这一作用,比如国家。马克思说国家的实质是大部分人把"自由与权力"转让给少数人,它成为"相对于个人而独立的虚假共同体(国家、法)的传统权力"③,因而它是一种"虚幻的共同体的形式"④。这样,建立在人的虚假平等之上的现代国家政权,虽然采取了"投票选举"等各种"民主"程序,但这是表面的、形式的"民主",因为它的本质是少数人在支配资本主义制度的运行。也就是说,"国家"的实质是少数人支配所有公民的公共生活,政府的目标是实现与维护资产阶级的统治需要。

以上对马克思批判资本主义社会"正义"问题的简要介绍,使我们初步了解马克思是怎样批判不正义现象以及批判不正义现象的目的的。很明显,对马克思来说,对不正义的"批判"不是目的,目的是找到建构正义社会的道路。马克思通过对工资分配、异化劳动、社会共同体等问题的分析,指出要实现自由、平等、正义的社会,不可能依赖道德口号或几条政策、法律条文就能解决,关键是

---

① 马克思恩格斯选集(第1卷)[M].北京:人民出版社,2012:403.
② 马克思恩格斯选集(第3卷)[M].北京:人民出版社,2012:280.
③ 马克思恩格斯选集(第1卷)[M].北京:人民出版社,2012:205.
④ 马克思恩格斯选集(第1卷)[M].北京:人民出版社,2012:164.

改造私有制,改善现实人的生存处境,消除人的异化,实现人的解放。正如马克思对共产主义作出的判断:"共产主义并不剥夺任何人占有社会产品的权力,它只剥夺利用这种占有去奴役他人劳动的权力。"①由此可知,消除各种不利于人的自由发展的制度壁垒是未来正义社会的本质特征。

三、马克思阐释正义的思想方式

上面的讨论,虽然没有直接说出马克思对正义内涵的界定,也没有明确指出马克思正义理论的主要观点,但是,讨论的意图是在梳理马克思对资本主义不正义现象批判基础上,阐明马克思处理正义问题的思想方式及其特点。

无疑,马克思分析批判不正义现象,涉及了对现实社会经济结构、生产方式的反思。正是以此作为评判正义问题的依据与基础,马克思断言资本主义社会工资分配、工人劳动是不正义的结论。这种评析正义问题的思路,使马克思的正义观和自由主义的正义观有了显著的区别,正是这种区别,体现了马克思对正义问题的独特处理方式。

因为自由主义把人的权利作为正义问题的核心与主旨,借此证明自由市场经济的合理性与经济分配的正义性,论证社会民主的正当性与资本主义政治制度的正义性。换句话说,只要社会承认或肯定人的权利是平等的,并以权利平等为前提设计政治制度或经济制度,即便出现不公平、不正义现象,也是合理的,因为前提是正确的、正当的。就如罗尔斯断言平等自由是正义第一原则。

其实,这种逻辑假设是苍白无力的。因为它只给无权无势的民众开了一张"平等、公正、正义"的空白支票,普通民众是享受不到平等权利的。尽管民众会觉察到这一点,但是,民众往往将没有获得平等权利的原因归结为个人智力低下的因素,或者是资历不够的因素,或者是个人不努力等因素,而没有考察"不平等""不正义"问题形成的社会基础、制度基础。所以,美国有学者在面对不平

---

① 马克思恩格斯选集(第 1 卷)[M].北京:人民出版社,2012:416.

等产生基础的问题时一直坚持这样的主张："所得不平等或机会不平等的根源同样都不存在于人性之中,不存在于科技之中,不存在于教育制度本身之中,而是存在于经济生活的动力之中。"①这样的观点是中肯的。

应该指出,"正义"与人的"权利""公平""平等""幸福"是密切相关的。对这些观点,马克思并没有否定,马克思只是要求不能脱离现实社会谈论"人的权利"。因为脱离现实社会基础谈论"权利",它只是一个抽象的概念或符号,抽象的概念或符号不可能作为评判正义的依据。这一点,《共产党宣言》已经表明立场:"你们既然用你们资产阶级关于自由、教育、法等等的观念来衡量废除资产阶级所有制的主张,那就请你们不要同我们争论了。你们的观念本身是资产阶级的生产关系和所有制关系的产物,正像你们的法不过是被奉为法律的你们这个阶级的意志一样,而这种意志的内容是由你们这个阶级的物质生活条件来决定的。"②这就是说,正义、公正、公平等思想意识观念的形成,是受现实社会物质生活制约的。

不过,上面的表述容易被流行的世俗认识所误读,变成物质决定意识,物质第一性、意识第二性这样一种机械的僵化的解读,结果把马克思的观点变成一种庸俗的实证主义,这是对马克思思想的误解③。事实上,它在告诉我们任何观念都必须植根于现实社会,不可能是抽象的、形而上的思考产物。所以,马克思强调消除人的异化、解决不正义问题的现实出路,只能是"变革社会关系、改造世界","迫使个人奴隶般地服从分工的情形已经消失"④,消除私有制,最终实现正义的社会。

对此,日本学者田中孝一的论断是值得重视的。他说"马克思的正义论不单单是道德上的责难,形成他的正义论的核心是'劳动的异化'这一概念,除了

---

① 鲍里斯,季亭士. 资本主义美国的学校教育:教育改革与经济生活的矛盾[M]. 李锦旭,译. 台北:桂冠图书股份有限公司,1989:120.
② 马克思恩格斯选集(第1卷)[M]. 北京:人民出版社,2012:417.
③ 张文喜. 马克思对"伦理的正义"概念的批判[J]. 中国社会科学,2014(3):31-43.
④ 马克思恩格斯选集(第3卷)[M]. 北京:人民出版社,2012:364-365.

是对资本主义道德批判的价值概念外,也是对资本主义进行社会科学分析的基石。"①这里,田中孝一表达了这样的观点:马克思的正义观,不是一个道德呓语,也不是一个抽象的法权概念,而是对现实不合理社会的批判,期待通过发展社会生产力,推进社会关系的优化与完善,为正义社会的实现,创造现实基础。

正是基于这一点,柯亨称马克思是"革命的正义"理论②。柯亨的观点说出了马克思正义批判的重要特征:从对个人权利正义的批判转向对阶级正义的批判,从对个人能力的批判转向对社会制度的批判,从而形成这样的立场:社会不正义现象的形成根源是社会制度,而不是某一个人的能力或智力不足。对此,罗尔斯点明了马克思正义立场关键之处:"马克思想说的是,即使是一种非常正义的资本主义制度(一种根据它自身的标准和最适合它的正义观念而言都正义的制度),也是一种剥削的制度。"③这正是我们需要坚持与把握的马克思批判正义的思想方式,也是解构类似伍德那样对马克思正义观的误读所必需的。

马克思批判正义的思想方式,还要求我们坚守正义的历史性原则。因为不同社会历史时期会产生不一样的社会生产力,社会生产力的变革、社会的进步都是逐步发展的历史过程。正义的实现,不可能一蹴而就。马克思指出即便是在共产主义初级阶段——社会主义,虽然消除私有制,实行按劳分配,但是,它依旧需要解决分配不正义的任务。因为马克思认为这一阶段实施按劳分配原则,仍然存在两个"弊病":一是它默认了劳动者因个人天赋不同导致所得的不平等;二是它使劳动者个人因家庭负担不同而实际所得不平等。这两种不平等情况,意味着分配并没有使劳动者"获得收入"就是他所"应得收入",这就导致劳动者实际所得的不平等。当然,这种"不正义"是由偶然的天赋和负担的不同所导致的,它与剥削造成的"不正义"是截然不同的④。

---

① 田上孝一.马克思的分配正义论[J].黄贺,译.国外理论动态,2008(1):51-54.

② 吕增奎.马克思与诺齐克之间:G. A. 柯亨文选[M].南京:江苏人民出版社,2007:44.

③ 约翰·罗尔斯.政治哲学史讲义[M].杨通进,李丽丽,林航,译.北京:中国社会科学出版社,2011:343.

④ 段忠桥.马克思正义观的三个根本性问题[J].马克思主义与现实,2013(5):1-7.

就此,把"正义"看作一个历史概念,目标是要求我们与"绝对正义""永恒正义"等错误"正义"观划清界限,这是把握正义概念时所凸现的一项重要的理论任务。比如马克思在《哲学的贫困》中批判蒲鲁东正义观就是典型一例。"人们按照自己的物质生产率建立相应的社会关系,正是这些人又按照自己的社会关系创造了相应的原理、观念和范畴。所以,这些观念、范畴也同它们所表现的关系一样,不是永恒的。它们是历史的、暂时的产物。"①因此,我们确立坚守正义是一个历史概念的基本立场,我们就会清醒地认识到社会正义是发展的概念,不可能存在永恒的、与现实社会条件没有关系的"社会正义"。

当然,我们还需强调马克思追求正义的终极目的是实现人的自由全面发展。"各个人在自己的联合中并通过这种联合获得自己的自由"。② 在此,每个人都是劳动者,是世界的主人,劳动者的个性在历史上首次被充分地考虑到。因此,在正义的社会,人要充分地展现个性发展需要,这是受到充分尊重与满足的。

通过以上简要讨论,我们清楚地把握到马克思对正义批判所呈现的思想方式:不是从人的权利论证正义,而是着眼于"现实的个人"的生存与发展,确保人在社会发展中的主体地位,使社会成员"不为物役",从而使个性获得充分发展。正是立足于现实社会历史发展,从社会变革发展,而不是从人的权利视域审视"正义"问题,审视人类社会发展的合理性问题,由此要求把现实社会基础作为理解正义的前提。"正义"不是一个抽象的概念或名词,这是马克思正义理论与传统正义观的本质区别。

四、凸显理解教育正义三大主旨

马克思对正义问题的批判,虽然背景是正在走向工业化的资本主义社会,

---

① 马克思恩格斯选集(第1卷)[M].北京:人民出版社,2012:222.
② 马克思恩格斯选集(第1卷)[M].北京:人民出版社,2012:199.

但是，马克思处理正义问题的思想方式，仍然是我们理解和把握教育正义概念的思想武器。正如新马克思主义者强调，现代教育非但没有解决社会的对立，反而成为社会不平等的主要途径。究其原因，操纵学校教育的背后黑手是统治阶级，只是当代的操弄更为隐秘、不可见①。因此，我们要重视以马克思正义批判立场分析与阐释教育正义。

（一）确立阐释教育正义的思想方式

时下国内教育理论界阐释教育正义概念时，理解教育正义最强势的理论依据，主要是西方新自由主义思想（如罗尔斯正义理论），其基本思路是从伦理或法律视角理解正义概念。问题在于，当我们说正义是一种伦理概念、法权概念时，必须针对现实社会生活中的具体个人，不能脱离人的现实社会关系谈论伦理、道德或者权利。对此，我们重温马克思对"平等的国民教育"的批判，就能够领会这一点。"平等的国民教育？他们怎样理解这句话呢？是不是以为在现代社会中（而所谈到的只能是现代社会）教育对一切阶级都可以是平等的呢？或者是要求用强制的方式使上层阶级也降到国民学校这种很低的教育水平，即降到仅仅适合于雇用工人甚至农民的经济状况的教育水平呢？"②

从字面上看，德国工人党对平等教育的构想，是非常完美的构想。然而，在"现代社会（马克思所说资本主义社会）"是不可能存在"平等的""公平的"教育的。造成"平等的国民教育"实现困难的原因，在于阶级的差异，这是现实社会客观存在的差异。

当然，在马克思去世140多年来，社会发生了巨大变革，已与马克思生活的时代不可同日而语。但是，为实现教育正义，仍然是世界各国的奋斗目标。要实现教育正义，问题根源是现实社会的政治、经济与文化。如果不这样理解与践行教育正义，就会使教育正义的实现面临挑战与困难。对此，国外学者已经

---

① 王振辉.知识与权力：当代教育中的贫穷世袭[M].台北：五南图书出版股份有限公司,2013：192.
② 马克思恩格斯全集（第25卷）[M].北京：人民出版社,2001：30.

意识到这一点。所以,他们批评自由主义追求教育正义的改革是"挣扎前进",原因是他们对"经济制度不完全了解"①,并告诫我们不能重复这样的错误。

要避免自由主义教育改革的错误,转换研究教育正义的思路,从现实社会和教育发展的实践出发,确立理解教育正义的重要原则。既要坚持受教育是人的权利的立场,要面向每一个人公正公平地分配教育资源;又要关注人的受教育权利的社会基础。现实社会经济、文化的差异,是制约教育平等公平发展的现实条件。

当然,这样说并不是与社会现状、学校所处的客观条件做妥协,而是强调这是马克思考察、批判正义问题的原则和方法,它展示教育正义之路是不断深化社会改革之路。通过社会改革,逐步消除社会经济、文化的差异,比如实施城乡一体化、推进新型城镇化等社会改革举措,为实现教育正义创造现实基础与现实条件。

社会改革是渐进的过程。因此,在制定教育政策时,要兼顾社会经济、文化发展的差异,要结合现实的个人、现实的社会环境与历史条件,创建适合受教育者需要的教育,使学校成为学生"适性扬才"的场所,让每一位学生得到"教育的应得",为学生的自由全面发展奠定品性、知识、能力基础,这是以人为本教育的题中之义,是正义教育的题中之义。

(二)明确人的发展是教育正义评判依据

上面讨论呈现了马克思对正义批判的终极关切,就是要创造有利于人的自由全面发展的条件,最终达到人的解放的目标。这既是人的发展目的,也应该是教育正义的评判依据。因为市场社会的资本逻辑和现代技术文明对学生的自由发展构成冲突与矛盾,比如教育功利主义问题,它使学校面临实现人的发展的教育目标与现实社会能够提供人发展的各种条件之间的博弈。

---

① 鲍里斯,季亭士.资本主义美国的学校教育:教育改革与经济生活的矛盾[M].李锦旭,译.台北:桂冠图书股份有限公司,1989:75.

不论怎样,学校教育必须遵循人的发展原则,要把实现人的自由全面发展作为评判教育正义的依据。这对于学校来说,最基本一条是要求学校在组织教育教学活动时,要面向所有学生,不能因为学生贫穷、身心健康、地域差异等原因导致他们失学,或者让学生遭受歧视、冷落或嘲笑,伤害学生的身心健康。

当然,这里强调学校教育面向每一位学生,不是强调学生接受教育的权利,而是强调人人平等,要尊重和关怀每一位学生,让每一位学生在学校中感受快乐、温暖、健康成长。所以,谈及学校教育要面向每一位学生,假如把它说成为了保证每一位学生的受教育权利,其实质只是强调人人有书读、有学上。而问题关键是如何保证人人上好学,如何使学生能够适性扬才,这就要求学校和教师公平合理地对待每一个学生,为每一位学生的学习、生活、成长创造条件。假如采用标准化、统一化的教学教育活动,必定是轻视或淡忘学生个性发展需要的教育,这就有违教育正义。在这层意义上讲,评判教育活动是否是正义的教育,就要坚持人的发展原则,使学校从关注学生受教育权利转向对学生自由全面发展的重视。

(三)坚守教育正义的历史性原则

坚守教育正义的历史性原则,指实现教育正义受到历史文化传统、政治制度、经济发展水平等社会条件的制约。在不同社会历史发展阶段、不同社会经济发展地区,会提出和形成不同的教育正义诉求,这说明实现教育正义不可能是一蹴而就的。

对此重点把握三点:一是提防与避免对教育正义作出虚无主义、相对主义的理解。强调教育正义的历史性原则,不是否定教育正义是客观存在的事实,也不是说教育正义是没有标准的"相对主义教育正义"。因为"相对主义教育正义"是放弃教育正义的标准,脱离教育正义的社会现实基础,从主观上去构想教育正义的标准与实现路径。

二是教育正义是面向所有人的正义。我们提出人的发展是评判教育正义的依据,这里强调人的发展是对一切人、所有人来说的。"每个人的自由发展是一切人的自由发展的条件"。① 坚持以人的发展作为依据,评价与考察教育活动是否具有正义属性,不能以某个人的喜好、某个人的需要作为判断依据。比如对学校追求升学率现象作出评价,核心问题是"升学率"合乎中国年轻一代自由发展的需要吗? 是否有助于提升年轻一代的素质?

三是坚守教育正义的历史性原则。教育发展是不平衡的发展,是渐进式的发展。要建设人民满意的优质教育,必须是在社会生产力高度发达的前提下,为教育发展创造必要的物质基础,推进教育制度的变革与完善,创建实现教育正义目标的社会条件,这是理性看待教育正义问题应持的基本立场。

五、谋划中国教育正义发展方向

实现教育正义,对于当代中国社会来说,尤为迫切。遵循马克思处理正义问题的思想方式,为中国教育正义发展谋划愿景与方向。

(一)办好人民满意的教育,是中国教育正义的发展目标

马克思从社会角度分析不正义现象的根源。其实,当代社会出现的"教育不平等""教育不公正""教育不正义"等现象,是与各个人所处的社会经济条件密切相关联的。所以,推进教育改革,解决教育不公平、不正义现象时必须要关注社会经济、地区的差异,要认真分析与研究学生的家庭背景、社会环境,以便更好地研究制定教育资源分配政策,更好地为学生营造受到尊重与一视同仁的学校环境,促进受教育者身心健康发展。

(二)立足社会现实制定教育政策,是推进中国教育正义发展的根本遵循

遵循教育正义要求制定教育政策,既是教育正义的体现,也是教育正义实现的保障。保障每一位公民的受教育权利,让他们享受优质教育资源,不断提升素养,促进个人充分、全面的发展,使他们过上幸福美好的生活,需要制定相应的教

---

① 马克思恩格斯选集(第1卷)[M].北京:人民出版社,2012:422.

育政策。

就中国教育发展来说,由于区域、历史、经济、文化、人口等因素的差异,在制定教育政策时,要充分考虑现实社会的客观情况,不能以少数人的利益需求或者以个别区域作为教育政策编制的样本,由此推行的教育改革方案、教育管理制度,有可能导致少数人、少数地区得利现象,这不符合中国教育正义发展目标。因此,我们在研究教育政策时,要立足中国社会发展的历史文化传统与现实国情,统筹兼顾,既考虑现阶段区域发展不平衡的现状,又要兼顾弱势群体受教育能力偏弱的客观情况,调动社会各方面力量,扬长避短,全面、系统地设计有利于满足各地区、各种人群受教育需求的教育改革方案。

(三)创新与完善教育管理体制机制,是推进中国教育正义发展的基本要求

怎样才能实现正义的社会? 这需要创造高度发达的社会生产力和变革与优化社会关系,这是马克思依据社会发展规律做出的论断。这样的论断,体现了马克思理解正义问题的科学尺度。它也明确告诉我们正义的实现,不能变成一种理念、理想或口号,而需要在大力发展社会生产力基础上,推动社会管理体制与教育体制、机制的创新,建立符合中国国情的教育管理体制、机制,使教育正义的实现获得体制机制的保障。

在创新与完善教育管理体制与机制中实现教育正义,不仅可以为教育正义提供公平公正合理的制度环境,而且可以通过体制机制建设,释放教育主体的积极性和创造性。因为所有的教育教学活动,都需要教育主体的努力。对此,要重视凸现教育正义的主体实践性的特征。无论是古代思想家,还是近代以来的自由主义、社群主义思想家,虽然观点不同,但是对正义的追求是共同的愿景。正是对建立正义社会有强烈的愿望和使命感,思想家或是从建立程序(如哈贝马斯),或是从寻求普遍道德理想(如罗尔斯认为社会有一些自由、平等、权利等普遍性的价值规范)等方面阐述社会正义构想。但有一点不能不提及,即正义是需要人去践行的,即便是最好的制度也需要人去落实与推进。对于教育正义实现来说,也是如

此。现阶段中国教育出现的不正义现象,除了要对教育制度设计进行改革与完善,还必须要看到教师品德、专业能力是导致教育不正义的缘由,因此更需要改进教师教育质量,优化教师工作环境,提高教师生活待遇,全面提升教师专业水平。

(四)促进人的自由发展,是中国教育正义发展的基本原则

马克思不是从人的权利而是从现实中的人的生存与发展角度谈论正义,关心的重点是怎样促进受教育者的身心健康发展。这样,就把尊重人的尊严、保障人的发展作为教育目的,这应成为评判教育正义的基本原则。

当然,这里讲"人的发展",本质上是指"人的自由而全面发展",包含了比权利、物质生存条件更多的内容①。顺此思路思考教育正义,要正确辨析从受教育权利角度谈论教育正义的思路,要避免出现对教育正义的误解。因为把人的受教育权利作为讨论教育正义的依据,似乎为某一所学校创造与另一所学校一样的教育条件、提供一样的师资、一样的教育内容等若干个"一样",就等同于教育正义的实现。事实证明,对于受教育者来说,是否做到了教育正义,最根本的一点是对这样问题的回应:我从学校教育中学到了什么? 它对我的个人发展会产生怎样的积极作用?

在这个问题上,教育正义的最重要、最现实体现,就是倡导和坚守面向每一位孩子健康发展的教育价值观,把人的发展作为评判教育正义的指标。马克思把人的自由全面发展作为教育正义目标,这是引领当前中国教育改革的教育价值观。特别是在经济发达区域已实现人人有学上的情况下,要实现教育正义,极其重要的议题是怎样通过教育促进学生的全面发展,以实现教育引领每一位学生走向成功的愿景。

(五)坚持现实性与历史性的统一是中国教育正义的发展特色

社会进步与发展是一个历史的过程。在这一历史过程中,存在着正义与不正义的较量。也是在此前提下,马克思肯定资本主义对生产力发展创造的极大贡

---

① 李佃来. 马克思正义思想的三重意蕴[J]. 中国社会科学,2014(3):5-16.

献。正是对资本主义社会的肯定,让一些学者断定马克思肯定资本主义社会是正义的社会。这一点,美国学者古尔德称之为"隐性正义"倒是十分有意思的命题。他说"尽管马克思并没有提出一种明确的正义理论,但实际上,并不能把这个事实当做论证马克思著作中没有隐性正义概念的论据来使用"。①

对隐性正义,我们可以把它理解成对构成社会正义前提的批判,以及对正义是不断发展的、没有一成不变的绝对正义观的坚持。如果是这样,实现与张扬当下中国社会的教育正义,必须以中国社会发展的历史与现状为前提,在社会区域发展不平衡的前提下,探索多形态的教育正义的实现形式,建立一种符合社会发展正当性与合理性诉求的教育正义。

---

① 古尔德. 马克思的社会本体论:马克思社会实在理论中的个体和共同体[M]. 王虎学,译. 北京:北京师范大学出版社,2009:149.

第八章　马克思开启理解教育现实性的视野

对教育研究中存在的形而上特性的否定,也是对教育虚无主义的抵制,让教育回到人的日常生活生产之中,避免把教育理解成纯粹抽象、思辨的知识学习、概念灌输的活动。日本学者佐藤学批评说现代学校教育失去现实性,需要与虚无主义作斗争,以克服学校教育的危机①。佐藤学提出学校教育现实性消失的论题,这个论题似乎不可信,学校教育现实性消失的论断似乎不成立。那么,怎样理解佐藤学的这个论题?

其实,把学校教育现实性作为问题提出,这个现实性不是指学校教育"是不是"客观存在。如果从学校是否客观存在、教育教学活动是否已经实施完成的评判指标讨论学校现实性,那学校及其教育教学工作的客观存在是事实,不可能消失。因为每一所学校都在正常开展教育教学活动。但是,在正常开展教育教学活动的前提下,学校教育的功能与价值是否全面实现,取得预期教育教学效果,达成了预期的教育目标,对这些问题是需要追问的,这就涉及对学校教育现实性内涵的把握。对此,我们通过重读马克思论述现实性问题的立场,为阐释教育现实性内涵提供思路,以克服教育虚无主义问题的产生。

一、要重视对教育现实性问题的研究

学校教育是师生在确定的时间和空间中开展的现实活动。有了如此的认识,

① 佐藤学.学习的快乐:走向对话[M].钟启泉,译.北京:教育科学出版社,2004:334.

为什么还要把教育现实性作为问题提出？原因就在于它只是表明学校教育是客观存在的事实，是发生的一次"事件"或一个"过程"，构成了一种教育发生的事实。而教育事实不能等同于教育价值①。事实上，对学校教育现实性问题的省思，实质是批评与反思理解学校教育的认识思路。

从教育技术②、教育操作层面理解教育，是当前理解学校教育的主导性认识思路。其特点是对教育现象进行直观描述，把学校教育活动等同于自然科学活动，用一种"数学统计学"的方式管理学校教育、评价学校教育。有如刘奔教授在2007年所描述的：一种有利于文化产品商品化的"量化"标准——SCI（科学引文索引）和SSCI（社会科学引文索引）成为学术评价的相当重要甚至最重要的标准。在这种标准下，淡化的是价值观、意识形态性、思想性方面的原则差异。这势必导致社会科学研究越来越遵循资本的经营方式，学术研究日益成为一种"投入—产出"关系，追求利润最大化成为理论工作的价值取向③。虽然这里是评价学术评价量化问题，但类似的评价思路和操作方法已影响到学校教育教学工作。我们把它称作从教育技术、教育操作的层面理解教育，其问题是难以把握教育改造人的内心世界的复杂性、特殊性以及价值。比如对当前中国"高考"的批评就是典型一例。

批评"高考"并寻求改进建议，无疑是一项重要工作。关键是要区分两个不同问题：一是作为一种人才选拔制度与考试制度的高考，要研究建构这种"高考制度"是否合理；二是对"高考制度"的执行是否存在问题。即如何有效操作"高考制度"，包括高考政策以及高考具体操作方式。显然，这是两个有联系也有区别的问题。聚焦高考，这是两个问题的共同点。差异出现在一个是高考制度，一个是对高考制度的执行。这就涉及制度形成的合理性和制度执行的合理性，不能彼此替代。

---

① 舒志定.论教育与价值[J].教育研究,2000(12):20-25.

② 这里讲"教育技术"，不是现代信息技术意义上由计算机、投影仪、远程教育网络等构成的教育技术，而是把教育活动按照现代工业生产产品那样划分成各种流程、程序或方法，把"教育"区分成若干工作程序或方法。事实上，教育的更重要意义与价值，在于对人性的改造、对人的精神生活产生作用，这一点难以量化及完全能够被某种程序所涵括。

③ 刘奔.经济全球化时代的文化问题：论"文化全球化"的观点和价值趋向[J].哲学研究,2007(5):3-8.

实际上,这两个问题是相互关联的。执行高考制度中出现的问题,前提是因为有这个"制度"的存在。即便如此,这仍然是两个不同的问题,应区别研究,不能把这两个有区别的问题混在一起讨论。可是,在日常生活中,往往把第二种思路(即有区别的问题混在一起讨论的做法)当成研究教育问题的认识思路。正如俗语说"眉毛胡子一把抓",这种解决问题的方法的局限性是可想而知的。

所以,我们评价任何一项教育活动时,除了对教育活动进行直观考察,还要分析影响或约束教育活动的观念、意识,它是教育活动发生的前提,是教育问题形成的根本原因。

比如分析"高分低能"现象的原因。既可以从教育、教学方法上寻找原因,把原因归结为教师教育方法存在缺陷,或者归结为教师缺失教学的艺术,也可以从教育理论、教育思想寻找原因,把它归结为教师或学校教育思想的滞后。比如进入 21 世纪以来,理论界批评高等学校办学是追求"大楼"而不关注"大师"的培养,追求教育市场化而缺失大学精神。基于这样的认识,有研究者为大学变革开出非常美妙的处方:呼唤大学精神,并阐述理想的大学应该怎么办等涉及大学构建的理想思路。

直观而言,这样分析学校教育问题的思路与做法并没有错。问题是,大学要追求什么样的大学精神,作为知识分子的大学教授(教师)应担当什么? 大多数的大学领导者、大多数的大学教授是心中有数的。正如复旦大学钱文忠教授在回答记者提及假学历一事的看法时所说:"有人说是因为我们的制度不完善,所以不认错。我不相信制度能管得了一切,我也不针对最近卷进学术界很多旋涡里的人。我只讲一点,不要太'执著',是不是错了自己最清楚,不认错的人是太把自己当回事了。如果中华民族连认错的勇气都没有,那这个民族也快完了。如果这个民族当中自以为是精英的人都不敢认错,那么我们就什么都不用讲了。"①不认错并不是说真的不知道这种行为或做法是错误的,可能是明知故

---

① 却咏梅.文化与文明的双重迷失之痛:对话复旦大学历史学系教授钱文忠[N].中国教育报,2010-09-02.

犯。那么,问题又出在什么地方? 这是值得寻味的课题。

基于上述思考,提出学校教育现实性缺失问题,实质是确立理解教育的思想方式,揭示影响学校教育改革与发展的深层次问题,以避免把教育问题的成因归结为教师教育方法或教学技巧。

对此,引述德国著名哲学家雅斯贝尔斯关于教育的观点是有启示的。雅斯贝尔斯曾写过一部著作《什么是教育》。该著作以人的存在合理性,作为考察教育本质与价值目标的理论前提,指出学校教育是以实现个人内心解放、个人自由为目的,要为人的生存与发展提供价值引导、精神关怀,实现教育的文化功能与教育对灵魂铸造功能的融合,从而改变机械的、冷冰冰的、僵死的教育状况。由此提出了引人注目的批评教育的观点:"教育是人的灵魂的教育,而非理智知识和认识的堆积。通过教育使具有天资的人,自己选择决定成为什么样的人以及自己把握安身立命之根。"①可见,以雅斯贝尔斯对"教育"的理解作为标尺,评价当前的学校教育,学校教育现实性缺失,已是非常普遍的现象。

最突出的表现是科学教育与人文教育的失衡。普遍把重视科学知识传授、鼓励学生取得好的考试分数、升入好的学校,当作学校办学"目标"。正因为如此,"钱学森之问"是一个十分沉重的话题:"为什么我们的学校总是培养不出杰出人才?"②钱老提出这一疑问之前,回顾了自己受教育的经历,特别强调小时候除了学理科,还学绘画和音乐。钱老认为艺术上的修养对自己后来的科学工作很重要,它有助于开拓科学创新思维。

然而,当前的学校教育实行分科教学,加上应试目标导向,使学校教育变成为考试而分科教学。这不仅使自然科学知识、社会科学知识、人文科学知识难以有机融合,而且即便是学习某一学科知识,也未能有效处理好学生知识与能

---

① 雅斯贝尔斯.什么是教育[M].邹进,译.北京:生活·读书·新知三联书店,1991:4.
② "钱学森之问"是指 2005 年温家宝总理看望著名物理学家钱学森时,钱学森谈到教育问题。他说:"现在中国没有完全发展起来,一个重要原因是没有一所大学能够按照培养科学技术发明创造人才的模式去办学,没有自己独特的创新的东西,老是'冒'不出杰出人才。这是很大的问题。"参见:李斌.亲切的交谈:温家宝看望季羡林、钱学森侧记[N].人民日报,2005-07-31.

力的统合,结果变成掌握了学科知识,但缺乏运用知识解决实际问题的能力的"两脚书橱"。这一点有如葛兰西所批评的:"我们拥有的将会是虚夸的学校,毫无严肃性,因为'肯定的东西'的坚实物质将丧失,而'肯定的东西'只不过是口头上的真理:也就是说,完全是虚夸。"①更形象地说,学生除了满脑子都装着转眼就忘的公式和言论,别无所有。这使教育应该承担起丰富个体人性、完善心灵的职责被淡忘②。

基于上述分析,如果学校教育有违育人的目标,它是无法被社会与民众接受与认可的,无法融入现实的社会生活之中。事实上就使学校教育全部或部分地失去现实存在的合理性,由此就必然会提出教育的现实性问题。

可见,提出教育现实性问题,不是讨论现在有没有学校教育(学校教育是否存在或消失的问题),而是讨论学校教育是否合理、是否有价值,以及怎样使理想的、基于社会发展与人的发展需要的学校教育变成现实。通俗地说,国家组织实施的各级各类学校教育项目,是否满足了现实社会民众接受教育的需求,是否有助于促进社会公民的成长,以及教育在社会革新中是否产生了现实价值。如果学校解决了这些问题,是能够受社会欢迎与肯定的,并且,学校将会融入现实社会变革与发展进程之中。在这里可以看到,现实社会的需要成为衡量学校教育现实性的关键。简言之,学校教育现实性的实质是讨论学校教育的出发点以及呈现学校教育的目的,也就是说,学校教育既能满足社会发展需要,又能有助于人的全面发展。这样的教育,它是面向学生的,充满着教育者与受教育者的欢歌笑语,充满着因对人生、生活的无限期待而焕发的生命激情,而不再使教育者和受教育者受到压抑,不再是"冷冰冰"的教育。

---

① 安东尼奥·葛兰西. 狱中札记[M]. 曹雷雨,姜丽,张跣,译. 北京:中国社会科学出版社,2000:27.
② 在 2010 年 9 月 17 日第四届复旦基础教育论坛上,复旦大学校长、中科院院士杨玉良举了一则例子:2001 年 6 月底,复旦大学邀请加拿大总督米夏埃尔·让女士来校作演讲。在互动环节,好几位学生一再追问:从海地移民到加拿大,当了总督,你是怎么成功的? 杨玉良评论说:"这样的问题,粗听没什么,仔细想想,就暴露出不少学生急功近利的心态,总希望找秘诀、走捷径"。参见:姜泓冰. 教育≠成功学[N]. 人民日报,2010-09-20.

二、马克思开启理解教育现实性思路

诚然,前文这样解释教育现实性,实质是提出了一个问题,即从何种意义上谈论教育现实性才是合理的。如果只是字面的解释,"教育现实性"是指举办教育的主体是否尊重教育规律,是否合乎教育价值,是否满足社会与公民的现实教育需求,在教育过程推进中,是否和教育者、受教育者所处的现实社会结合在一起。这一点正如温家宝同志在2010年全国教育工作会议报告中论述教育家时所提及的:"要倡导教育家办学。教育的发展有其自身的规律。……我国教育事业要兴旺发达,一个重要条件就是让真正懂教育的人来办教育。因为他们尊重、敬畏教育的价值和规律,拥有系统的教育理论和丰富的实践经验,对教育充满热爱并深深扎根于教学第一线。"[①]这里非常强调"办教育"要"懂教育",即尊重教育规律,把主观积极性、能动性与教育规律的客观性有机地结合起来,不能凭主观意志、臆想去"设计"教育,不然只能对教育造成破坏。同时,又指出,尊重教育规律并不是要强调教育的客观性,也不能把教育理解成可以分解的流水线作业,可以用数量"计件""计量"的客观活动。这种理解教育的思路,容易使教育走向实证主义泥潭。因而,学校在开展教育教学活动时,要把教育传授科学知识的科学性与教育塑造人的理想、道德、信仰的价值性结合起来,既要发挥学校教育在改善人的认知能力、增强技能水平方面的作用,又要强调教育对人性改造、社会文化建设产生的积极作用。

事实上,类似的思路,马克思已经提到了。马克思在《1844年经济学哲学手稿》中提出人的存在是对象性的存在。人通过和对象物的交往活动,对象物才成为人的对象物,人认识了对象物,塑造着对象物,正是在认识、塑造对象物的过程中,人自身也得到了改造,马克思称这是成为"人的现实"的过程,而这个成

---

① 温家宝. 强国必强教　强国先强教[N]. 人民日报,2010-09-01.

为人的现实的过程正是"成为人自己的本质力量的现实"①。

所以，马克思指出"人以一种全面的方式，就是说，作为一个总体的人，占有自己的全面的本质。人对世界的任何一种人的关系——视觉、听觉、嗅觉、味觉、触觉、思维、直观、情感、愿望、活动、爱——总之，他的个体的一切器官，正像在形式上直接是社会的器官的那些器官一样，是通过自己的对象性关系，即通过自己同对象的关系而对对象的占有，对人的现实的占有；这些器官同对象的关系，是人的现实的实现"②。这就是说，人的力量、人的主体性，它是在对象性活动逐渐成长起来并成为现实的，实现"人的存在"。所以，人的存在的实现，"人不仅通过思维，而且以全部感觉在对象世界中肯定自己。"③"全部感觉在对象世界中肯定自己"，就是强调人与对象世界相互交往关系的确立，使自己的理性、情感、意志、欲望等因素在对象物中得到体现。这样，确认自己是"现实的"自己。对此，马克思称其为"实践问题"。在《关于费尔巴哈的提纲》中，马克思又写道："人的思维是否具有客观的真理性，这不是一个理论的问题，而是一个实践的问题。人应该在实践中证明自己思维的真理性，即自己思维的现实性和力量，自己思维的此岸性。关于离开实践的思维的现实性或非现实性的争论，是一个纯粹经院哲学的问题。"④这里，马克思十分清楚地阐明了思维"现实性"问题的实质，以及提出考量思维"现实性"的依据。

对于马克思的这一观点，虽然已经非常熟悉了，但是，对它的熟悉，未必真正理解它，未必能够保证得到的结论与观点是正确的，更未必能够保证是对真理的掌握。因为关键问题在于对人的"实践"的理解。

马克思是在批判旧唯物主义缺陷时提到了"实践"。他认为旧唯物主义包括费尔巴哈的唯物主义，主要缺点在于"对对象、现实、感性，只是从客体的或者

---

① 马克思恩格斯全集(第3卷)[M].北京:人民出版社,2002:304.
② 马克思恩格斯全集(第3卷)[M].北京:人民出版社,2002:303.
③ 马克思恩格斯全集(第3卷)[M].北京:人民出版社,2002:305.
④ 马克思恩格斯选集(第1卷)[M].北京:人民出版社,2012:138.

直观的形式去理解,而不是把它们当做感性的人的活动,当做实践去理解,不是从主体方面去理解。"①这里清楚地表明马克思是从人的存在意义上论述实践,指出人的存在是人在与世界交往中构建的种种关系,即使是客观存在的自然界,也因人与之交往,比如认识自然、改造自然,使自然具有人的因素。这种"人的因素",就是人的本质力量的体现,是人的独立性、主体性的实现。"任何一个存在物只有当它用自己的双脚站立的时候,才认为自己是独立的,而且只有当它依靠自己而存在的时候,它才是用自己的双脚站立的。靠别人恩典为生的人,把自己看成一个从属的存在物。"②从一个自然人发展成为一个社会主体,是表现和证实他的本质力量的过程,但这必须要借助于人之外的对象物"那些能成为人的享受的感觉,即确证自己是人的本质力量的感觉,才一部分发展起来,一部分产生出来。因为,不仅五官感觉,而且连所谓精神感觉、实践感觉(意志、爱等等),一句话,人的感觉、感觉的人性,都是由于它的对象的存在,由于人化的自然界,才产生出来的。"③人如何与"对象物"建立交往关系,"对象物"怎样成为人的对象,就是人的生命的表现,人的生命的表现就是"生命外向的表达,而这种外向的表达反转来内化为生命自身的'属人的本质力量的感觉',包括'五官感觉'、'精神感觉'、'实践感觉'"④。正是因为人的这些感觉,人感受到了自身的存在,也是向外展现人的本质力量的载体,成为评判每一个个体能力、素质的契机。对此,我们可以用通俗语言作这样的表述:对一个人的水平与能力乃至整体素质的考察,仅凭这个人的能说会道是不能断定的,而必须将其置于具体实践环境中,通过处理具体的事务的过程才能进行考察。而且,这种具体事务的处理,也不是一天两天就能见分晓,需要在一定的时间里发生一定的行为,通过这个时间和行为过程,个人的能力、品格、素养等人的内在因素得到

①　马克思恩格斯选集(第1卷)[M].北京:人民出版社,2012:133.
②　马克思恩格斯全集(第3卷)[M].北京:人民出版社,2002:309.
③　马克思恩格斯全集(第3卷)[M].北京:人民出版社,2002:305.
④　张曙光.人的哲学与生命哲学[J].江海学刊,1999(4):87-91.

了外化,使人成为现实的存在。

所以,当我们说出"人是现实的存在"的论断时,强调人是在与对象物(世界)的交往、互动中实现人的存在。正是这种建构活动,"人是现实存在"便成为一种客观的现象与客观的事实。以此视角研究人的问题,是马克思关于人的存在论思想的基本思路。

可见,马克思理解"实践",不是指纯粹意识的、观念的、思维的活动,如黑格尔所说的"精神"创造历史的"活动",也不是实证科学理解的"实践",把"实践"等同于一种技艺、技术性活动,比如工人生产某种产品的活动,也不同于亚里士多德的"道德实践"。①实际上,马克思是以"实践"统一人的自然性存在与社会性存在(自然人与社会人),即人是能够依赖自身的意志、智力、情感等主观性因素去认识与改变交往的外部世界,进一步创造适合人类生存需要的新的外部世界。这一过程的发生、发展,也阐释着人的生命活动的基本内涵。在这个意义上,人的实践,是人的生命活动的呈现。人的生命活动,是丰富的、复杂的、多样的。如果社会能够使人的生命活动得到完整、自由的呈现,这是社会文明程度的象征,是社会进步的体现。然而,在漫长的人类社会发展过程中,人的生命活动存在着被遮蔽的现象,比如人的异化。

因此,从实践的观点理解人的思维是否具有真理性,理解人的生命活动,这不是一个认识问题。因为,实践观点阐释"真理",已经转换成一个存在论问题,即"真理"是人与世界对象性交往关系的敞开。按照马克思"实践"视野理解人与世界交往关系的建构,是人与对象物交往关系的建立。对象物不只是人认识的客体,不只是人需要改造的客体,人建构与对象物的交往关系,是人全面占有自己的本质,是人作为人的现实社会存在,这一切都是随着人与对象物交往关

---

① 亚里士多德把一切知识分为理论、实践与创制三类。亚里士多德的理论知识与实践知识的区别依据不是"实际事务"而是普遍性的对象、普遍性的知识,把"最高尚的善"作为实践知识对象,它目标在于致人具有德性,而"创制"则是关于技术的、技艺的知识。"创制和实践互不相同。因为实践所具有的理性品质不同于创制所具有的理性品质,两者并不相互包容。实践并不是创制,创制也不是实践"。参见:苗力田.亚里士多德选集·伦理学卷[M].北京:中国人民大学出版社,1999:129-147.

系的确立而得到确证的。因而,人的主观活动、人的意识必须在这样的交往关系中才具有合理性,才是现实的,如此就解决了"人的主观活动"是否具有合理性的问题。

也正是如此,"意识在任何时候都只能是被意识到了的存在,而人们的存在就是他们的现实生活过程。"①人的存在就是人的实际生活过程,人的实际生活过程,不是我们每天早上几点起床、吃饭、上学、做工那样简单的"生活项目的流水线",而是每一项生活项目必定是人与对象物交往关系的建立。比如上班做工,就会涉及为什么要做工,为什么选择到这家公司做工等无数个"为什么"。显然,这些"为什么",解决了人对"做工"的价值判断与个人心理意愿、道德倾向、经济诉求,而不是像"今天,我上班期间接待了五批客人"那样简单的一种"工作(上班)"的事实。因而,当我们说"人的实际生活过程"的意义在于,它打开了理解人的意识、人的存在、人的生活之间相互关系的道路,其特征在于既克服思辨的、抽象化的、逻辑的分析所导致的主观的、虚无的理解,又消除科学的、实证的思想方式的局限。可见,马克思提及从人的感性活动、从人的实践视角来理解人的思想路线,是把握人的思维真理性的切近通道。

无疑,这是理解"教育现实性"的极其重要的思想方式。它的意义就在于:既反对把教育引入抽象化、思辨化的道路,又需要解构因追求教育的科学性、实证性而导致功利主义理解教育价值、教育功能的危机,把教育构建成"教育者利用知识去发展受教育者"的想象共同体。

由此讨论可知,虽然马克思没有对教育现实性内涵给出准确定义,但是,教育活动是人与人之间的活动,马克思阐述理解人的现实性问题的思想方式,为我们把握教育现实性划定了思想路径。

一是进一步明确了理解教育现实性问题的性质,它不是指教育活动是否是客观发生的一种既定事实。因为可以经验到、直觉感知到的实际存在的"学校

---

① 马克思恩格斯选集(第1卷)[M].北京:人民出版社,2012:152.

教育"，只是标明着一种"存在事实"，比如宗教时期的学校教育，不能说它是不存在的。但是，受宗教治理的学校教育，说它丧失了教育现实性，原因是宗教对学校教育性质、功能、人才培养目标的设定，是和宗教的超越性价值取向紧密结合在一起的。正因如此，教育现实性恰恰是要消除对"教育"不切实际的理解或想象。

二是进一步明确了反思"教育现实性"问题的实质，是反对把教育活动理解成主观的活动、纯粹意识与精神活动，反对把教育理解成脱离社会生活的认知活动。比如洛克把受教育者看作可以让教育者造就的一块"白板"，这一观点假设儿童是受理性支配的，是可"教"的。显然，从脱离社会现实生活与现实社会历史文化的"白板"，来谈论学校与教师给予学生的影响，只能是纯粹的思想意识或知识体系，谈不上是作为现实社会中的人成长发展的现实之路径。如此的教育活动，并没有把现实社会当作客观基础，不可能是现实的教育活动。

三是进一步明确了解决教育现实性问题的关键，是需要全面准确把握人建构和世界交往关系的意义。教育是人的教育，实质是强调如何通过教育活动，让受教育者能够和世界建立交往关系，使教育活动成为人和世界中发生的现实活动。因而教育是现实性的，它内含三方面要求：

首先，教育现实性指"教育是基于社会"的现实活动。决定教育活动的出发点是现实的，即辩证处理教育与社会及公民不断增长的教育需求之间的关系。如果学校满足不了社会与公民的教育需求，就难以收到预期的教育效果。而教育需求植根于现实的社会政治经济文化条件之中，植根于现实的人的需要。

其次，教育现实性指"教育是在社会中"的现实活动。满足教育需求的教育活动，必须是在现实的社会中完成的，因而说教育现实性指"教育是在社会中"的现实活动。所谓"教育是在社会中"，是指教育要受到社会政治经济历史条件的制约。社会又为教育过程的展开和发展创造了宽广空间，构成教育发展的现实基础。比如学校教育质量提高,需要改善办学的软硬件条件,只有在社会背景下,这种改善才是可能的。所以,教育必须回到现实的社会历史发展过程中,不能脱离社会环境谈论怎样举办教育,否则只能是"空谈"教育。

最后,教育现实性指"教育是为了社会"的现实活动。强调教育为社会服务,为社会发展提供人力资源与智力支撑,发挥学校在社会变革中重要思想源泉与智力库的作用,这是学校教育的基本使命。因此,强调教育现实性,就是要把学校教育办成是为了社会的教育,这样的教育才会受到民众的接纳,才能对社会产生积极贡献。就此来说,强调"教育是为了社会",就是要肯定与强调教育在推进社会变革与发展中的积极作用。

如上所述,就建构了考察教育现实性的三个层次:"基于社会""在社会中""为了社会"。当然,考察与判断"教育现实性",必须把这三方面整合在一起,只讨论其中的一个方面,不足以构成评判教育现实性的依据。

三、理解教育现实性缺失的三种维度

依据上述讨论,结合学校教育教学活动实际,要分析影响学校教育现实性问题的原因,寻求解决教育现实性消失的方案,可以从"学校教育对象""学校教育过程""学校教育历史性"等三个维度作出分析。

(一)对教育对象的误读与学校教育现实性的缺失

就当前学校教育来说,对"人是教育对象"达成共识并不困难。问题的关键在于是否能够正确理解和全面把握教育对象,最基本一点是要求确认教育对象是学校教育目的,不能将教育作为达到其他目的的手段。因为"关于人的认识"是开展教育实践、形成教育理论的基础概念,每一种教育学体系都产生于"某种关于人的完全确定的观念",它是深入探索教育理论各种细节"很灵的钥匙"[①],

---

① 茨达齐尔.教育人类学原理[M].李其龙,译.上海:上海教育出版社,2001.

是形成教育学理论的"硬核(hard core)"①。由此反观当前的教育实践,学校以提高升学率、就业率为办学"目标",教育过度扩张而使教育品质流于粗俗,甚至把学校等同生产劳动力的"专业工厂",出现了"无人"的教育、"人的空场"②。

要消除这些教育问题,关键是消除本体论思想方式给理解教育带来的负面影响。用本体论思想方式理解"人的教育",这种理解教育的思想方式,是有经典意义的③。它源自古代,比如柏拉图就为现实的人设置一个超越人的感性活动的"实体"——理念,理念是不变的、永恒的、先验存在的。人对它的认识,就是寻求真理,因而,人要追求理念,这是无条件的,也是绝对正确的行为。这样,对于城邦社会来说,要建设正义的、善的城邦,取决于"理念",它是决定城邦、法律、道德合理性的前提。那么,如何使城邦治理者去寻求这个理念? 或者说,如何造就一批与理念同行的城邦统治者、城邦公民? 这需要发挥教育作用。通过教育,为城邦培养追逐"理念"的人,能够追逐理念的人,是"善"的行为,是具有"美德"的人。可见,假定存在着一个超越世俗生活、超越人的经验的"理念",它是绝对存在,是绝对真理,探究纯粹的、绝对的真理,是教育存在的价值。

无疑,这种理解教育的思想方式,对后世教育思想与教育实践的影响根深蒂固。17 世纪捷克教育家夸美纽斯在《大教学论》中假设人受教育的前提源自上帝,因为上帝在人内心中植下了"学问、德行与虔信"的种子④。19 世纪德国新教育运动倡导者福禄培尔就认为教育"是以内部的、最本质的东西为根据、为基础的",所谓"内部的"就是"上帝精神","教育应当和必须引导人了解自己和关于自己的一切,与自然协调,同上帝一致;因而它应当使人认识自身和人类,

---

① 著名科学哲学家伊·拉卡托斯认为硬核(Hard core)是研究科学理论发展的核心和本质,比如牛顿力学的硬核是牛顿运动定律和万有引力定律。如果"硬核"遭到反驳或否定,整个科学理论就会面临挑战或彻底被否定的危险。参见:伊·拉卡托斯.科学研究纲领方法论[M].兰征,译.上海:上海译文出版社,1986:67.

② 鲁洁.教育:人之自我建构的实践活动[J].教育研究,1998(9):13-18.

③ 舒志定.学校人文教育的质疑与重构:简议威廉·V.斯潘诺斯的《教育的终结》[J].江苏高教,2011(4):6-9.

④ 夸美纽斯.大教学论[M].傅任敢,译.北京:教育科学出版社,1999:13.

认识上帝和自然,并使之实现由这种认识决定的纯洁的、神圣的生活"①。很明显,福禄培尔是把上帝精神或抽象的观念作为人的本质,使人自觉地按照"上帝精神"(抽象理念)生活,以此作为教育价值的实现。

仅举这两位教育思想家的核心观点,已经能够说明这种理解教育的思想方式的局限性。事实上,这种思想方式仍然影响着当前教育实践,只是把"上帝精神"替换成人的某种属性,如文化属性、精神属性,认为"好教育"是强调教育的文化意义与精神价值。尽管这种理解教育的思路凸现了教育的人文关怀,但仍存的问题是偏重教育的精神理想,疏忽教育的实践性根基②。

因此,清除本体论思想方式对教育研究的负面影响,使教育从"天上"回到"人间",从抽象回到现实,为学校教育建立前提。正如美国学者斯潘诺斯呼吁传统教育思想方式导致教育的终结,迫切要求重建教育思想方式以开启教育新时代③。要重建理解教育的思想方式,就要以理解人作为切入点。因为,人是客观存在的,现实的人是理解教育的出发点④。

其实,要明白这一点并不困难。因为日常生活经验已经告诉我们,作为教育对象的人是生活在现实社会之中的,每个人不能没有生活。如何生活、怎样生活、为何生活是每一个体都必须面对的课题。当然,这里谈及人是客观存在的、是现实的人,目的是说明"现实"与"日常生活"对人的存在的意义。

对此,匈牙利思想家阿格妮斯·赫勒作了阐释。"如果个体要再生产出社会,他们就必须再生产出作为个体的自身。我们可以把日常生活界定为那些同时使社会再生产成为可能的个体再生产要素的集合。"⑤这里的"日常生活",显示着"人在世界中生活"的事实,这种"事实",不是以反映一个人喜欢吃中餐还

① 福禄培尔.人的教育[M].孙祖复,译.北京:人民教育出版社,1991:3.
② 区应毓,张士充,施淑如,等.教育理念与基督教教育观[M].成都:四川大学出版社,2005:22.
③ 威廉·V.斯潘诺斯.教育的终结[M].王成兵,亓校盛,等译.南京:江苏人民出版社,2006:133.
④ 舒志定.现实的个人:教育的出发点——马克思教育思想当代性的一个视角[J].教育史研究,2003(1):82-88.
⑤ 阿格妮丝·赫勒.日常生活[M].衣俊卿,译.重庆:重庆出版社,1990:3.

是吃西餐、是白领还是农民工为旨趣,而是表明人与世界相互交往关系的建立,在人与世界彼此影响中实现人的发展与世界的变化。在此意义上说,人与世界交互关系的建立,是促进人的发展的社会基础与现实前提。这是关于人的发展问题的基本立场,以此立场谈论学校教育现实性,就是从人的交往活动来谈论教育活动,把教育看作人的交往活动建立。

这就是说,如果把教育看作人的交往活动,那么,只有师生之间发生、存在着真实交往活动的前提下,才能谈得上是现实的教育。比如今天上午某老师在某地某校给某班学生上了一节数学课,这样陈述"教师上课"是已经发生的客观活动。但是,这只是科学范畴意义上的"客观性",它可以用时间、地点、人数等"科学手段"进行标示与计量。当然,谈论教育现实性,并不否定这种客观性。然而,更应该关注"教师上课"是否使师生之间发生了互动、交往的活动。比如这节课只是教师的"独唱",学生并没有参与到这节课之中,依然不能说这节课是客观有效的。所以,教育的现实性是指教育活动是客观存在的,它既不能使教育变成师生之间依赖"逻辑""概念"进行"精神观念"变革的思辨、抽象的活动,而且又必须是师生相互交往活动的完成。

其实,马克思在批判费尔巴哈的观点中已经明确了这一点。马克思指出费尔巴哈只是把人看作"感性的对象",是"理论""思辨"的对象,是脱离现实社会生活抽象地谈论人,从来没有看到真实存在着的活动的人,"他从来没有把感性世界理解为构成这一世界的个人的全部活生生的感性活动"①。马克思对费尔巴哈关于人的认识问题的批判,就要求我们不能简单地说人就是教育的对象。所谓简单地说,是指要么把人看作一个"自然的、单独的、肉体的人",要么是把人看作"理性的、概念的、抽象的人"。

至此,我们清晰地展示出从理解教育对象谈论学校教育现实性的基本意图。换句话说,现实社会生活中的教师与学生,是理解学校教育的认识前提,是

---

① 马克思恩格斯选集(第 1 卷)[M].北京:人民出版社,2012:157-158.

形成教育现实性认识的客观基础。如此，学校就不会把培养人的自我意识、道德意志、感性情欲生命当作教育目的，而是积极引导学生在与世界的交往中发现自己的存在，发现自己作为人的能力、价值及其意义，从而使学生了解生活、学会生活、创造生活①。

可见，学校教育失去现实性的根本原因，是学校没有完整把握学生是现实存在的本质特征。而只是把改进学生理智（智商）作为教育目标，使传授知识、提升应试成绩的知识教育变成学校教育的全部使命。如此培养学生，把学生变成脱离社会生活的"两脚书橱"，甚至出现让"差生伺候优生吃饭"等"伪教育""反教育"的做法或现象②，在追求升学率与考试分数的目标加持下，这种反教育行为有一定普遍性，学校有这种现象，社会与家庭存在这类问题。这些问题的存在，已经从根本上违背了因材施教、有教无类的教育思想。在此意义上，德国哲学家雅斯贝尔斯提出"人的回归才是教育改革的真正条件"③的论断是有价值的，且必须加以重视。

（二）异质性和均质化的抗衡与学校教育现实性的缺失

上面是从教育对象角度讨论教育现实性丧失的根源。教育对象是一群拥有不同社会生活经验、有着个性差异的现实个体，处理学校教育普遍要求与学生个体发展之间的关系，会影响当前学校教育现实性的丧失。这就需要从教育过程考察凸现教育现实性问题的原因。

直观地看，教师与学生的教与学活动，是在特定时间与空间中完成的。从这一点上说，学校教与学是现实的活动。但是，近代以来不少教育思想家对此提出了不同的看法。他们认为，受现代大工业生产影响，市场社会需要主导着教育行为，造成资本与学校教育的联姻，学校成为资本的附属，资本及其资本拥有者控制着学校，成为学校教育目标形成的实际操纵力量，是评价学校教育绩

① 舒志定. 论马克思人的教育思想的旨趣[J]. 教育学报，2012(3)：3-8,16.
② 顾明远. 要与反教育行为作斗争[J]. 中国教育学刊，2011(9)：3.
③ 雅斯贝尔斯. 什么是教育[M]. 邹进，译. 北京：生活·读书·新知三联书店，1991：51.

效内容、手段的多导因素,教师从事教育活动、学生接受学校教育,都受其约束和规范,师生的教与学活动,已经不是人的自由自主的行为。比如按一种标准化的数学模型来评定学生学习成绩与教师工作绩效。结果,教师教育活动、学生学校生活变成一堆统计数据,把鲜活的学生、丰富的师生交往变成一种"数字符号"。而且,这种"数字符号"成为指导师生教与学行为的价值取向,制约着教师对自身职业的理解,制约着学生对学习与人生态度的理解。在这种情况下,生动的、个性鲜明的师生个体形象不见了,取而代之是统一的、标准的、可以用文本加以表达的"数字"。有研究者曾举小学生考试例子生动地说明这个问题。

"雪融化以后会变成什么? 对这个问题,回答是'变成水'的,为'正确';回答'春天'的,为'错误'。还有一个例子,'法隆寺是谁建造的?'学校准备的标准答案是'圣德太子建造的'。如果回答'是木工建造的',那只能得到'×'。"①

当然,这只是一个个案。但是,它生动地反映着标准化教学模式存在的问题。对此,佐藤学把这种教育问题产生的原因归结为体制化与均质化的学校管理体制。他认为制约现代学校运行的核心原理是"官僚组织"理念②,它造成学校追求效率、强调统一与标准的官僚化管理思路,制约或阻碍教师和学生去发展个性化的教与学行为。因此,要使学校教育富有活力与生气,就要充分重视每一位师生是具有个体需求的异质性存在的事实,要针对师生特点开展学校教育,形成异质性、差异性的学校教育活动。

所谓异质性、差异性的学校教育活动,是指学校要关注师生个体差异,合理尊重个体需求,激发师生的个体潜能,让每一位师生成为教与学的真正主体。这样的学校教育活动,是现实的、客观的、有效的。所以,在此意义上谈论学校教育现实性,是指学校教育要以生为本,要面向每一个学生,创建适宜学生个体发展的教育环境,而不是用一个标准为学生构建一种发展模型。这一点在《国

---

① 土屋基规.现代日本教师的养成[M].鲍良,译.上海:上海教育出版社,2004:14.
② 佐藤学.学习的快乐:走向对话[M].钟启泉,译.北京:教育科学出版社,2004:104.

家中长期教育改革和发展规划纲要（2010—2020 年）》（以下简称《纲要》）中已有定论。《纲要》指出学校要关心每个学生,促进每个学生主动地、生动活泼地发展,尊重教育规律和学生身心发展规律,为每个学生提供合适的教育。在《教育强国建设规划纲要（2024—2035 年）》中进一步强调落实立德树人的根本任务,实施学生体质强健计划,推进美育浸润行动,实施劳动习惯养成计划,促进学生健康成长、全面发展。

但是,遵照现代社会管理理念建构"体制化"的组织系统,这使当代学校面临着发展学生个性的"异质性"教育与统一、规范、标准化的"均质性"学校管理相抗衡的困境:如果强化学校教育体制的优先地位,它将凸显学校的权威地位和学校的控制功能,影响教师与学生之间建构民主的、合作的、对话的教与学的关系,影响师生积极性、主动性与创造性的发挥,陷入服从规范、"墨守成规"的消极状态之中①;如果突出师生个人利益的优先性,则容易出现极端的个人主义现象。无疑,解决这两种教育困境,才能确保学校教育现实性,一项重要的应对举措是把学校建设成适宜个人发展的教育"共同体"。这是因为,建设民主集体与尊重学生个性发展并不矛盾,关键是要建设有助于学生个性发展的"真实的集体"。这一点,马克思在《德意志意识形态》中已明确指出,建立"真实的共同体(集体)",避免"虚假的共同体(集体)"。虚假的"共同体(集体)"看起来是"共同体(集体)",实质是消灭了个人独立性的存在,是对个性自由的一种抑制。"在过去的种种冒充的共同体中,如在国家等等中,个人自由只是对那些在统治阶级范围内发展的个人来说是存在的,他们之所以有个人自由,只是因为他们是这一阶级的个人。从前各个人联合而成的虚假的共同体,总是相对于各个人而独立的;由于这种共同体是一个阶级反对另一个阶级的联合,因此对于被统治的阶级来说,它不仅是完全虚幻的共同体,而且是新的桎梏。"②所以,建

---

① 贝瑞·康柏. 批判教育学导论[M]. 张盈堃,彭秉权,蔡宜刚,等译. 台北:心理出版社,2004:87.
② 马克思恩格斯选集(第 1 卷)[M]. 北京:人民出版社,2012:199.

设真实的共同体(集体)是十分重要的,因为"只有在共同体中,个人才能获得全面发展其才能的手段,也就是说,只有在共同体中才可能有个人自由。"①这样的集体,不会与个人发展构成冲突,而且个人与集体之间构成紧密关系,集体为个人发展创造条件。

因此,当学校成为适合学生身心健康发展共同体的时候,它的意义是通过学校这个教育机构完成社会核心价值理想、信仰目标的"固化",让社会核心价值理想与信仰引领学生的学习与成长。这样,学校是一种引领学生身心和谐发展的"良好秩序",学生在学校这个教育机构全面、稳定的保护下获得自己的行为取向和价值态度②,这是学校教育现实性的基本要求。

要做到这一点,建设有质量的、稳定的、和谐的学校教育机构是一项十分重要的工作③。做好这项工作的关键,是把"教育正义"确立为建构学校管理体制与机制的核心理念。罗尔斯就说过,一个组织良好的社会是由它的正义观念来调节社会的,正义的、公正的社会制度对于个人美德具有优先性④。以此理念建构"学校制度",实质是按照社会正义原则建构的一种公开的规范体系,它决定着校内师生权力、权利、义务、利益和负担的恰当分配⑤。这样,它既能维护个体利益,又能维护学校整体利益、维护教育的国家立场。因而,"学校制度"变成一种引导师生行为的价值导向,推动师生行为方式与价值观念向"制度"建构的价值标准方向发展。在此意义上提出学校教育现实性,就是要以教育正义为原则,把学校建成适宜受教育者身心健康发展的共同体,使教育成为促进受教育者个性自由发展的现实社会活动。

---

① 马克思恩格斯选集(第1卷)[M].北京:人民出版社,2012:199.
② 布雷钦卡.教育目的、教育手段和教育成功:教育科学体系引论[M].彭正梅,译.上海:华东师范大学出版社,2008:92.
③ 布雷钦卡.教育目的、教育手段和教育成功:教育科学体系引论[M].彭正梅,译.上海:华东师范大学出版社,2008:89.
④ 罗尔斯.正义论[M].何怀宏,何包钢,廖申白,译.北京:中国社会科学出版社,1988:440-441.
⑤ 罗尔斯.正义论[M].何怀宏,何包钢,廖申白,译.北京:中国社会科学出版社,1988:50.

（三）教育历史性的淡化与学校教育现实性的缺失

正确认识教育现实性，要避免出现教育现实性与教育理想性对立的观点。其实，发挥学校教育提升人的精神品质、培育崇高人生信仰以及促进人性改善的功能，这是合理的。有如德国思想家斯特劳斯把它称作自由教育，认为自由教育"是一架阶梯，凭借这阶梯，我们可以努力从大众民主上升至原初意义上的民主。自由教育是在民主大众社会里面建立高贵气质的必要努力。自由教育呼唤着大众民主中那些有耳能听的成员，向他们呼唤人的卓越。"①自由教育的任务是为民主社会培育高贵气质的人。实现这样的教育目标，教育方法是倾听"最伟大的心灵之间的交谈"。这样，"自由教育是一种最高形式温顺中的煅炼——虽不能说这温顺就是谦卑。同时，自由教育是一次勇敢的冒险：它要求我们完全冲破智识者及其敌人的名利场，冲破这名利场的喧嚣、浮躁、无思考和廉价。"②可见，学校教育以民主、自由、平等为价值理想，培育人的崇高心灵，这是非常积极的教育理想。当然，论及教育理想，实现学校对涵养、丰富人的精神生活的教育功能，必须提及教育的历史性。只有在教育历史性视域中，教育现实性与教育理想性才能得到有机的统一。

讲到学校教育的历史性，一般是指教育存在于特定社会历史之中，任何时期的学校都是人类社会历史发展的组成部分，不可能存在脱离人类历史的学校教育。但是，这样理解学校教育的历史性，只是从"时间维度"的把握，"历史"是时间意义上的"历史"，即在人类历史发展长河中，处于特定社会时期的学校教育，是这条"历史长河"中的一部分。当然，不能说这样来理解"教育的历史性"这个命题是不正确的。但是，这样理解教育的历史性，是有局限的。因为它只是揭示了学校教育逐步发展的阶段性特征，并没有通过理解历史的本质，来阐释教育历史性的实质以及讨论这一问题的意义。

---

① 刘小枫，陈少明. 古典传统与自由教育[M]. 北京：华夏出版社，2005：5.
② 刘小枫，陈少明. 古典传统与自由教育[M]. 北京：华夏出版社，2005：8.

针对这一点,马克思的一段话值得认真品味:"这些个人把自己和动物区别开来的第一个历史行动不在于他们有思想,而在于他们开始生产自己的生活资料","人们生产自己的生活资料,同时间接地生产着自己的物质生活本身。"①阅读这段话,可以明确马克思对"历史"的两点思路:一是"第一个历史行动"并不是由"思想"产生,而是由"生产"创造的,这既阐明了"历史"形成中"思想"与"生产"之间的关系,又阐明了"生产"在"历史"中的地位,如此才能使思想与历史没有成为抽象的"精神"观念;二是"生产"是变化的。人与对象物的不断交换活动,形成不同的生产产品,因而它是变化的,正是因为"变化",它构成了人与对象世界逐渐形成的过程,这便构成了历史。因而,人与对象世界构成的思路,成为考察历史的思想路径,由此更深刻地揭示了容易被人们忽视的分析问题的视角:人是与世界交往中"建构"起来、"呈现"出来的。

对"历史"作这两点思考的价值,就在于开启一条从"人是生成着"角度理解人的问题的思路,这被称作生存论思路。这一思路的确立,使"历史"不只是物理学意义上的"时间"的变化,从昨天到今天到明天,也不是黑格尔的断言,这是人的自我意识"逻辑"推断的"历史"。这样的"历史观",改变了"人是神授"的神秘主义立场,也有别于理性认识论的立场,类似笛卡儿把"我思"规定是人的存在之根基,把"自我意识"等同于人的主体性。

对此,马克思在《1844 年经济学哲学手稿》中已明确提及:"人的异化了的本质现实性,不外是意识,只是异化的思想,是异化的抽象的因而无内容的和非现实的表现。"②人不可能脱离现实变成"精神"的存在。进而,马克思提出努力方向。"有一种神秘的感觉驱使哲学家从抽象思维转向直观,那就是厌烦,就是对内容的渴望","由于这种抽象理解了自身并且对自身感到无限厌烦,所以,在黑格尔那里放弃抽象的、只在思维中运动的思维,即无眼、无牙、无耳、无一切的

---

① 马克思恩格斯选集(第 1 卷)[M].北京:人民出版社,2012:147.
② 马克斯恩格斯全集(第 3 卷)[M].北京:人民出版社,2002:333.

思维,便表现为决心承认自然界是本质并且转而致力于直观。"①把人的自我意识看作历史的决定因素时,历史变成概念的辩证法。马克思批评了这种观点,指出人是生存着的,在动态变化的生存过程中,人创造了历史,也被历史所塑造着,历史不是对立于人而独立存在的,人不断地推动着创造新的历史,同时,人也被人所创造的历史创造着。如此使人与历史构成了相互依存的辩证关系。

因而,在历史中,我们不仅看到历史是谁创造的问题,而且看到人是怎样创造历史以及创造自身的。如此,历史赋予人的意义,是为人的生存提供基础与资源,而人赋予历史以不断增加新的内容,使不合乎时代变革需要的历史变成传统沉积下来,由此体现人在历史产生、传承、再创造过程中的主体作用。

因此,教育作为人类独特的活动方式,只有融入人类历史传承、创造过程才变得有意义。也就是说,学校培养的人才,能够参与创造历史,并通过创造历史,表现和确证着自己的生命力量、生命价值,是"自觉自为"的社会生活主人,成为在现实社会生活中创造社会历史的主体,这是教育历史性的基本规定。也是因为历史性,教育现实性与人类社会存在、变革、发展相联系,进一步丰富与完善了教育现实性的内涵,更深刻、全面、完整地体现学校教育的意义与价值。就此而言,教育历史性是教育现实性的前提与归宿。

把历史性作为教育现实性的前提,是指任何一项学校教育活动必定立足于社会历史发展过程中,要受到社会历史文化制约。社会历史文化是学校教育得以发生、发展的现实基础,而社会历史文化是以"现实的个人"为前提的,不能把生动的个人实践抽象成一堆概念或知识体系。在特定学校教育中,意指受到特定民族、国家立场的制约,要结合特定国家与民族发展历史,规范、约束学校教育,只有具有现实性的学校教育,才能对人类社会历史发展产生积极意义,才能融入人类历史发展长河之中。

---

① 马克斯恩格斯全集(第3卷)[M].北京:人民出版社,2002:334-335.

把历史性作为教育现实性的归宿,是指任何一项具有现实性的教育活动,要以教育对历史发展产生贡献作为准则。从这一角度说,教育现实性要求教育以人类社会历史发展基本规律作指导,站在人类社会历史发展过程考察学校教育,把握与顺应历史发展潮流,做时代的"弄潮儿",既不保守也不激进,把继承传统与适时变革做到有机统一。

由此进一步明确什么样的学校教育才具有现实性。既然历史是人创造的,因此,培养创造历史的社会主体的学校教育才是具有现实性的。这包含两个方面的意思:

其一,学校教育的现实性存在于历史性之中。随着历史的创造,推动学校教育的改革与创新,在创新中完成历史的创造,合乎历史发展规律的学校教育,才具有现实性。

其二,学校通过培养具有创造性的历史主体来体现教育的历史性。培养人为宗旨的学校教育,它的现实性不仅要求教育活动存在于现实社会之中,并在现实社会中产生教育结果,而且要求培养能够从事现实社会生活,推动社会历史进步的"主体"。如果做不到这一点,那么,学校教育虽然是在现实社会生活中发生,但也只能说是造成了某种教育事实。如此,培养创造历史的主体,成为学校教育现实性的本质要求。

综合上述这两个方面可知,教育现实性是教育历史性的一个部分、一个阶段、一个领域、一个方面。教育历史性规定着教育现实性,是实现教育现实性的客观依据。而教育现实性又构成历史性的具体内容,只有使每一阶段、各个领域的学校教育的现实性得到实现,教育历史性才能是客观的、真实的。这就要求从教育历史性理解教育现实性,使教育现实性在教育实践中得到体现。

其一,教育历史性规定着教育现实性的本质。正确把握社会与教育的辩证关系及教育发展规律,才能确保学校各项工作的持续发展。只有不断地反思教育实践、总结教育经验,才能有效地、准确地掌握教育发展规律。而教育实践的反思,实质是反思教育的历史,是把握教育问题的历史性维度的确立。

其二，教育历史性规定教育现实性的未来向度。教育现实性并不排除教育的理想性、教育的超越性。教育的理想性与教育的超越性，是人类教育活动的重要特征。关键问题是怎样把握教育的超越性，呈现教育的未来向度。因为，教育的超越性和未来向度，不是宗教神学家或者古代教育家构想的虚无概念、精神观念，追求超验世界、超验目标，而是以社会主体培育为目标，帮助人确立正确的自我意识，不断地挖掘人的潜力，实现自我超越，进而达到自我实现的目的，成为"无限的存在"。

其三，教育历史性规定了教育现实性的价值期待。教育需要理想与信仰。充满教育价值的教育活动，是有效的、具有现实性的教育活动。而教育价值的实现，无法摆脱教育历史性的制约。因为实现教育价值的基础是现实人的现实社会生活。如果脱离社会历史条件理解学校教育价值，只能停留在人的意识与观念之中，变成抽象的认识。

所以，从教育历史性论述教育现实性，为理解教育现实性提供现实基础与发展愿景。设计与实现教育发展目标与愿景，最终要返回现实的社会生活之中，受到现实社会历史条件的制约。如果不能处理好教育愿景与社会现实历史之间的关系，就会使教育发展目标与愿景、教育理想与信仰失去现实的社会基础。结果要么是坚持教育信仰而变得固执，或者是为教育信仰而采取激进的姿态；要么是放弃教育理想变得世俗，使教育改革失去动力与活力。这一切既不是发展教育的积极态度，也不是掌握和利用教育发展规律的体现，都不利于教育的科学持续发展。

以上从三个维度解析了学校教育现实性问题。正确把握教育对象，是确保教育现实性的核心，妥善处理标准化教育与学生个性发展之间的关系，这是确保教育现实性的条件，而历史性则是确保教育现实性的前提，它制约着教育对象的正确把握，决定着学校教育过程规范有序地展开。因此，从这三个维度解读教育现实性，是从前提与基础视域反思学校教育的现实性，这种理解教育的思路，就不同于从传授知识多少、知识真伪的角度讨论教育现实性，从而展示思考教育问题的新思路,也为辨析学校教育的科学性与艺术性问题提供思想路径。

四、智能技术提出教育现实性新问题

前面论述了学校教育现实性的问题。对于当前学校教育来说,思考这个问题,还需要研究智能技术构建新的教育环境,这种新的教育环境会产生怎样的教育现实性问题,以及如何破解教育问题,这是需要重视的课题。

当前,信息技术、互联网、人工智能等新一代科技创新的出现,推动社会的深刻变革,包括对学校教育的影响,各级各类学校和教师普遍认识到应用互联网、人工智能技术开展教育教学工作的重要性、紧迫性。面对智能技术在教育领域的应用,从专家学者到中小学教师都在思考人工智能技术给教育教学带来怎样的影响,比如机器人教师是否会替代自然人教师,在线教育是否会替代学校教育等议题。的确,人工智能技术的运用,出现网络学习、数字课堂等新的教育教学组织方式,有力地推动了学校教育教学工作的改进。教师作为承担立德树人根本任务的主体,不仅要积极主动拥抱新技术,研究新技术和教育教学活动的融入发展,而且主动地研究新技术环境下如何培养学生成长,如何避免出现对网络、游戏、手机等智能技术着迷成瘾的现象,让学生学会在新技术构造的智能化环境中生活、学习和工作,成为运用智能技术开展生活、学习、工作的主人,成为推进社会变革、服务国家进步的高素质时代新人。

因此,我们不仅要关注智能技术如何发展和应用的问题,更要关注智能技术的应用对人的生存观念、方式的影响,这就需要关注智能技术发展提出的哲学问题,帮助学生实现通过智能技术过上更美好生活的目标,这是新时代全面落实立德树人根本任务面临的新课题。

(一)智能技术发展带来教育新问题

提出这样的论点,并非空穴来风。这是因为我们的日常生活正在发生着新的变化,这种变化的出现,正是各种人工智能技术改变人的日常生活的生动体现。文本写作、语言翻译、制作视频图像动画等,都可以通过人工智能来完成,甚至超过了人类中即便是某些领域顶尖的专业人才,比如美国谷歌公司旗下DeepMind团队开发的一款人机对弈的围棋程序AlphaGo(我们戏称"阿尔法狗")。2016年3月9日开始,持续到15日,阿尔法狗和围棋九段、世界冠军李世石比赛,居然能够以4∶1击败李世石。[①]继阿尔法狗之后,2022年11月出现聊天机器人ChatGPT(Generative Pre-trained Transformer的简写)。这是美国人工智能研究实验室OpenAI开发的人工智能技术驱动自然语言处理工具,称它是聊天机器人,其实它的功能不只是人机对话的语音交流,更重要的一点是它能够完成撰写邮件、视频脚本、文案、翻译、编写代码等任务,说明它具备了自我学习能力,能够适应不同应用场景和需求。这引发了我们的思考,人工智能技术能否超过或取代人类? 这就是说,人工智能不只是一个知识论问题(比如能够语音、能够学习、能够计算与回答问题等),它已经是一个涉及终极命运的存在论问题[②]。简单地说,人工智能的出现,它代替了人类,那人类怎么办? 所谓人类怎么办,意味着人类怎样生存,以及生存的意义又是如何。

所以,我们一方面要看到人工智能成了日常生活和工作的助手,更要看到另一方面的问题是,如果我们把智能技术的应用与工业化时代技术发明的应用相比较,就会发现两者对人产生的影响有着本质差异。工业化时代把技术看作人的身体延伸,比如汽车,它是对人的步行、搬运物品等机能的扩展,有助于加快人的行走速度,增强人搬运物品的能力。而智能技术的出现与应用,不仅保留了传统技术延伸人的身体的功能,而且它对人产生更深层次的影响,悄悄地改变着我们的生活方式、生活观念。比如我们使用手机支付方式代替现金支付,难以保证一段时间之后,我们对五角、一元、十元这些硬币、纸币都感到陌

---

① 吴月辉."阿尔法狗"为什么厉害[N].人民日报,2016-03-21.
② 赵汀阳.跨主体性[M].北京:生活·读书·新知三联书店,2023:251.

生,甚至无法区分钱币的数额。

更值得我们警惕的问题是,这些改变是潜移默化发生的,我们是被悄悄地改造完成的。这里所举的例子只是日常生活中极其具体的个案,这些影响,看起来只是对传统生活方式、生活观念的一些改变,实质上对人类提出了如何在智能化社会中生存的严峻课题。而且人工智能发展迅猛,它越来越强大,人还会和人类同伴交往吗? 人活着的意义是什么? 人和"人工智能人"打交道,人能觉得自身的尊严、价值等这些人道主义议题吗? 回应人工智能技术发展提出的新课题,我们不仅要教会学生运用智能技术的知识、技能,而且更要关注智能技术应用到生活与学习中,给儿童、青少年的学习、生活、成长带来三个重要的哲学问题。

1. 智能技术提供了共同体建构的虚拟化基础,诱发人的认同困惑问题。虚拟交往是网络交往常态化方式,由此构成虚拟共同体,这和现实日常生活中建构的共同体存在着本质差异。

人在现实社会中建立交往共同体,基础是客观存在的自然世界,以及人们通过生活生产组成的社会群体,包括国家、民族、家族、家庭或者街道、企业等群体,这类共同体的基本特征是共同体成员生活、工作的空间是接近的,甚至是同一个空间,可以日出而作日落而息。对于共同体成员来说,共同体是看得见、感觉得到的实实在在的存在,有共同体成员之间确认的共同理想、共同价值追求、共同处事规范,甚至家庭、家族这类共同体还是建立在血缘关系基础之上的。

然而,智能技术支持下建立共同体,它可以脱离现实的自然、社会基础,建立虚拟共同体。说它是虚拟共同体,并不是说它完全是抽象的、空想的、杜撰的。其实,它也是客观实际存在的,只是强调这类共同体成员及其整个共同体是通过数字技术获得在场,共同体及其个体是通过数字技术加以呈现的,就是平常所说的是靠键盘、靠输入法维系的共同体。它的最大特征就是共同体建构的基础是数字,而不是客观的自然与社会,这就会使共同体成员脱离现实的、丰富的、多样的自然世界和现实社会。虽然网络交往有法律法规、道德规范的约束,但交往中的个体,更容易考虑个人自身利益,更容易形成原子化的个体,导致个人与社会关系的疏离,这不符合人是在现实社会中生活、成长的基本规律。如果学生生活在这样的共同体中,如何使学生获得对自我的认同、对社会的认同,乃至对民族、国家的认同,养成正确的自我观、社会观、国家观,推进个人社会化的实现,这是虚拟共同体提出如何完成人的认同的哲学问题。

2.智能技术主导人的改造,诱发人的意义迷茫问题。智能机器人代替人的劳动,帮助人完成生活生产任务,减轻人的劳动付出,这已在众多企业、服务行业变成现实。不过,智能技术出现机器换人,和工业革命时期的"机器吃人"现象,两者是不一样的。这种不同,随着"脑联网""互联脑"的出现,更应该值得我们思考。在谷歌发明家库兹韦尔看来,未来可以将云计算技术和大脑皮层连接,打造出功能更强大的人类脑①。脑联网技术的发展,就能把学生自然脑连上云计算技术变成互联脑,学生还需要像现在这样读书、写字、考试吗? 而且通过云计算技术变成互联脑,它可能不是某一个人的知识、技术,而已经是一群人的"共有大脑"。

这样强大的智能技术将不断制造人与互联网、人与技术融合的新形态,如果在一个自然人身上植入人造芯片、人造神经等智能技术,这是自然人还是机器人? 不仅其界限难以区分,而且更值得我们思考一个哲学问题,这就是人的意义是什么? 如果人一旦对自身活着的意义感到迷茫,就难以建构人的主体性。

3.智能技术环境建构的学习方式,诱发人的全面发展的挑战。教育目的是促进人的全面发展。学校设置德育、智育、体育、美育、劳动教育等课程,教师通过组织学生学习理论知识和实践活动,有组织、系统化地促进学生认知、情感、技能、品德等方面发展。然而,在智能技术建构的学习环境中,学生学习方式发

---

① LH.谷歌科学家:未来纳米机器人可借助无创方式进入人类大脑[EB/OL].中国机器人网,2016-04-25.

生变化。研究者发现现在的儿童和青少年越来越多地在屏幕前进行读写活动，类似电影、电脑游戏等动态视频图像，成了一种基本的文本模式①。儿童熟悉与习惯这种有图有声音的读写模式，虽然形象、具体、生动，有助于改进人的形象思维能力。但是，它可能萎缩了人的抽象能力，就如R.舍普在《技术帝国》中说图像技术"拒绝抽象和中介"②。同时它还会影响人的决策判断方式和能力的变化。智能技术建构了大数据，人依据大数据做出决策，这意味着人的决策能力得到提升。但另一方面出现了新的问题，依赖人的经验，甚至直觉和顿悟做出决策的机会越来越少，人的能力相应地减弱，进而导致人对自身实践、自身经验的轻视，导致人通过感官获得经验的功能退化，"我们正在变得更加浅薄"③。

（二）回应智能技术带给教育的新问题，迫切需要关注教师哲学素养的提升

面对智能技术发展提出的哲学问题，中小学教师不能回避。因为中小学生已经接触了智能技术，智能技术成为他们日常生活、学习的伙伴，他们已经成了"数字居民"。学校也在积极推进智能技术与教育教学的融合发展，开发了网络课堂、组建虚拟教学共同体。即便是老师线下课堂教学，不少学校也鼓励甚至要求授课教师运用网络与智能技术开展教学工作，比如让学生在线完成作业、开展小组讨论等。教师也采用组建家长群的方式开展家校合作，家长参与学校的教育教学活动或讨论问题，也在"群"里完成。

不可否认，利用智能技术推进教育教学组织方式的变革，这将有利于提高工作效率，有助于师生、家长更便捷地进行信息交流沟通。但是，作为教师，必须牢记教育根本任务是促进学生成长成才，育人是教师的首要职责。因此，教师必须要关注智能技术提出的哲学问题，要研究这些问题的出现，对落实"育

---

① 克拉夫特.创造力和教育的未来：数字时代的学习[M].张恒升，译.上海：华东师范大学出版社，2013：24.
② R.舍普，等.技术帝国[M].刘莉，译.北京：生活·读书·新知三联书店，1999：196.
③ 尼古拉斯·卡尔.互联网让人变得更愚钝[N].参考消息，2020-06-16.

人"任务构成的挑战,要使学生避免成为沉迷网络的极端原子式的个体,避免成为没有社会交往意识与能力的虚拟个体,避免成为有知识有技能但对现实生活缺乏激情的"机器人"。要解决这些问题,迫切需要提升中小学教师的哲学素养,以便能对智能技术带给学校教育教学问题作出深刻的哲学思考,进而能够引导与教育学生成长为全面发展的社会主义建设者和接班人。

1.教师要坚守立德树人的教育信仰。在推动人工智能与教育融合发展过程中,教师要牢固树立的哲学立场是如何解决学生成人的问题。人的问题置于知识教学、技术创新的首位。

要教育学生把人之为人作为学习的首要任务,要让学生明白人的价值、人的意义等有关人的基本问题,这就要求每一位教师自身就要确立人生观、价值观、世界观,形成关于人的意义、人的价值的正确看法,进而研究如何开展行之有效的教育活动,塑造学生的成人成才观,以及正确的技术观,在人使用智能技术、智能技术对人的影响中找到人的位置。

2.教师要确立反思与批判的教育立场。反思与批判是哲学素养最突出的特点。人工智能带来更加丰富、多元的信息渠道,形成了历史上任何时期都无法获得的信息资源。对于中小学学生来说,只要点击鼠标就能轻易获得这些信息,这是好的一方面。与此同时,学生获取信息、知识,辨析信息真与假,知识对与错,只需要抽象的逻辑推演,不需要通过自身与自然、社会的实践交往获取,增加了学生获取信息知识的便捷性,但这容易导致学生感性活动、感性经验消失。

所以,要求教师提升反思与批判的意识与能力,坚持对学生网络学习、依赖智能技术学习的行为保持反思与批判的教育立场,要思考人如何更加主动地运用智能技术,而不是被智能技术俘虏。要及时引导学生从网络世界走向生活、走向实践,融入现实社会生活中去体验生活、感受成长。

3.教师要建构哲学、科学、艺术相融合的教育理念。教师向学生传授科学知识,这是教师承担教育教学工作的科学性要求。如何让学生有效掌握教师传授的知识,教师要讲究课堂教学的艺术。在人工智能与教育融合发展趋势下,学生学习和接受、传播知识的方式发生了变化,可以通过技术生成经验、获得知识,不需要花费很多时间去记去背,也不需要通过介入社会实践获得经验。面对这些改变,只是强调教师在教育教学工作中做到科学性与艺术性统一,就难以有效应对人工智能提出的新问题。换言之,学生可以依赖机器人教师、人工芯片、人工大脑解决知识学习问题。这就需要教师去思考人工智能引发的认识论、本体论、价值论等哲学问题。

就认识论来说,比如教师要思考学生个体知识是如何生成的问题。未受人工智能影响的人的知识是通过实践获得的,是人把自身融入社会生活和生产中获得经验、获得知识。又如个体知与行的关系问题。教育就是要培养学生能够把课堂上学习的"知识"转化为参与社会生产和生活的"行",这个"行"是指对事物的改变,是"造物"或使"物"产生相应运动。比如从价值论来说,人工智能代替我们工作,一篇文稿由类似 ChatGPT 来完成,人生存的意义在哪里? 什么是我们值得追求的有意义的生活? 这些问题,各个学科教师都有责任作出思考,并融入教育教学工作中。从关注学生学的本质、成长的本质的哲学高度,以哲学、科学与艺术三者融合的教育理念,开展教育教学工作,帮助学生在社会中成长,而不只是被智能技术替代。

不论人工智能发展到何种程度,人是目的,教育是使人成为人的活动,进而使每一个人过上美好的生活,这是教师要信守的行为准则。

第九章　马克思以唯物史观引领
教育理论发展的意义

马克思坚持用唯物史观研究教育问题,开启社会存在与教育活动相互关系的研究视域,形成研究教育目的、教育本质、教育功能等教育基本问题的"社会存在论"范式,避免把教育问题变成一个形而上的道德问题,或者是一个纯粹的科学知识的教与学问题,由此改变从概念到概念、范畴到范畴"认识论"形成教育概念的路线,展现马克思建构教育学说的研究范式转变,凸显马克思教育理论的鲜明特征,体现马克思对教育研究作出的重要贡献,是人类社会科学的典范①。因此,阐释马克思教育学说的性质及意义,迫切需要研究马克思如何坚持唯物史观的原则建构教育学说,为促进人的自由全面发展的教育活动奠定现实历史基础,进而确保教育理论建构的科学性、正当性。

一、教育概念与范畴形成的社会历史前提

教育概念和范畴是建构教育学说的"细胞"。没有概念、范畴,就难以建立理论化、体系化的教育学。这就要研究教育概念、教育范畴是怎样产生的问题,明确教育概念、范畴的主要内涵,这是建构教育学说的基础性工作。

诚然,教育概念、教育范畴是对人的教育活动的逻辑抽象和理论化表达。不同研究者对教育概念、教育范畴会有不同理解,作出不同解释,这是事实。这就需要思考一个问题:如何确保对教育概念、教育范畴理解的准确性、合理性。

---

① 石计生.马克思学:经济先行的社会典范论[M].台北:唐山出版社,2009:47.

回答这个问题,前提是要对教育活动的性质和本质问题作出判断。对此的认识有两个观点:一是把教育活动看作传授与学习知识的教与学活动,目标是培养思维技能①,把教育当作一种认知—技术的过程②;二是对教育作出一种理想的假设,从意识、观念出发来理解人的教育问题。比如柏拉图假设存在着理念世界,或如孔子所言从心所欲不逾矩,这使教育活动成为一项使人无限接近理念的抽象的意识活动。

不论是哪一种观点,共性之处是没有把实施教育活动的教育者与受教育者作为研究工作的前提,也没有把教育理解成在社会中发生的客观事实,只是就"教育"讨论"教育"、就"教育"研究"教育"。这样研究教育的思路,无论是研究者有意识还是无意识的决定,都隐含着一个假设,这就是把现实个体的生命活动看作"意识活动",是把教育理解成"想象的主体的想象活动"③,夸美纽斯的观点就是典型一例。夸美纽斯在《大教学论》中明确规定教育任务是关注"自然发展的一切事物","不是依靠书本的研究,这就是说,他们应该学着去知道,并且去考察事物的本身,不是别人关于事物所作的观察"。④ 虽然夸美纽斯意识到"事物"在教育中的重要性,但是,夸美纽斯理解"事物""自然"的思路,是把人与外部事物(自然)对立起来,只是说明事物、自然是知识的来源,这有一定的合理性。问题是夸美纽斯关于知识产生的观点,关于受教育者完成知识学习等问题的认识,归因为人的"感官和心智"的认识活动,"一切知识都不应该根据书上的权威去给予,而应实际指证给感官和心智,得到它们的认可"⑤。这样的理解思路,看起来突出了人在知识认知和接受中的主体作用,但对于人为什么会具有接受知识的主动性、能动性的看法并不正确。夸美纽斯认为是人身上蕴含着

---

① 迈克尔·W. 阿普尔,等. 被压迫者的声音[M]. 罗燕,钟南,等译. 上海:华东师范大学出版社,2008:55.
② 迈克尔·W. 阿普尔,等. 被压迫者的声音[M]. 罗燕,钟南,等译. 上海:华东师范大学出版社,2008:57.
③ 马克思恩格斯选集(第1卷)[M]. 北京:人民出版社,2012:153.
④ 张焕庭. 西方资产阶级教育论著选[M]. 北京:人民教育出版社,1979:24.
⑤ 张焕庭. 西方资产阶级教育论著选[M]. 北京:人民教育出版社,1979:24.

上帝赋予的"永生的种子"①,"人是上帝的形象"②,这就是夸美纽斯对人的自然存在的理解。"我们理解自然这个词是指普遍的神的预见"③,是"神的仁慈的影响"④。可见,夸美纽斯看到了外部世界对人的学习、生活产生的作用,看到了人需要利用外部自然开展学习的客观事实。但是,对人能够从自然中学习的原因,夸美纽斯归结是上帝,人的存在是由上帝规定的,是上帝规定了人具有学习的"潜能"。从形式上看,夸美纽斯强调了外部世界对人的意义,事实上是把人和外部世界割裂开来,把人看作受外部世界支配的受动体,是被动的存在。

这样的理解思路,不只是夸美纽斯的观点,它已成为一项教育研究的传统。在笛卡儿思想视野中,类似夸美纽斯的"上帝埋下的种子"被纯粹的自我意识所替代。卢梭的自然人教育、康德的道德教育,也归因于人类理性存在的缘故。率先建立教育学的赫尔巴特,其理论基础是心理学与伦理学,设定的教育目的是以意志陶冶、造就道德人。

对诸如此类观点隐含的问题,就如马克思当年批判德国玄想家们时指出问题的实质:"这一切都是在纯粹的思想领域中发生的。"⑤马克思提出了解决思路,就是要把人回归到现实社会之中。社会是由一代又一代的人创造出来的,"不应当带有任何神秘和思辨的色彩",每一个人都是"以一定的方式进行生产活动的一定个人"⑥,他们改变自己的物质生产和物质交往,同时也改变着自己的思维和思维的产物,"不是意识决定生活,而是生活决定意识"⑦。因此,马克思主张要在现实社会中研究人的问题,要从现实社会发展历史中寻找产生人的问题的根源,这开创了对人的问题进行历史研究的先河。"对人类历史发展

---

① 夸美纽斯. 大教学论[M]. 傅任敢,译. 北京:人民教育出版社,1984:37.
② 夸美纽斯. 大教学论[M]. 傅任敢,译. 北京:人民教育出版社,1984:29.
③ 夸美纽斯. 大教学论[M]. 傅任敢,译. 北京:人民教育出版社,1984:28.
④ 夸美纽斯. 大教学论[M]. 傅任敢,译. 北京:人民教育出版社,1984:28.
⑤ 马克思恩格斯文集(第1卷)[M]. 北京:人民出版社,2009:513.
⑥ 马克思恩格斯选集(第1卷)[M]. 北京:人民出版社,2012:151.
⑦ 马克思恩格斯选集(第1卷)[M]. 北京:人民出版社,2012:152.

的考察中抽象出来的最一般的结果的概括"①,这便是马克思和恩格斯在《德意志意识形态》中称作的历史科学,"我们仅仅知道一门唯一的科学,即历史科学"②。这里的历史科学并非研究历史的科学。以历史为研究对象的科学,是指考察人类活动要有历史思维,人类的实践活动及其实践活动的成果是历史地生成的。比如商品,它的价值取决于生产某件商品的劳动时间。不过,这个劳动时间,不是指个别工人生产商品的劳动时间,而是指生产商品消耗的社会必要劳动时间。因此,研究商品价值,其实是要研究生产商品的劳动时间,通过考察劳动时间,就是在考察工人生产商品的整个过程,这样,劳动时间就变成了工人把原材料变成特定商品的过程呈现。无疑,劳动时间变成了客观的社会事实,即工人生产商品的一个社会事实,自然就是我们称作"商品价值量"这个概念、范畴形成的过程。

这就是说,类似"商品价值"等概念、名词,我们可以通过语言、文字等方式给予命名,或者做出解释,看起来是我们主观意愿、逻辑分析的结果。其实,它是人们生产生活中逐渐形成和创造的,是历史地形成的。马克思对商品价值这个概念的分析,就是对工人生产商品的劳动时间的抽象。没有工人生产商品的劳动时间,就不会产生商品,就不会有商品价值。因此,工人生产商品的劳动时间,就是商品价值的原初事实。所以,我们认识与研究概念、范畴时,以及开展知识传授与学习活动时,就要注意到构成学科知识体系建构起点的概念、范畴,是对原初事实的抽象(比如商品是经济事实、学校教师上了一节数学课是教育事实、警察抓住了小偷是法律事实等)。这些"原初事实"构成我们研究的对象,比如经济学研究对象、教育学研究对象、法学研究对象等。

问题是怎样使"原初事实"构成我们的对象?或者说,"原初事实"是如何构成我们的对象?在"倡导回到事物本身"的现象学看来,如何才能回到事物本身?他们说"悬置",让事物敞开,如剥洋葱般把外层一层一层地剔除,慢慢呈现

---

① 马克思恩格斯文集(第1卷)[M].北京:人民出版社,2009:526.
② 马克思恩格斯选集(第1卷)[M].北京:人民出版社,2012:146.

内核(真理)。看起来是为我们开拓了一条思考"事实构成我们的对象"这一问题的通道。其实,让事物敞开与显现,回到事物本身的理论主张,其意图是抵御普遍性对特殊性、总体性对个性的压抑,以拯救个体的生存危机,重建民主、自由、尊严的个人生存。

但是,这些只是努力和理想罢了,马克思在《哲学的贫困》中已经对类似这样研究问题的思路提出批评:"既然我们只想把这些范畴看做是观念、不依赖现实关系而自生的思想。那么,我们就只能到纯粹理性的运动中去找寻这些思想的来历了。"①马克思又以经济学的范畴和概念为例加以说明。经济学的范畴和概念,是对经济关系、经济事实的抽象,只能回到经济事实去研究经济学的范畴、经济学的观念、经济学的概念。而经济事实是人的生产劳动时间的产物。为此,马克思提出从劳动时间研究商品价值等经济范畴、概念,生产商品需要的劳动时间,作为评判商品价值的依据。而劳动时间,是劳动者与对象物交互活动的结果。交往活动是流动的、变化的。以此思路来研究商品价值问题,就不会把客观事物当作静止、绝对、孤立的存在,而是发展、变化、运动的存在,从而避免出现"探讨的只是一些概念规定和这些概念的辩证法"现象②。这就是研究问题的历史思维,是把握事物本质的历史向度。

所以,我们要坚持"历史思维",坚持"历史科学"的基本立场,以此成为指导我们研究问题、解决问题的方法,不仅是经济学研究要遵循"历史科学",而且政治学、法学、教育学等社会科学研究都要遵循"历史科学"。因为开展这些学科研究工作,不能回避人是在现实社会生产生活中成长的事实。通过对人的社会实践研究,发现人的存在和社会存在的规律。教育学研究也是如此,要发现教育知识,揭示教育理论,就要研究人在社会实践活动中的学习与成长特征,从中提炼教育知识、教育理论,把获得的教育知识、教育理论系统化,逐步建构教育学说。

其实,这样提炼与总结教育知识、教育理论的思路,实质是对人的成长规

---

① 马克思恩格斯文集(第1卷)[M].北京:人民出版社,2009:599.

② 马克思恩格斯全集(第30卷)[M].北京:人民出版社,1995:101.

律、成长事实的抽象，是对生产劳动构成人与自然世界、社会世界交往活动的桥梁与中介的科学的、理性的认识。因此，马克思主张教育和生产劳动的结合，实现教育教学活动和生产劳动融合并存，就是因为生产劳动完成了人与世界交往关系的建立，使人的存在成为现实的存在。正是在此意义上，我们强调马克思把教育作为人的社会实践活动，因为教育是构建人与自然、人与世界的交往活动，或者说教育是人的交往活动的一种类型，是人的生产劳动的一种形态、一种方式①，它的本质特征是"批判的和革命的"②。

很清楚，我们提出马克思以唯物史观建构教育学说，显现马克思论述教育问题鲜明的理论特征，它体现在马克思把现实社会作为教育研究基础，明确教育是人的社会实践活动，把教育问题融入社会发展规律中进行考察，使教育成为整个社会系统生成、变化、发展的有机组成部分，是现实的人的社会实践活动，是"尘世"而不是"天国"的活动。由此为人的思想、观念的产生、发展找到现实的、客观的社会基础，要求立足现实社会研究教育问题，以现实社会为前提建构教育概念、范畴、观念。

首要意义是它明确坚持人的思想观念源自现实的立场。"真理的彼岸世界消逝以后，历史的任务就是确立此岸世界的真理。"③从彼岸世界回到此岸世界，就是回到现实世界阐明各种思想观念、意识形态产生的缘由，但这不是对"物质决定意识"的僵化理解，因为马克思提及人的现实生活是一个历史范畴，动物只能实现自然生命的传承，人类不仅能够完成生命再生产，而且还能够进行文化历史再生产，这是一个不断积累、更新、发展的历史过程，所以必须从人的生存活动的现实社会出发，理解人的思想观念。相反，任何人的存在都不可能脱离社会历史文化，人是社会性的存在。

其次是确立教育研究思路的社会性取向。实现从彼岸世界回到现实世界，

---

① 舒志定.劳动凸显教育的存在论旨趣：读马克思《1844 年经济学哲学手稿》[J].教育研究，2020 (10)：23-32.
② 马克思恩格斯文集(第5卷)[M].北京：人民出版社，2009：22.
③ 马克思恩格斯选集(第1卷)[M].北京：人民出版社，2012：2.

从现实世界研究人的思想观念变迁、科学知识的发现,这将促进教育研究思路社会性取向的形成。这里提教育研究的社会性取向,是指我们要把教育放置于社会发展系统之中,从经济运行、政治变革等社会性维度阐释教育的本质、性质与功能,关注人与社会、人与历史、人与现实的关系问题,形成关于教育与生产、教育与政治、教育与人的相互关系的理论观点,改变脱离社会讨论教育问题的思路。因而,关于教育立场、态度、价值等基本观念,就是立足现实社会基础上理论探索的结果,把提升人的实践能力规定为教育任务,教育终极目标是使人在社会实践中实现人的自由发展。

二、资本与实证主义影响教育学说的批判

正是提出教育研究思路的社会性取向,为我们探索教育概念与范畴、实现教育理论的系统化、研究方法的规范化等教育研究工作明确了基本要求,进而为教育学说科学化指明方向,这有助于防御实证主义对教育学说科学化发展造成的消极影响。

的确,推进教育理论科学化是教育理论发展和教育学科建设的必然要求。但是,在教育学说的科学化过程中,受到实证主义的广泛影响,把教育活动变成是可量化、可计算的"客观"活动,教育学说科学化成为教育科学实证主义化,走向了胡塞尔所说的我们早已处在"普遍的科学危机"之中。[①]

引发"普遍的科学危机"的根本原因,胡塞尔认为是"理性","理性从自身出发赋予存有者的世界以意义;反过来,世界通过理性而成为存有者的世界"[②]。顺着胡塞尔思路考察教育学说的建构历史,我们就能发现理性主导教育研究的问题是显而易见的。这个问题的关键之处就是把研究人的认识规律、思维规律作为教育研究的核心任务,就如赫尔巴特把建构教育学的基础确定为实践哲学

---

① 埃德蒙德·胡塞尔.欧洲科学危机和超验现象学[M].张庆熊,译.上海:上海译文出版社,1988:3.
② 埃德蒙德·胡塞尔.欧洲科学危机和超验现象学[M].张庆熊,译.上海:上海译文出版社,1988:3.

和心理学①,教育研究的重点对象是"内心自由"等"各种心灵能力"的"观念群","每一个观念群是由各种观念的混合体和观念系列及观念系列的联结体组成"②。这样,教育研究以及由此建构的教育理论、教育学说的研究对象是"观念群",以此研究思路建构教育学说科学化,实际上是把教育科学化变成研究人的观念活动与认知科学的活动。胡塞尔的反思是有道理的,"现代人让自己的整个世界观受实证主义支配,并迷惑于实证科学所造就的'繁荣'"③。对实证主义、实证科学的重视,造成更加严重的后果之一,这就是现代人不关心对人来说至关重要的问题,"只见事实的科学造成了只见事实的人"④。

胡塞尔发出"科学危机"的警语,正昭示了现今各门社会科学在其前提和基础中存在着非历史的、非批判的观念实证主义性质⑤。研究与建构教育学说,就应排除和警惕非历史的、非批判的实证主义观念影响,这是教育研究应该具有的理论自觉。

对此,本文第一部分讨论已经论及从现实社会基础上研究教育问题,研究教育的性质及规律,肯定教育研究是现实社会中人的实践活动,目标是建构社会现实,社会现实是人的实践活动历史地建构起来的。这就要求从历史建构的角度考察人的教育活动,它必定是在现实的社会历史中完成的。那么,我们如何正确地认识人的实践活动,以便建构有助于提升人的实践活动的教育学说,确保教育学说的科学化?

马克思深刻地反思人的实践活动,认为现实人的活动受到现实力量和社会关系的管制。他说人和自然的关系是人在现实社会中最基本关系之一,这种关系使人逐步认识自然、改造自然,发展成社会生产力。此外,人与社会的关系,形成了社会生产关系,生产力、生产关系构成了人的日常生活的复杂关系。"思

---

① 赫尔巴特.普通教育学:教育学讲授纲要[M].李其龙,译.杭州:浙江教育出版社,2002:207.
② 赫尔巴特.普通教育学:教育学讲授纲要[M].李其龙,译.杭州:浙江教育出版社,2002:220.
③ 埃德蒙德·胡塞尔.欧洲科学危机和超验现象学[M].张庆熊,译.上海:上海译文出版社,1988:5.
④ 埃德蒙德·胡塞尔.欧洲科学危机和超验现象学[M].张庆熊,译.上海:上海译文出版社,1988:5-6.
⑤ 王德峰.马克思的历史批判方法[J].哲学研究,2013(9):11-17,128.

想、观念、意识的生产最初是直接与人们的物质活动,与人们的物质交往,与现实生活的语言交织在一起的。人们的想象、思维、精神交往在这里还是人们物质行动的直接产物。"①人的现实生活状况、人的日常生活是影响人们思想意识与价值观念变化的深层因素。也就是说,开展教育活动,要充分地评估现实社会生活对人产生的深刻影响,对此需要重视启蒙运动以来科学主义思潮产生的影响。它重视人自身的理性、理智在知识学习中的重要性,试图以人的理性来把握人的思想观念变化、人的身心成长规律,事实上是无法把握人的成长的复杂性。人的成长复杂性,就在于人与现实世界之间是相互关联的客观事实。不注意这个问题,结果是使教育和人的日常生活分离,把学校教育工作变成精神生活或科学知识学习的"象牙塔"。更严重的问题是,这种科学主义、实证主义变成了人们理解教育、组织实施教育活动的基本立场,成为推进教育学说科学化的主导力量。

诚然,我们不能否定知识发展是推动教育学说科学化的重要动因,不能否定实证主义推进了教育研究的发展。但是,我们更应该看到科学主义、实证主义对教育研究产生的负面的、消极的作用。比如赫尔巴特的教育学,或者如梅伊曼和拉伊的实验教育等主张,虽然观点各异,但这些理论观点的共同特征是把人及其教育活动和生活的现实社会世界割裂开来,把人的学习活动理解成是可控制、可验证、可变量操作的实验材料,这是不符合人的日常生活的实际情况的。

为改变实证主义带来的问题,也出现过人本主义教育学说。但是,人本主义教育学说把人看作意志的存在,或是某种欲望的主体,没有从现实社会角度理解人的本质,对人基于现实社会生活需要的经济活动、精神生活看成是人的主观意志或欲望。人本主义重视人的价值、意志与欲望,问题是人的意志与欲望的产生及其对人的行为产生的作用,不可能离开人生活的现实社会条件。就

---

① 马克思恩格斯选集(第 1 卷)[M].北京:人民出版社,2012:151.

此来说,人本主义教育主张也难以推进教育学说的科学化。

探讨这些问题产生的原因,只能回到现实社会。也就是说,对教育学说科学化发展产生深刻的影响是"现实的社会力量","抽象或观念,无非是那些统治个人的物质关系的理论表现"①。个人或社会形成的抽象观念,是对现实社会物质关系的一种"理论表述",但这种"理论表述"受制于物质关系的统治,处于被统治的人群是没有"理论表述"话语权的。这就会导致抽象观念一旦形成及流行,就会出现更加严重的问题。这不只是说人们头脑中存在着"抽象观念"问题,而是它必定使人的日常生活陷入抽象化。比如为了"应试""升学率",课外补习出现疯狂行为,究其原因是人们接受教育的需求和目的发生了变化,不完全是为了达到获得知识、发展能力、塑造品德的教育目标。

实际上,不论是学生,还是学生家长、学校领导、学校教师,都不愿意把学校教育变成是应试教育,也不愿意把学校变成纯粹是追求升学率的机构。虽然大家都不愿意这样做,但实际行为或教育结果却是如此。这就需要研究怎样才能使社会和教育相互协调获得发展,从而研究教育知识的产生、教育理论的建构,推动教育学说科学化目标的实现。

可是,教育观念和社会发展不一致是时常出现的现象。涂尔干在考察教育史时就指出了这个问题。"尽管一切事物都发生了变化,虽然政治的、经济的、道德的体制已经发生了转变,但是,依然还有一些没有发生相应变化的事物:这就是教育学的观念,它们的基础依然是所谓的古典教育。"②涂尔干认为现代教育基础是"古典教育",是西方社会的自由教育传统。施特劳斯称这是在文化之中或朝向文化的教育,按心灵的本性培育心灵,照料并提升心灵的天然禀赋③。在这个意义上可以说,自由教育是心智教育,涂尔干称其为"纯粹理性的教育","纯粹理性的教育从逻辑上说是可能的,而且这种教育似乎也取决于我们的全

---

① 马克思恩格斯全集(第30卷)[M].北京:人民出版社,1995:114.
② 爱弥尔·涂尔干.道德教育[M].陆光金,沈杰,朱谐汉,译.上海:上海人民出版社,2001:366.
③ 刘小枫,陈少明.古典传统与自由教育[M].北京:华夏出版社,2005:2.

部历史发展。"①看起来涂尔干肯定了这种"纯粹理性的教育",但其实涂尔干对"纯粹理性的教育"持否定的观点,认为它的问题是排斥"新事物"。虽然"纯粹理性的教育"存在历史已经很久了,但是它不能和社会发展相融合、相适应,最显著特征是对教育问题的反思能力不足、批判与探索精神缺失。"的确,我们没有任何理由认为,批判精神和探索精神已经在我们的学校生活中扮演了具有重要意义的角色。"②

涂尔干强调要反思与变革教育,其目标不是"纯粹理性教育",而是为了在社会发展前提下寻求合适的"教育模式"。"今天教育所要实现的目标,既非来源于中世纪和文艺复兴时代,也非来源于 17 世纪或 18 世纪,我们必须考虑到今天的人;我们也必须考虑到我们自身;而且,我们也必须首先努力领会并从我们自由抽象出明天的人的模式。"③这个"明天的人的模式",就是要去研究当代社会在物质和道德精神生活中发生的变化,要关注人的生活变化,"使它们保持必要的适应性和灵活性,进而让它们能够产生变化和发展,以适应形势和环境的多样性和变化性"④。

20 世纪 20 年代,涂尔干在社会政治、经济、科技、思想道德发生变革的前提下,对教育问题发表看法,反思学校教育面临的危机,在回顾教育史中找寻教育危机的原因与出路,指出"纯粹的理性教育"的传统已到了迫切需要变革的时候,这些观点是有可取之处的,是顺应社会发展的事实。他提出教育变革的出路是建设"教育学"课程,"一个没有教育学信念的教学团体就是一个没有灵魂的身体"⑤。同时,涂尔干明确要求教育和教学工作不能只是为职业技术服务。如果只是为职业技术服务,教育和教学工作就会堕入庸俗的经验主义。"教育学的教学并不是为未来从事这一工作的人传授某些程序和程式,而是让他充分

---

① 爱弥尔·涂尔干.道德教育[M].陆光金,沈杰,朱谐汉,译.上海:上海人民出版社,2001:9.
② 爱弥尔·涂尔干.道德教育[M].陆光金,沈杰,朱谐汉,译.上海:上海人民出版社,2001:366.
③ 爱弥尔·涂尔干.道德教育[M].陆光金,沈杰,朱谐汉,译.上海:上海人民出版社,2001:376.
④ 爱弥尔·涂尔干.道德教育[M].陆光金,沈杰,朱谐汉,译.上海:上海人民出版社,2001:365.
⑤ 爱弥尔·涂尔干.道德教育[M].陆光金,沈杰,朱谐汉,译.上海:上海人民出版社,2001:371.

意识到自己的作用。"①涂尔干认为这是解决传统教育面临危机的有效举措。无疑,涂尔干的思考是建立在这样一个基本判断上:从教育历史发展本身对教育问题进行反思,理清教育观念与方法,确立教育目的,明确教育策略,使教育者养成必需的专业素质。但事实上,这样的考虑,没有解决脱离现实世界开展教育研究的问题,以及由此产生对教育抽象化、概念化理解的问题。

生活在 19 世纪的马克思着眼于资本批判展开对上述提及问题的批判。在马克思看来,当时欧洲社会出现的公共教育,其实是虚假的"公共教育",是"资本逻辑"的结果。因为技术推进的工业革命需要掌握一定知识和技能的工人才能找到工作,只有工作和劳动,工人才能保存和延续自身劳动力,才能构成资本运行的有力组成部分,这正是资本算计的结果。因此,社会组织教育活动的目的是让工人能够承担有一定知识、技术要求的工作,从而能够更好地提升劳动生产率,创造更多社会财富。这既是社会重视教育工作的缘由,也是生活在社会底层劳动者重视教育的逻辑。

可见,工人要不要接受教育,怎样组织工人开展教育活动,这不是取决于工人的需求,而是取决于资本增殖的需求。马克思在《资本论》中指出商品具有价值和交换价值的两重性,它的风险是使人的社会生活变为抽象的交换价值,《共产党宣言》揭露了这一点。"它把人的尊严变成了交换价值,用一种没有良心的贸易自由代替了无数特许的和自力挣得的自由。"②这是资本的力量,只是日常生活中难以发现这种力量,因此产生了主张以自然人的权利或是道德观念去消除和改变资本问题的思路。所以,离开资本增殖这个主题,对工人实施教育活动,就没有价值和意义。

在资本逻辑占支配地位的社会,要发展学校教育,就会把资本寻求永恒价值的本性变成影响学校教育目标、价值取向的决定因素。而近代工业革命对社会财富积累产生的影响,造成社会对自然科学知识的迷信,进而在资本驱动下,

---

① 爱弥尔·涂尔干.道德教育[M].陆光金,沈杰,朱谐汉,译.上海:上海人民出版社,2001:364.
② 马克思恩格斯选集(第1卷)[M].北京:人民出版社,2012:403.

对资本的迷信变成对科学的迷信。20 世纪中叶对实用主义教育实验的否定,走向学科中心主义的学校教育,可以清楚地看到科学主义占学校教育主导地位的再次崛起。《走向封闭的美国精神》《失去灵魂的卓越》等著作,就是对美国基础教育、高等教育深受实证主义影响而作出的深刻反思。这些著作非常直白地描述教育问题:"现代学制除由市场需求决定外,完全不能分别什么重要和什么不重要。"①学生们不能感觉生活中正在缺少什么,不能感觉一种真实的呈现和一种意识扩张的表现之间的区别,不能感觉无聊的伤感和高尚的情操之间的差异②,大学已经忘记了更重要的教育学生的任务。本科教育基本任务是帮助十几岁的人成长为二十几岁的人,让他们了解自我、探索自己生活的远大目标,毕业时成为一个更加成熟的人③。很清楚,资本逻辑是产生这些问题的深层次因素。资本逻辑决定着人们的思想观念和行为方式,成为一种强大的控制力。就如海德格尔所说它是"座架",具有同化和消平一切特殊性和异质性因素的力量。正是因为它消除了差异和不确定性,造成了对真实世界的扭曲和压抑,造成了人们对教育活动真实目的的迷失,造成了人对自身活着意义的迷失,教育变成满足个人找工作、赚钱等目的的工具。

这些看似 20 世纪、21 世纪的教育问题,其实 19 世纪的马克思已经给予批判和反思:"资产阶级喜欢提出的另一个建议是教育,尤其是全面的工业生产教育","慈善的经济学家们所主张的教育的真正目的是这样的:使每个工人熟悉尽可能多的劳动部门,以便他一旦因工厂采用新机器或分工发生变化而被抛出一个部门时,可以尽可能容易地在另一部门中被雇用。假定这是可能的。这样做的后果就会是:如果一个劳动部门的工人过剩,那么所有其他劳动部门的工

---

① 艾伦·布鲁姆. 走向封闭的美国精神[M]. 缪青,宋丽娜,等译. 北京:中国社会科学出版社,1994:55.

② 艾伦·布鲁姆. 走向封闭的美国精神[M]. 缪青,宋丽娜,等译. 北京:中国社会科学出版社,1994:60.

③ 哈瑞·刘易斯. 失去灵魂的卓越:哈佛是如何忘记教育宗旨的[M]. 侯定凯,等译. 上海:华东师范大学出版社,2012:10.

人马上也会过剩,并且一个生产部门的工资的降低,就会比以前更直接地引起工资的普遍降低"①。组织教育活动,是通过教育丰富人的知识、改善人的工作能力,看起来是有助于人的就业,为人追求美好生活需要的满足创造条件。但事实上,被资本逻辑统治的社会,是把是否满足资本增殖的需要作为评价人接受知识和教育的合理性依据。

满足于物质化的生活,而遗忘对人走向未来、走向发展的意义的观照和思考,人必定要失去对历史性存在的忧虑,结果会出现非历史主义、虚无主义的流行。所以,马克思说社会生活在本质上是实践的。凡是把理论导向神秘主义的神秘东西,都能在人的实践中以及对这个实践的理解中得到合理的解决。②这就要求对现实社会生活进行改造,作为克服资本逻辑统治的基本策略,让人在现实生活中展现和释放人的感性活力,在与自然和世界的对象性交往中丰富人性。"'解放'是一种历史活动,不是思想活动,'解放'是由历史的关系,是由工业状况、商业状况、农业状况、交往状况促成的。"③《共产党宣言》中特别强调要在政治解放基础上实行面向儿童的公共的和免费的教育④,在没有完成政治解放的现实社会中,教育必须要循序渐进。

三、遵循历史发展规律与教育理论的建构

马克思以社会发展规律研究教育问题,明确教育促进人的全面发展的价值取向,倡导教育研究的实践转向,确立教育学说科学化发展的历史基础,克服实证主义观念对教育研究的消极影响,确立教育研究的历史标准,构成马克思教育学说的重要理论主张。

(一)确立教育促进人的全面发展的价值取向

对于人的全面发展教育学说,空想社会主义思想家已经做了很多探索和努

---

① 马克思. 雇佣劳动与资本[M]. 北京:人民出版社,2018:63.
② 马克思恩格斯选集(第1卷)[M]. 北京:人民出版社,2012:135-136.
③ 马克思恩格斯选集(第1卷)[M]. 北京:人民出版社,2012:154.
④ 马克思恩格斯选集(第1卷)[M]. 北京:人民出版社,2012:422.

力。他们看到了社会对人的压抑与人性的摧残,围绕人性讨论人的发展问题,对个性教育、遵循孩子天性实施分阶段组织教育的构想、政府的教育责任等问题的阐述,都有一定的合理性。但是,这些关于教育的诉求和构想,是他们以理解人的自然本性和理性本质为前提,而未能认识到人的思想、情感、品德的发展都是非常复杂的社会化过程,因而这只是一个理论假设而已①。正如恩格斯指出:"不成熟的理论,是同不成熟的资本主义生产状况、不成熟的阶级状况相适应的。解决社会问题的办法还隐藏在不发达的经济关系中,所以只有从头脑中产生出来。"②与此不同,马克思则是以社会发展规律为前提,论述人的全面发展教育学说。

马克思指出人能够根据自己的意志和意识进行自己的生命活动,这是人不同于动物生命活动的本质特征。"动物只是按照它所属的那个种的尺度和需要来构造,而人懂得按照任何一个种的尺度来进行生产,并且懂得处处都把固有的尺度运用于对象。"③人懂得按照任何一个种的尺度进行生产,这意味着人不仅能够按照世界上各种存在物的客观规律进行生产,而且能超越其他存在物按"固有的尺度"进行生产。这个"固有的尺度",是人的"需要""欲望""目的"等主观意识活动。因此,满足和体现人的主观意识的生产生活,是和人的存在同一的,是符合人自身需要的。但是,马克思发现了人的生产生活和人的"固有尺度"不统一的问题,出现了"非人""异化"的存在状态。对"非人""异化"存在状态根源的研究,成为马克思毕生努力的目标,最终创建了以人的全面发展为价值理想的人类解放学说。

马克思把自己的价值理想确定为人类解放学说,在《共产党宣言》《资本论》等多篇论著中论述教育与人的全面发展问题,论述人的全面发展的教育目的。但是,在理解马克思这个观点时,出现了理解误区:把马克思人的全面发展

---

① 舒志定.傅立叶社会批判教育观主旨浅析[J].湖州师范学院学报,2017(6):22-27.

② 马克思恩格斯文集(第3卷)[M].北京:人民出版社,2009:528.

③ 马克思恩格斯选集(第1卷)[M].北京:人民出版社,2012:57.

教育学说理解成一种道德理想,认为马克思教育促进人的全面发展理想只是空洞的、抽象的道德承诺。如宾克莱在《理想的冲突》所说:"马克思对于我们今天的吸引力乃是一个道德的预言。"①把马克思观点看作一个道德预言,这是对马克思立足历史发展客观规律研究人的问题的立场的否定。

其实,马克思并不是坐而论道地谈论人性、人的本质等人的问题。早在青年时期,马克思就通过考察"劳动"解开了人的存在之谜,在《资本论》等著作中更是深刻、系统地分析人的存在本质、社会运动发展的客观规律。正是结合社会历史发展规律的研究,揭示和找到人的自由发展的历史必然性。可以这样说,马克思对人的自由全面发展问题的认识,把握了人的自由意志与历史发展规律的辩证关系,实现了人的发展目标的理想性和历史性的辩证统一。

(二)倡导教育研究的实践转向

马克思以研究现实社会问题为出发点,对人如何有效解放各种束缚,获得自由发展的思路提出了创造性见解,断言不仅要解释世界而且要改造世界②,通过解释世界与改造世界的实践活动,为人的自由发展创造必需的社会条件。这是马克思主张从社会现实条件理解人的发展的思路,完成了对解决人的问题的"实践转向"。马克思是这样说的:"我们不是从人们所说的、所设想的、所想象的东西出发,也不是从口头说的、思考出来的、设想出来的、想象出来的人出发,去理解有血有肉的人。"③不能从想象出发,而要从人们的生活实际出发。"我们的出发点是从事实际活动的人,而且从他们的现实生活过程中还可以描绘出这一生活过程在意识形态上的反射和反响的发展。"④现实生活就是人的存在,它不是纯粹的物质世界,也不是抽象的某种"实体",更不是由人的意识、想象建构的对象物。

---

① L.J.宾克莱.理想的冲突:西方社会中变化着的价值观念[M].元德,陈白澄,王太庆,等译.北京:商务印书馆,1983:106.
② 马克思恩格斯选集(第1卷)[M].北京:人民出版社,2012:136.
③ 马克思恩格斯选集(第1卷)[M].北京:人民出版社,2012:152.
④ 马克思恩格斯选集(第1卷)[M].北京:人民出版社,2012:152.

毫无疑义,关切人的生存处境,追求自由发展目标,这是马克思毕生奋斗的理想,也是对人的自由全面发展终极目标的坚持。为此,马克思阐释教育的基本使命是实现人的自由全面发展,这是基于人的本质需要作出的判断。因为人是按照美的规律来构造①。创造美的世界,这是人的本性使然,也是在创造美的世界的过程中,促进人的改变,进而驱动人能够自觉自由地把内在美的需求得到释放。这样的"人"才能说是"自然界才表现为他的作品和他的现实"②。人与世界通过劳动为中介建立对象性交往关系,通过"劳动",人的本质力量得到外化,这样的"人"才能说是现实的存在,也是通过劳动,提升了人的本质力量。因此,马克思一方面把人的自由全面发展确定为教育目标,另一方面指出教育促进人的自由发展,必须回归到实践、生活之中。"个人在精神上的现实丰富性完全取决于他的现实关系的丰富性。"③只有这样,人在追求全面发展过程中,既不是一个抽象的先验性的概念推演的认知活动,也不是永恒不变的非历史的绝对存在、终极存在,而是以教育和生产劳动结合为基本途径,实现人与自然、世界的不断交往,从中提升人的能力,完善人的素养,成为自觉自由的存在者。

其实,马克思转向到人的实践中,探索人的自由问题的解决方案,经历着对当时占主流的各种思想流派的否定与批判、继承与创新的过程。马克思大学毕业走进社会之初是一名黑格尔主义者,相信黑格尔的理论观点,这一点在马克思的博士论文中就有体现。崇尚与向往自由是马克思博士论文研究的核心主旨。论文中关于自由观念的萌芽,对实现自由的价值的认识,带着鲜明的黑格尔哲学味道。马克思在《黑格尔法哲学批判》导言中分析了原因:"德国人在思想中、在哲学中经历了自己的未来的历史。我们是当代的哲学同时代人,而不是当代的历史同时代人。"④费尔巴哈也意识到这个问题:"未来哲学应有的任务,就是将哲学从'僵死的精神'境界重新引导到有血有肉的,活生生的精神境

---

① 马克思恩格斯文集(第1卷)[M].北京:人民出版社,2009:63.
② 马克思恩格斯文集(第1卷)[M].北京:人民出版社,2009:63.
③ 马克思恩格斯文集(第1卷)[M].北京:人民出版社,2009:541.
④ 马克思恩格斯文集(第1卷)[M].北京:人民出版社,2009:9.

界,使它从美满的神圣的虚幻的精神乐园下降到多灾多难的现实人间。"①费尔巴哈意识到了哲学、思想、精神的进步发展,需要回到人的日常生活,避免使"哲学"仍处于"僵死的精神"状态中。

不过,怎样理解人的日常生活?怎样理解哲学从天上降到人间?马克思的主张不同于费尔巴哈的观点。马克思在《莱茵报》工作期间,接触到现实的人的日常生活,各种恩恩怨怨和利益纠纷都是现实存在的。为维护各自的利益,都要寻求社会制度、政策的支持,由此形成政治、法律、道德、警察等等社会管理系统。这使马克思能够从现实社会出发研究人在日常生活中遇到的问题,特别是结合社会底层民众的生活处境,深入思考引发社会问题的根源,断言解决问题的出路不在于抽象的理论批判,而是要"多提供一些实际的知识""少发些不着边际的空论"②,从而使马克思逐步摆脱青年黑格尔主义的束缚,建立唯物史观,成为研究社会问题包括分析教育问题的方法论。正如恩格斯在《路德维希·费尔巴哈和德国古典哲学的终结》中所提出要从历史研究人的问题:"要从费尔巴哈的抽象的人转到现实的、活生生的人,就必须把这些人作为在历史中行动的人去考察。""但是,费尔巴哈没有走的这一步,必定会有人走的。对抽象的人的崇拜,即费尔巴哈的新宗教的核心,必定会由关于现实的人及其历史发展的科学来代替。"③历史在本质上是人的活动史,"历史不过是追求着自己目的的人的活动而已"④。

当然,对历史的考察,包含着自然史和人类史两个方面,这两方面是不可分割、彼此制约的⑤。不论怎样认识自然史和人类史,都必须承认人类史是人类创造的产物,而创造历史的人必定是现实社会中的现实个人。正如《德意志意识

① 路德维希·费尔巴哈.费尔巴哈哲学著作选集(上卷)[M].荣震华,李金山,等译.北京:商务印书馆,1984:120.
② 马克思恩格斯全集(第47卷)[M].北京:人民出版社,2004:42.
③ 马克思恩格斯选集(第4卷)[M].北京:人民出版社,2012:247.
④ 马克思恩格斯文集(第1卷)[M].北京:人民出版社,2009:295.
⑤ 马克思恩格斯选集(第1卷)[M].北京:人民出版社,2012:146.

形态》中所说"这是一些现实的个人"①，他们是"在一定的物质的、不受他们任意支配的界限、前提和条件下活动着的"②。这里的理论逻辑是：历史是现实的人创造的，现实的人创造历史是在现实的实际活动中完成的。但现实的人创造历史又受到社会历史条件的制约。人总是在特定社会历史条件下进行创造活动，这个特定社会历史条件，既包括人类生活的客观自然条件和以往人类创造的社会条件，也包括特定社会历史时期的人的价值观。这就需要以现实社会历史为研究人类活动的前提，从人类社会发展的原则高度阐释教育本质、价值，这样才能真正克服传统自由教育的局限。

（三）确立教育研究的历史标准

强调教育研究的历史标准，是指确立自觉依据历史发展规律把握教育研究立场，明确教育研究方向，确立教育研究的历史观。前面分析指出，马克思对人的发展问题的思考，是道德理想和历史规律的辩证把握，对人的品德、知识、能力等问题的阐述，重点聚焦在人的社会实践能力提升上，主张教育融入人的日常生产生活之中，与人的生产生活劳动相结合，达到人的全面发展的教育目的。

所以，我们能够更深刻地理解马克思重视智育、体育、生产技术的缘由，是因为马克思看到教育要消除人在社会中所受到"各种关系"的制约，不解决这些制约因素，就无法实现人的自由发展。比如社会财产所有制是影响社会生产力进步、影响人的自由全面发展目标实现的障碍。只有创造出一种能够和社会生产力发展要求相一致的社会制度，才能为实现人的解放目标创造条件。而社会制度变革、社会生产力进步，这本身就是人的实践产物。这些论断，是马克思和恩格斯在《德意志意识形态》中创立的理论路径，在《共产党宣言》中进一步以结论性的话语阐述人走向解放的重要通道："代替那存在着阶级和阶级对立的资产阶级旧社会的，将是这样一个联合体，在那里，每个人的自由发展是一切人

---

① 马克思恩格斯选集(第1卷)[M].北京:人民出版社,2012:146.
② 马克思恩格斯选集(第1卷)[M].北京:人民出版社,2012:151.

的自由发展的条件。"①马克思肯定追求每个人的自由发展目标,但个人自由发展与社会生产发展是相互依存的,人的自由个性、全面发展目标的实现,要以社会生产力发展为基础,自由人联合共同体的建立,必定是一个历史过程,是历史发展的产物,不是自然而然就会到来的自然产物。"要使这种个性成为可能,能力的发展就要达到一定的程度和全面性……产生出个人关系和个人能力的普遍性全面性。"②为达到这个目标,需要"消灭现存状况","同传统的所有制关系实行最彻底的决裂","同传统的观念实行最彻底的决裂"③。马克思从历史发展规律的高度,对建立自由人联合体实现人的自由发展的目标作出明确论断,指出不同社会历史发展阶段实现人的自由发展任务是不一样的,体现着人的发展的历史阶段性特征。

对此,我们只要简要回顾人的发展史,就可以看到经历着这样的发展阶段:从摆脱人对人的依附性存在,走向以物的依赖性为基础的人的独立性,完成从信仰时代向理性时代的跃迁,克服人受宗教支配的异化处境,催生人的自我意识。但经过理性启蒙获得人的自我意识,被科学技术进步、市场经济发展带向片面出现的"拜物教"等现象,形成了人的异化处境,走向"主体的黄昏",人的独立性问题面临新的挑战。因此,把人从物的普遍统治、资本的普遍统治中解放出来,这必定是实现人的自由全面发展的目标和任务。这就是要"实现人向自身、也就是向社会的即合乎人性的人的复归"④,形成人的全面的关系、多方面的需要以及全面的能力体系。当然,马克思为我们指出这是个人自由发展必然要经历的阶段,也是人的发展最高阶段。要走向人的发展最高阶段,是和社会发展变革同步共进的,"建立在个人全面发展和他们共同的、社会的生产能力成为从属于他们的社会财富这一基础上的自由个性"⑤。

---

① 马克思恩格斯选集(第1卷)[M].北京:人民出版社,2012:422.
② 马克思恩格斯全集(第30卷)[M].北京:人民出版社,1995:112.
③ 马克思恩格斯选集(第1卷)[M].北京:人民出版社,2012:421.
④ 马克思恩格斯文集(第1卷)[M].北京:人民出版社,2009:185.
⑤ 马克思恩格斯全集(第30卷)[M].北京:人民出版社,1995:107-108.

对人的发展阶段的简要反思,可以看出,实现人的自由发展目标,这是一个历史过程,它不是"思想观念"变革的产物,也不是通过人性的改造、德性的完善,而是现实社会的实践创新,是人的实践产物,是需要依靠社会生产力的发展,为人的发展奠定社会基础。因此,研究人的教育问题,需要确立历史观,为全面系统理解教育基本问题提供理论基础。

一是辩证把握教育与社会关系的本质。

在教育研究中,有观点以教育独立为由,否定教育的政治功能、意识形态功能;也有观点主张要突出教育的经济功能、生产力功能、人力资本功能,认为发展教育就是发展教育产业。类似的观点和看法只是阐述了教育的部分功能或价值,没有全面把握教育与社会的辩证关系。

探究这类观点产生的根源,主要原因是缺乏从历史发展的视野研究教育与社会的辩证关系。在不同历史时期,不同的社会治理集团都会重视发挥教育对社会治理的功能,而不仅仅把教育当作生产人力资本的手段。问题是我们怎样辩证理解和把握作为社会上层建筑、作为意识形态的教育的本质及特征? 这需要我们深刻领会马克思对这个问题所作出的历史性和先验性、历时性和共时性的批判分析,为我们讨论这个问题提供历史维度。这就是要研究社会历史发展规律与教育问题。有时教育与政治统一,有时教育与政治分离。但从历史发展过程看,始终是统一的。分离只是形式的分离、表象的分离,实质是统一的。"资本的普遍支配权力,甚至连政治国家都成为资本再生产的调节环节而存在。从前现代的未分化混沌社会转变为现代的政治经济分化社会,只是资本主义社会的外观和表象,表象背后的实质是泛经济权力社会即资本统治的有机总体。"①

二是辩证把握人文主义、科学主义对教育的影响。

坚守教育涵养受教育者的道德理性,展现教育对人的存在的人性关怀,但不能因此变成人本主义教育观、人文主义教育观;坚守教育传授科学知识的任

---

① 郗戈.《资本论》的三重批判与历史唯物主义建构[J].哲学研究,2022(4):36-45.

务,但不能因此强调科学教育的重要性,避免教育受到实证主义思维的影响。如何辩证处理教育的人文主义和科学主义关系,这是教育研究和教育学说建构需要关注的议题。

对这些问题的处理,要厘清道德的本质、实证科学的本质。倡导教育的人文关怀,强调培养有道德的人,提出教学的教育性原则。类似这些观点,不能简单地评判是正确的或是错误的,原因就在于对人文关怀、道德本质的把握存在误区。同样,重视把科学研究方法引入教育研究,追求教育研究工作更加精准、更加客观,这本身是教育作为一门科学的内在要求,不能给予否定,问题是怎样把握科学的本质、科学的功能。

应该肯定,不论是人文科学知识(如关于道德的知识),还是自然科学知识,都是人类创造的产物,把它们应用到日常生产、生活中,是对人的体力、能力的提升与补充,"是一本打开了的关于人的本质力量的书"[1]。这很清楚地指出人与知识(人文或科学技术知识)的本质关系,肯定知识对人的本质力量释放、满足人的生产生活需要的积极作用。但是,不能因为科学知识产生的作用,就否定人的价值、人的主体地位。这里的"人",绝不是指单独某一个具体的人,也不是某些个别人,而是整个社会中的人。

确立人文教育和科学教育相统一的观点,需要从历史维度分析道德、科学的本质,妥善处理道德与教育、科学与教育的辩证关系。"思辨终止的地方,在现实生活面前,正是描述人们实践活动和实际发展过程的真正的实证科学开始的地方。"[2]道德、科学、技术是人类创造历史活动的产物,也是创造历史活动的需要,这就不能把道德、科学、技术当作一种"特殊"存在,一种离开人的超验的神奇力量。人需要它们创造历史推进社会文明,但创造历史推进社会文明的更本质目的,就是为了人的发展,让人过上美好生活。马克思在《〈黑格尔法哲学批判〉导言》中就对人和科学理论关系作出论断:"理论在一个国家实现的程度,

---

① 马克思恩格斯文集(第1卷)[M].北京:人民出版社,2009:192.
② 马克思恩格斯文集(第1卷)[M].北京:人民出版社,2009:526.

总是取决于理论满足这个国家的需要的程度。"①从根本意义上说,人是决定科学技术产生和发展的根本因素,这里的人是指在特定社会历史阶段从事生产生活的现实的个人。"理论需要是否会直接成为实践需要呢? 光是思想力求成为现实是不够的,现实本身应当力求趋向思想。"②很清楚,不能离开人的实践谈论理论、思想,也不能不关注理论、思想对实践的作用,这是把握理论(包括人文科学理论、科学技术理论)作用的基本准绳。

三是明确在社会实践中培养主体的教育原则。

马克思提出人的全面发展学说,本质上是使人成为参与社会实践的主体,实现每个人的全面发展,达到"一切人的自由发展的条件"③。但是,人的全面发展目标是不会自动实现的,它是人类自身创造出来的,"人们生产自己的生活资料,同时间接地生产着自己的物质生活本身"④。人们是在生产生活中解决了生存问题,也是通过人们的生产生活创造了社会历史。在这个意义上,马克思肯定"全部人类历史的第一个前提无疑是有生命的个人的存在"⑤。因此,使人具有从事生产生活的意识与能力,成为推动社会历史发展的"生产者"。只有这样,才能让人在生产生活中获得全面发展条件,也只有在生产生活中才能不断推进人的发展,最终达到全面发展的目标。

人是社会实践的主体,"人们的存在就是他们的现实生活过程"⑥。通过社会实践不断改造社会,为人的全面发展创造更加丰富的物质财富、精神生活条件,也是在改造社会中丰富人的感性活动,提升人的能力,发展人的素养。"没有蒸汽机和珍妮走锭精纺机就不能消灭奴隶制;没有改良的农业就不能消灭农奴制;当人们还不能使自己的吃喝住穿在质和量方面得到充分保证的时候,人

---

① 马克思恩格斯文集(第1卷)[M].北京:人民出版社,2009:12.
② 马克思恩格斯文集(第1卷)[M].北京:人民出版社,2009:13.
③ 马克思恩格斯文集(第2卷)[M].北京:人民出版社,2009:53.
④ 马克思恩格斯文集(第1卷)[M].北京:人民出版社,2009:519.
⑤ 马克思恩格斯文集(第1卷)[M].北京:人民出版社,2009:519.
⑥ 马克思恩格斯文集(第1卷)[M].北京:人民出版社,2009:525.

们就根本不能获得解放。"①所以,马克思断言解放是人的解放,是和社会生产力变革相适应的一种历史活动。人的实践活动被异化,这和特定的社会条件密切相关。不同社会条件,人的异化表现形式也是不一致的。因此,马克思主张解决人的异化问题必须要转到"劳动是生命活动"的基本立场上来,"一个种的整体特性、种的类特性就在于生命活动的性质,而自由的有意识的活动恰恰就是人的类特性"②。从"生命活动"来理解的人的日常生产生活,这也是把人培育成社会实践主体的可行路径。因而,培育社会实践主体,就必须要回到劳动之中,使人能够"在对象世界中肯定自己"③。通过劳动构建的世界中,"主观主义和客观主义、唯灵主义和唯物主义,活动和受动,只是在社会状态中才失去它们彼此之间的对立,从而失去它们作为这样的对立面的存在"④。可见,理论任务的解决,只有通过实践的方式,"只有借助于人的实践力量,才是可能的;因此,这种对立的解决绝对不只是认识的任务,而是现实生活的任务"⑤。因此,要实现提升人的实践能力的教育目标,这不是一项纯粹理论学习的活动,也不是一项德性塑造的活动,而是一项"现实生活的任务"。这就明确了人的实践活动是理解教育问题的前提,教育是人的"现实生活的任务"的组成部分。

以上对马克思唯物史观与教育理论建构关系作了简要讨论,揭示了教育与社会及人的发展的关系,消除了科学主义、实证主义对教育的影响,确立了基于人的社会实践理解教育的基本要求,为当前加强教育理论发展和教育学学科体系建设明确了思路和工作重点。

---

① 马克思恩格斯文集(第1卷)[M].北京:人民出版社,2009:527.
② 马克思恩格斯全集(第3卷)[M].北京:人民出版社,2002:273.
③ 马克思恩格斯全集(第3卷)[M].北京:人民出版社,2002:305.
④ 马克思恩格斯全集(第3卷)[M].北京:人民出版社,2002:306.
⑤ 马克思恩格斯全集(第3卷)[M].北京:人民出版社,2002:306.

参考文献

[1] 马克思恩格斯全集(第 1 卷)[M].北京:人民出版社,1995.

[2] 马克思恩格斯全集(第 3 卷)[M].北京:人民出版社,2002.

[3] 马克思恩格斯全集(第 21 卷)[M].北京:人民出版社,2003.

[4] 马克思恩格斯全集(第 25 卷)[M].北京:人民出版社,2001.

[5] 马克思恩格斯全集(第 30 卷)[M].北京:人民出版社,1995.

[6] 马克思恩格斯全集(第 31 卷)[M].北京:人民出版社,1998.

[7] 马克思恩格斯全集(第 32 卷)[M].北京:人民出版社,1998.

[8] 马克思恩格斯全集(第 42 卷)[M].北京:人民出版社,2016.

[9] 马克思恩格斯全集(第 44 卷)[M].北京:人民出版社,2001.

[10] 马克思恩格斯全集(第 46 卷)[M].北京:人民出版社,2003.

[11] 马克思恩格斯全集(第 47 卷)[M].北京:人民出版社,2004.

[12] 马克思恩格斯文集(1—10 卷)[M].北京:人民出版社,2009.

[13] 马克思恩格斯选集(1—4 卷)[M].北京:人民出版社,2012.

[14] 安德鲁·芬伯格.实践哲学:马克思、卢卡奇和法兰克福学派[M].王彦丽,葛勇义,译.南京:江苏人民出版社,2022.

[15] 芬博格.海德格尔和马尔库塞:历史的灾难与救赎[M].文成伟,译.上海:上海社会科学院出版社,2010.

[16] 奥恩斯坦,等.朱永新主编.教育基础[M].杨树兵,等译.南京:江苏教育出版社,2003.

[17] 布鲁姆.走向封闭的美国精神[M].缪青,等译.北京:中国社会科学出版社,1994.

[18] 弗罗姆.逃避自由[M].刘林海,译.北京:国际文化出版公司,2007.

[19] 涂尔干.道德教育[M].陈光金,沈杰,朱谐汉,译.上海:上海人民出版社,2001.

[20] 伯尔基.马克思主义的起源[M].伍庆,王文扬,译.上海:华东师范大学出版社,2007.

[21] 贝瑞·康柏.批判教育学导论[M].张盈堃,彭秉权,蔡宜刚,等译.台北:心理出版社,2004.

[22] 费莱雷.被压迫者教育学[M].顾建新,赵友华,何曙荣,译.上海:华东师范大学出版社,2001.

[23] 保罗·布莱克里奇.马克思主义与伦理学:自由、欲望与革命[M].曲轩,译.南京:江苏人民出版社,2023.

[24] 保罗·威瑟利.马克思主义与国家:一种分析的方法[M].孙亮,周俊敏,译.北京:中国人民大学出版社,2022.

[25] 布雷钦卡.教育目的、教育手段和教育成功:教育科学体系引论[M].彭正梅,译.上海:华东师范大学出版社,2007.

[26] 布林顿.西方近代思想史[M].王德昭,译.上海:华东师范大学出版社,2005.

[27] 鲍里斯,季亭士.资本主义美国的学校教育:教育改革与经济生活的矛盾[M].李锦旭,译.台北:桂冠图书股份有限公司,1989.

[28] 柏拉图.理想国[M].郭斌和,张竹明,译.北京:商务印书馆,1986.

[29] 伯恩斯坦.教育、符号控制与认同[M].王小凤,等译.北京:中国人民大学出版社,2015.

[30] 慈继伟.正义的两面[M].北京:生活·读书·新知三联书店,2001.

[31] 陈江生,张严.当代国外马克思主义概论[M].北京:中共中央党校出版社,2023.

［32］陈文通.重温经典:拜访马克思七个重大理论问题［M］.北京:中央文献出版社,2009.

［33］陈中奇.马克思与费尔巴哈学术关系的历史原像:一种基于文本的比较性诠释［M］.南京:南京大学出版社,2022.

［34］布尔迪约,帕斯隆.再生产:一种教育系统理论的要点［M］.邢克超,译.北京:商务印书馆,2002.

［35］迪特里希·本纳.普通教育学:教育思想和行动基础结构的系统的和问题史的引论［M］.彭正梅,等译.上海:华东师范大学出版社,2025.

［36］丹尼尔·布鲁德尼.马克思告别哲学的尝试［M］.陈浩,译.北京:中国人民大学出版社,2019.

［37］段忠桥.马克思的分配正义观念［M］.北京:中国人民大学出版社,2018.

［38］古尔德.马克思的社会本体论:马克思社会实在理论中的个体和共同体［M］.王虎学,译.北京:北京师范大学出版社,2009.

［39］格莱夫斯.中世教育史［M］.吴康,译.上海:华东师范大学出版社,2005.

［40］葛水林.马克思的个人与共同体关系思想研究［M］.上海:上海社会科学院出版社,2022.

［41］哈贝马斯.包容他者［M］.曹卫东,译.上海:上海人民出版社,2002.

［42］海德格尔.路标［M］.孙周兴,译.北京:商务印书馆,1999.

［43］海德格尔.存在与时间［M］.陈嘉映,王庆节,译.北京:生活·读书·新知三联书店,1999.

［44］马丁·海德格尔.林中路［M］.孙周兴.译.上海:上海译文出版社,1997.

［45］霍尔巴赫.健全的思想:或和超自然观念对立的自然观念［M］.王荫庭,译.北京:商务印书馆,1966.

［46］赫尔巴特.普通教育学、教育学讲授纲要［M］.李其龙,译.杭州:浙江教育出版社,2002.

［47］黑格尔.哲学史讲演录(第四卷)［M］.贺麟,王太庆,译.北京:商务印书

馆, 1978.

[48] 黑格尔. 逻辑学[M]. 杨一之, 译. 北京: 商务印书馆, 1976.

[49] 黑格尔. 法哲学原理[M]. 范扬, 张企泰, 译. 北京: 商务印书馆, 1961.

[50] 侯惠勤. 马克思哲学变革的当代阐明[M]. 北京: 中国人民大学出版社, 2022.

[51] 亨利·A.吉罗克斯. 跨越边界: 文化工作者与教育政治学[M]. 刘惠珍, 张弛, 黄宇红, 译. 上海: 华东师范大学出版社, 2002.

[52] 尤瓦尔·赫拉利. 未来简史: 从智人到智神[M]. 林俊宏, 译. 北京: 中信出版社, 2017.

[53] 汉娜·阿伦特. 人的境况[M], 王寅丽, 译. 上海: 上海人民出版社, 2009.

[54] 刘易斯. 失去灵魂的卓越: 哈佛是如何忘记教育宗旨的[M]. 侯定凯, 等译. 上海: 华东师范大学出版社, 2012.

[55] 埃德蒙德·胡塞尔. 欧洲科学危机和超验现象学[M]. 张庆熊, 译. 上海: 上海译文出版社, 1988.

[56] 韩淑梅. 马克思对资本逻辑的批判及其现实意义[M]. 广州: 暨南大学出版社, 2023.

[57] 汉斯-格奥尔格·加达默尔. 哲学解释学[M]. 夏镇平, 宋建平, 译. 上海: 上海译文出版社, 1994.

[58] 汉斯-格奥尔格·加达默尔. 真理与方法: 哲学诠释学的基本特征(下卷)[M]. 洪汉鼎, 译. 上海: 上海译文出版社, 1999.

[59] 吉登斯. 历史唯物主义的当代批判: 权力、财产与国家[M]. 郭忠华, 译. 上海: 上海译文出版社, 2010.

[60] 靳辉明. 马克思主义原理及其当代价值研究[M]. 北京: 中国社会科学出版社, 2013.

[61] 古特克. 教育学的历史与哲学基础——传记式介绍[M]. 缪莹, 译. 长沙: 湖南教育出版社, 2008.

[62] 康德. 纯粹理性批判[M]. 邓晓芒, 译. 北京: 人民出版社, 2003.

［63］康德.实践理性批判［M］.邓晓芒,译.北京:人民出版社,2003.

［64］洛维特.从黑格尔到尼采:19世纪思维中的革命性决裂［M］.李秋零,译.北京:生活·读书·新知三联书店,2006.

［65］曼海姆.意识形态和乌托邦［M］.艾彦,译.北京:华夏出版社,2001.

［66］卡尔·洛维特.韦伯与马克思以及黑格尔与哲学的扬弃［M］.刘心舟,译.南京:南京大学出版社,2019.

［67］克莱顿·克罗齐特,杰弗里·W.罗宾斯.哲学、政治与地球:新唯物主义［M］.管月飞,译.芜湖:安徽师范大学出版社,2018.

［68］康帕内拉.太阳城［M］.陈大维,黎思复,黎廷弼,译.北京:商务印书馆,2011.

［69］肯尼思·A.斯特赖克,基兰·伊根.伦理学与教育政策［M］.刘世清,李云星,等译.北京:北京大学出版社,2013.

［70］罗蒂.后形而上学希望:新实用主义社会、政治和法律哲学［M］.张国清,译.上海译文出版社,2003.

［71］理查德·罗蒂.实用主义哲学［M］.林南,译.上海:上海译文出版社,2016.

［72］达仁道夫.现代社会冲突［M］.林荣远,译.北京:中国社会科学出版社,2000.

［73］卢卡奇.历史与阶级意识:关于马克思主义辩证法的研究［M］.杜章智,任立,燕宏远,译.北京:商务印书馆,1999.

［74］卢梭.社会契约论:一名:政治权利的原理［M］.何兆武,译.北京:商务印书馆,1980.

［75］李惠斌,李义天.马克思与正义理论［M］.北京:中国人民大学出版社,2010.

［76］李锦旭,王慧兰.批判教育学:台湾的探索［M］.台北:心理出版社,2006.

［77］柯亨.马克思与诺齐克之间［M］.南京:江苏人民出版社,2007.

［78］林玉体.西方教育思想史［M］.北京:九州出版社,2006.

［79］刘小枫,陈少明.古典传统与自由教育［M］.北京:华夏出版社,2005.

[80] 施特劳斯. 自然权利与历史[M]. 彭刚, 译. 北京: 生活·读书·新知三联书店, 2001.

[81] 伯特兰·罗素. 权力论: 新社会分析[M]. 吴友三, 译. 北京: 商务印书馆, 2017.

[82] 朗佩特. 施特劳斯与尼采[M]. 田立年, 等译. 上海: 上海三联书店, 2005.

[83] 舍勒. 价值的颠覆[M]. 罗梯伦, 等译. 北京: 生活·读书·新知三联书店, 1997.

[84] 阿普尔, 等. 被压迫者的声音[M]. 罗燕, 等译. 上海: 华东师范大学出版社, 2008.

[85] 尼采. 希腊悲剧时代的哲学[M]. 周国平, 译. 北京: 商务印书馆, 1994.

[86] 尼采. 论我们教育机构的未来[M]. 周国平, 译. 南京: 译林出版社, 2012.

[87] 聂锦芳. 滥觞与勃兴: 马克思思想起源探究[M]. 北京: 中国人民大学出版社, 2017.

[88] 塔科夫. 为了自由: 洛克的教育思想[M]. 邓文正, 译. 北京: 生活·读书·新知三联书店, 2001.

[89] 乔治·G. 布伦克特. 马克思的自由伦理学[M]. 曲轩, 译. 天津: 天津人民出版社, 2023.

[90] 韦尔南. 希腊思想的起源[M]. 秦海鹰, 译. 北京: 生活·读书·新知三联书店, 1996.

[91] 孙伯镂, 张一兵. 走进马克思[M]. 南京: 江苏人民出版社, 2020.

[92] 石计生. 马克思学: 经济先行的社会典范论[M]. 台北: 唐山出版社, 2009.

[93] 司强. 马克思与德国启蒙运动[M]. 上海: 上海三联书店, 2022.

[94] 斯蒂文·洛克菲勒. 杜威: 宗教信仰与民主人本主义[M]. 赵秀福, 译. 北京: 北京大学出版社, 2010.

[95] 圣西门. 圣西门选集(第二卷)[M]. 董果良, 译. 北京: 商务印书馆, 1962.

[96] 土屋基规. 现代日本教师的养成[M]. 鲍良, 译. 上海: 上海教育出版社, 2004.

［97］王翁.马克思"人的类本质"概念研究［M］.北京:当代中国出版社,2023.

［98］王新生.马克思政治哲学研究［M］.北京:科学出版社,2018.

［99］王振辉.知识与权力:当代教育中的贫穷世袭［M］.台北:五南图书出版股份有限公司,2013.

［100］文德尔班.哲学史教程.上卷［M］.罗达仁,译.北京:商务印书馆,1987.

［101］费恩伯格,索尔蒂斯.学校与社会:第 4 版［M］.李奇,等译.北京:教育科学出版社,2006.

［102］斯潘诺斯.教育的终结［M］.王成兵,译.南京:江苏人民出版社,2006.

［103］徐艳玲.从马克思共同体到人类命运共同体:理论逻辑与现实向度［M］.北京:学习出版社,2023.

［104］杜威.民主主义与教育［M］.王承绪,译.北京:人民教育出版社,1990.

［105］福斯特.马克思的生态学:唯物主义与自然［M］.刘仁胜,肖峰,译.北京:高等教育出版社,2006.

［106］约翰·罗尔斯.正义论［M］.何怀宏,何包钢,廖申白.译.北京:中国社会科学出版社,1988.

［107］洛克.教育片论［M］.熊春文,译.上海:上海人民出版社,2005.

［108］罗尔斯.政治哲学史讲义［M］.杨通进,等译.北京:中国社会科学出版社,2011.

［109］康德.论教育学:附系科之争［M］.赵鹏,等译.上海:上海人民出版社,2005.

［110］亚里士多德.政治学［M］.吴寿彭,译.北京:商务印书馆,1965.

［111］亚里士多德.物理学［M］.张竹明,译.北京:商务印书馆,1982.

［112］以赛亚·伯林.自由及其背叛［M］.赵国新,译.南京:译林出版社,2005.

［113］袁祖社.公共性与马克思哲学［M］.北京:北京师范大学出版社,2019.

［114］臧峰宇.马克思政治哲学引论［M］.北京:中国人民大学出版社,2020.

［115］张守奎.马克思历史唯物主义个体理论:语言哲学的分析［M］.北京:中国社会科学出版社,2023.

[116] 佐藤学.学习的快乐——走向对话[M].钟启泉,译.北京:教育科学出版社,2004.

[117] 段忠桥.马克思正义观的三个根本性问题[J].马克思主义与现实,2013(5).

[118] 龚群.理性的公共性与公共理性[J].哲学研究,2009(11).

[119] 黄洋.希腊城邦的公共空间与政治文化[J].历史研究,2001(5).

[120] 蒋晓东,龙佳解.马克思"实践"概念与杜威"行动"概念之比较[J].马克思主义与现实,2011(2).

[121] 姜添辉.马克思的社会阶级论对教育公平研究的影响[J].陕西师范大学学报(哲学社会科学版),2019(2).

[122] 李佃来.马克思正义思想的三重意蕴[J].中国社会科学,2014(3).

[123] 李振."教育"如何让"生活"更美好?——重思马克思"社会教育"思想的当代价值[J].陕西师范大学学报(哲学社会科学版),2019(2).

[124] 舒志定.劳动凸显教育的存在论旨趣:读马克思《1844年经济学哲学手稿》[J].教育研究,2020(10).

[125] 舒志定.马克思以感性活动理解德性之教的政治哲学诠释[J].教育研究与实验,2022(5).

[126] 舒志定.马克思对教育正义理论构建思路的变革[J].华东师范大学学报(教育科学版),2018(6).

[127] 舒志定.马克思对传统教育思想方式的批判[J].山西大学学报(哲学社会科学版),2016(5).

[128] 舒志定.马克思正义批判语境中的教育正义[J].教育研究,2015(7).

[129] 王德峰.在存在论革命的本质渊源中洞察历史唯物主义[J].江苏社会科学,2000(6).

[130] 王德峰.马克思的历史批判方法[J].哲学研究,2013(9).

[131] 王纬."一神论"还是"多神论"?——亚里士多德论不动的推动者[J].哲学研究,2020(2).

［132］王兴赛.从黑格尔的"Handlung"到马克思的"Praxis"——19 世纪上半叶德国实践哲学的两个主题词及其演替［J］.哲学研究,2020(2).

［133］吴晓明.论马克思哲学中的主体性问题［J］.复旦学报(社会科学版),2005(5).

［134］郗戈.《资本论》的"三重批判"与历史唯物主义建构［J］.哲学研究,2022(4).

［135］赵敦华.康德道德-政治哲学的革命意义［J］.伦理学研究,2017(4).

［136］张文喜.马克思对"伦理的正义"概念的批判［J］.中国社会科学,2014(3).

［137］ADAM TENENBAUM. Anti-human Responsibilities for a Postmodern Educator［J］. Studies in Philosophy and Education,2000(5).

［138］ANTHONY GREEN, GLENN RIKOWSKI and HELEN RADUNTZ, eds. Renewing Dialogues in Marxism and Education Openings［M］. New York：Palgrave Macmillan, 2007.

［139］GRANT BANFIELD. Critical Realism for Marxist Sociology of Education［M］. New York：Routledge,2015.

［140］COLE MIKE. Marxism and Educational Theory：Origins and issue［M］. London：Routledge,2007.

［141］COLE MIKE. Critical Race Theory and Education：A Marxist Response［M］. New York：Palgrave Macmillan,2009.

［142］DE GRUYTER. Political Theory and Political Education［M］. Princeton University Press,1980.

［143］PETER E. JONES, eds. Marxism and Education：Renewing the Dialogue, Pedagogy, and Culture［M］. New York：Palgrave Macmillan,2011.

［144］RAVI KUMAR, eds. Education and the Reproduction of Capital：Neoliberal Knowledge and Counterstrategies［M］. New York：Palgrave Macmillan,2012.

[145] SARA CARPENTER, SHAHRZAD MOJAB, eds. Educating from Marx: Race, Gender, and Learning[M]. New York: Palgrave Macmillan, 2011.

[146] LOTAR RUSIŃSKI, DAVE HILL, KOSTUS SKODOULIS, eds. Marxism and Education: International Perspectives on Theory and Action[M]. New York: Routledge, 2019.

[147] RONI AVIRAM, YOSSI YONAH. "Flexible control": Towards a conception of personal autonomy for postmodern education[J]. Educational Philosophy and Theory, 2004(1).

[148] CLENN RIKOWSKI. Left Alone: End Time for Marxist Educational Theory? [J]. British Journal of Sociology of Education, 1996(4).

[149] SARUP MADAN. Marxism and Education(RLE EDUL): A Study of Phenomenological and Marxist Approaches to Education [M]. London: Routledge, 2013.

[150] SARUP MADAN. Marxism/Structuralism/Education(RLE EDUL): Theoretical Developments in the Sociology of Education. London: Routledge, 2012.

[151] LUIS SEBASTIÁN VILLACAÑAS DE CASTRO. Critical Pedagogy and Marx, Vygotsky and Freire: Phenomenal Forms and Educational Action Research[M]. New York: Springer, 2015.

后 记

　　马克思主义教育思想是推进中国特色社会主义教育学理论体系发展的魂脉。长期以来,学习与研究马克思主义教育思想,是我国教育理论工作者思想自觉、学术自觉、理论自觉的生动体现。广大教育工作者深入中国教育实际,聚焦中国教育改革的生动实践,把脉教育变革的时代之需、人民之需,自觉运用马克思主义教育理论观点、立场、方法,探讨人的本质与教育问题,深化对教育与人的全面发展学说的研究,推动教育与生产劳动相结合的理论和实践创新,自觉把党的教育方针和建设社会主义现代化国家崇高理想细化为学生的核心素养体系,转化成学生学业质量标准,推动了中国教育实践创新和教育理论发展,取得了符合中国教育实际的理论与实践创新成果。这是应用马克思主义教育理论破解中国教育改革难题的生动体现,显示了我国教育理论工作者对深化马克思主义教育理论研究方面做出的重大理论贡献,彰显着教育工作者巩固马克思主义教育理论指导地位的新作为,体现出教育工作者推动中国特色社会主义教育事业创新发展的高度社会责任感,为丰富和完善中国特色社会主义教育理论体系夯实思想基础。

　　进入 21 世纪以来,社会经济快速发展,人工智能技术迭代更新,教育产生突破性进展和创造性变革,为国家现代化建设提供强有力的人才支撑。但教育发展面临着新的挑战与困难,以考试为中心的教育教学活动、以分数和升学率为指标的教育教学评价导向等等问题,不利于良好教育生态环境的建构,影响青少年学生身心健康发展。教育改革的成绩和困难同时并存,这需要我们坚持马克思主义世界观和方法论,总结提炼教育改革经验,研究破解教育困难的举措,逐步建构具有中国特色社会主义教育学理论体系,贡献中国教育方案、中国教育智慧。

因此,教育工作者要学深悟透马克思主义教育思想,深入开展马克思主义教育思想发展学术史研究,系统梳理马克思主义教育思想中国化、时代化的经验和成就;加强马克思主义教育思想和当代国外教育思潮比较研究,高质量推进马克思主义教育思想课程建设与教学改革,展示马克思主义教育思想的丰富内涵和时代价值,引领教育理论研究和教育实践的创新发展。

诚然,我们深知推进马克思主义教育思想研究是一项十分艰巨的任务。这种艰巨性的存在,源于变革时代带给马克思教育思想研究的新挑战,又源于学习和研究马克思教育思想时出现的曲解。这就提出了研究马克思教育思想的一项重要课题,即怎样回到马克思语境中理解马克思,避免误解或曲解马克思理论观点的出现。这正是我在阅读马克思著作时一直思考的一个问题。因为,有一些观点自称是马克思的教育观点,其实只是摘引了马克思的片言只语,或者是根据需要从马克思著作中摘录几句。不论是哪一种做法,本质上都是从字面上作一些解释,割裂了马克思教育思想的系统性、完整性,无法完整、准确把握马克思的教育思想,也影响到跟当代国外马克思教育理论研究思潮、学术流派的对话。因此,需要结合当代马克思研究新成果、新思路,深化对马克思教育思想的研究,全面澄清对马克思教育思想的曲解,展示马克思教育思想的丰富内涵,展现马克思教育思想的当代价值,为建构当代中国特色社会主义教育理论体系提供强大思想武器。

为此,我围绕展现马克思教育思想当代价值这个主题,紧扣马克思关于人的存在的基本立场和方法论,以此全面审视马克思论述教育的出发点及其思想贡献,2004 年出版《人的存在与教育:马克思教育思想的当代价值》著作,目的是对曲解马克思教育观点进行反思,分析马克思关于教育论述的原初意蕴。但这项工作远远没有完成,它只是起点,需要持续推进。因而,系统梳理与重读马克思教育思想成了我的研究课题。2013年学习出版社出版全国哲学社会科学规划办公室立项的后期资助项目《马克思教育思想的当代阐释》，著作提出回到马克思语境理解教育的主张，揭示马克思教育思想是历史性的生成，以此视角完成对马克思教育思想的系统阐释。这些工作也是初步的，但是它打开了研究的窗口，增强了深化研究的使命感。

随着研究工作的深入，我发现教育学界研究马克思主义教育思想的队伍不够稳定，和20世纪80—90年代比较，在师资队伍建设、学科学位点人才培养、研究成果出版（发表）、国家级研究项目立项、组织学术研讨会等多方面工作中出现弱化趋势。2021年东北师范大学教育学部杨兆山教授、西南大学教育学部孙振东教授、华南师范大学教育科学学院董标教授等均呼吁要重视培养学习和研究马克思主义教育思想的青年学人，为巩固马克思主义教育思想指导地位奠定人才基础。这3位教授于20世纪80年代末、90年代初跟随石佩臣教授、励雪琴教授等老一辈马克思主义教育理论家学习研究马克思主义教育思想，长期从事马克思主义教育思想研究、课程教学和人才培养工作，是我国当代教育理论界研究马克思主义教育思想的权威专家。他们对当前马克思主义教育思想研究和人才培养工作现状深感忧虑，率先发出倡议，建议组织马克思主义教育思想研究青年论坛，为青年教师和学生提供发表、交流马克思主义教育思想研究的平台。我和北京师范大学余清臣教授、华南师范大学肖绍明教授、刘磊明教授等专家学者积极响应。2021年11月20日东北师范大学主办、我们共同承办第一届马克思主义教育思想研究青年论坛以网络在线方式顺利举行，东北师范大学是主会场，西南大学和湖州师范学院同时举办线下分会场。至2024年已经连续举办四届，合作举办单位也从东北师范大学、西南大学、北京师范大学、华南师范大学、湖州师范学院、《现代教育论丛》等5家单位扩增到重庆科技大学、辽宁大学、宁波大学、《宁波大学学报（教育科学版）》、浙江省马克思主义学会马克思主义教育思想研究分会等10余家单位。论坛坚持"学术为本、青年为本、践行为本"三个特色和"坚守初心保持定力、教研结合传承创新、共商共建齐心协力"三项目标,受到青年教师、学生的欢迎。参加论坛的青年教师、学生所属的单位数量,从首届论坛的10余所高校到第四届论坛的82所院校。论坛收到的论文数量,从首届论坛27篇到第四届论坛的160篇。每次论坛主讲报告嘉宾均是提交论文并被专家组评审获奖论文的青年教师、学生。服务青年教师和学生共同学习、交流、研究马克思主义教育思想的论坛目标初步达成。

此外,我还组织马克思主义教育思想中国化太湖论坛。2018年11月举行首次论坛,主题是"资本与教育:马克思的遗产"。来自中国人民大学、中国传媒大学、中央党校、华东政法大学等高校专家学者参加论坛。2023年4月16—17日再次举行马克思主义教育思想中国化太湖论坛,论坛主题是"人工智能时代的人道、异化、实践与教育"。西南大学、东北师范大学、华东师范大学、华南师范大学等10余所高校专家学者参加论坛,并形成这次论坛一项重要成果,即在2023年4月24日中国社会科学网上发布《推进新时代马克思主义教育思想中国化时代化创新发展的湖州倡议》。根据倡议主要思路,我抓紧谋划筹备有组织的马克思主义教育思想研究工作。在浙江省马克思主义学会关心、支持下,顺利完成浙江省马克思主义学会马克思主义教育思想研究分会申请成立工作,成为国内首个省级马克思主义教育思想研究组织。2024年11月16日举行分会成立仪式暨马克思主义教育思想中国化太湖论坛。华南师范大学扈中平教授、浙江省马克思主义学会副会长陈华兴教授共同为分会揭牌,中国教育学会教育史分会、北京师范大学教育基本理论研究院、华中师范大学生态文明教育研究中心、上海师范大学基础教育处等单位发来贺信。华东师范大学、华南师范大学、华中师范大学、西南大学、东北师范大学、苏州大学、上海师范大学、重庆科技大学、宁波大学、温州大学、台州学院、丽水学院、浙江机电职业技术大学、杭州科技职业技术学院等高校代表参加成立仪式,并深入研讨肖绍明教授新著《教育人学基本理论》的创新成果,探讨交流"大中小学思想政治教育一体化成长课程开发与成长课堂建设",深入研究马克思主义教育思想论著课程设置与教学改革等重要议题。

应该肯定,这些年的努力探索,虽然是微薄力量,但也产出了一批研究成果,对繁荣和发展马克思主义教育思想研究产生了积极作用。于我而言,感到欣慰的是,这么多年来,虽然学校行政管理工作占用了大量时间、分散了有限精力,但还是始终聚焦马克思教育思想研究这个主题,一直坚持下来。由于一直从事高校教育教学管理工作,学习和研究的时间并不充分,只能利用工作之余的时间,一点一点地阅读马克思著作,撰写一篇一篇论文,先后主持完成"马克思政治哲学视域中的教育思想研究(批准号:BAA180025)""实践与教育——马克思教育思想的当代意义(批准号:11FKS001)""马克思人学教育思想的当代阐释(批准号:13YJA880065)""马克思实践教育思想的当代价值研究(批准号:05JA880039)""国外马克思主义教育思想研究的发展、议题及启示(批准号:15JDZT01YB)"等2项国家社科基金以及10余项教育部人文社科研究项目、浙江省哲学社会科学规划课题等研究课题。开展这些研究工作,只是为了澄清对马克思教育思想研究中遇到的各种问题、回答马克思教育思想的真实内涵及其时代价值,这也正是本书的研究立场。

本著作还是对前期研究工作的深化,重点回答马克思是否对教育思想研究产生革命性贡献及其革命性贡献的内涵。我从考察西方教育思想的形而上传统出发,提出马克思确立了论述教育问题的存在论立场,是对传统教育研究思想方式的革命性变革。马克思是如何实现这个革命性变革的? 这个问题就构成本部著作研究的主题,也是我们持续深入研究马克思教育思想的创新成果。

本著作是我主持国家社科基金"马克思政治哲学视域中的教育思想研究(批准号:BAA180025)"成果之一,不少研究观点已经发表论文,其中在《教育研究》发表4篇,在《高等教育研究》《教育学报》《华东师范大学学报(教育科学版)》《教育研究与实验》《山西大学学报(哲学社会科学版)》《陕西师范大学学报(哲学社会科学版)》等期刊发表12篇,结题成果被全国教育科学规划办公室网站(2023年7月26日)以优秀成果推荐介绍,阅读量已逾万人。

本著作得以顺利出版,非常感谢西南大学孙振东教授和他的马克思主义教育思想研究与人才培养团队,非常感谢重庆大学出版社雷少波副总编辑。孙教授和雷副总编辑精心策划马克思主义教育思想研究丛书,这不仅是为马克思主义教育思想研究著作出版提供可能,而且体现着他们对推进马克思主义教育思想研究更高水平发展的责任担当和作出的务实贡献,使我感动不已。感谢责任编辑张慧梓老师、唐启秀老师,他们认真、严谨的工作,有力保障了本书的顺利出版。感谢学术期刊编辑老师给予研究成果无微不至的关心和支持,为研究成果的分享、交流创造了机会。感谢《陕西师范大学学报(哲学社会科学版)》何菊玲教授的邀请,主持《马克思教育思想与当代社会》专栏,感谢台南大学姜添辉教授、同济大学李振教授、浙江大学包大为研究员等专家赐稿支持栏目。在研究中,阅读了国内外研究者的论著,感谢他们提供思想的启迪。回望我的马克思教育思想研究历程,不论是我承担马克思教育思想研究项目,还是发起成立浙江省马克思主义学会马克思主义教育思想研究分会、组织举办学术活动、撰写发表研究论文等等工作,受到了无数师长、友人的关心、帮助和支持,在此表示由衷的敬意和谢意,也真诚期待我们共同努力,推进马克思主义教育思想研究的更高质量发展。

2024 年 12 月 12 日